W0072537

Entdecke den Himmel auf Erden

Ansata

DAMIEN WYNNE
TIMUR DIEHN

Entdecke den Himmel auf Erden
Schritte zur inneren Heilung und Transformation

Ansata

Die in diesem Buch vorgestellten Informationen und Empfehlungen sind nach bestem Wissen und Gewissen geprüft. Dennoch übernehmen die Autoren und der Verlag keinerlei Haftung für Schäden irgendwelcher Art, die sich direkt oder indirekt aus dem Gebrauch der hier beschriebenen Anwendungen ergeben. Bitte nehmen Sie im Zweifelsfall bzw. bei ernsthaften Beschwerden immer professionelle Diagnose und Therapie durch ärztliche oder naturheilkundliche Hilfe in Anspruch.

Sollte diese Publikation Links auf Webseiten Dritter enthalten, so übernehmen wir für deren Inhalte keine Haftung, da wir uns diese nicht zu eigen machen, sondern lediglich auf deren Stand zum Zeitpunkt der Erstveröffentlichung verweisen.

Verlagsgruppe Random House FSC® N001967

Erste Auflage 2020
Copyright © 2020 by Ansata Verlag, München,
in der Verlagsgruppe Random House GmbH,
Neumarkter Straße 28, 81673 München
Alle Rechte sind vorbehalten. Printed in Germany.
Redaktion: Sabine Zürn
Umschlaggestaltung: Guter Punkt GmbH & Co.KG
unter Verwendung eines Motivs von idimair/Getty Images;
enjoynz/Getty Images
Satz: Satzwerk Huber, Germering
Druck und Bindung: GGP Media GmbH, Pößneck
ISBN 978-3-7787-7557-8

www.Integral-Lotos-Ansata.de
www.facebook.com/Integral.Lotos.Ansata

Inhalt

»In meiner Erfahrung öffnet sich das Herz im Körper in alle Richtungen und arbeitet sich auf unglaublich intelligente Weise durch alle unsere Gefühle hindurch, sodass wir die Dinge auf neue Weise spüren können. Als wir damit aufhörten, uns selbst zu vertrauen, wanderte unser Bewusstsein vor allem in die Augen, und wir haben angefangen, Antworten außerhalb von uns zu suchen. Wir haben unsere Herzintelligenz vergessen und dass sie sich in alle Richtungen gleichzeitig öffnen kann. Und uns die Möglichkeit gibt, alles gleichzeitig zu sehen, zu hören und zu fühlen, was wir wissen müssen. Und es ist dieses reine Herzensbewusstsein, das uns hilft, uns selbst wieder zu vertrauen und unserer wahren Intuition. In jeder Situation.«

Damien Wynne

Vorwort

Der spirituelle Visionär, Lehrer, Heiler und Coach Damien Wynne spricht in diesem Buch ganz konkret vom »Himmel auf Erden«, und er zeigt, wie wir dieses Ziel auch für uns erreichen können. Ich könnte es durchaus nachvollziehen, wenn Ihnen dieser Gedanke naiv vorkäme – schließlich musste ich mich im Rahmen meiner Tätigkeit als Journalist immer wieder auch mit großen wirtschaftlichen Umwälzungen, politischen Konflikten und der drohenden globalen ökologischen Katastrophe beschäftigen …

Dann traf ich Damien Wynne: Ich hatte mich bereits einige Jahre lang mit verschiedenen spirituellen Wegen und entsprechenden Lehrern befasst, als ich zum ersten Mal eines seiner Seminare besuchte. Meine bisherigen Erfahrungen auf diesem Gebiet waren gut gewesen, auch kam ich im Leben irgendwie mit meinen Themen »voran«. Und doch schienen mir Dinge wie Liebe, Heilung oder Gnade ihrem Wesen nach eher rätselhaft, schwer fassbar und schwierig in meinen Alltag zu integrieren. Ich übte mich in Methoden wie Meditation und Yoga und bemühte mich, meinen Blick zu erweitern, aber eine wirklich profunde Erfahrung – etwas das mich tief im Kern berühren und mich ganz neu ausrichten würde –, so etwas erschien mir im Grunde unerreichbar und fast unmöglich.

An Damien fiel mir gleich eine feste Entschlossenheit auf, die mir damals anfänglich etwas übertrieben vorkam. Seine tägliche Freude am Entdecken, am spielerischen Begreifen und seine Fähigkeit, Menschen durch alle ihre Masken und Programme hindurch an den Kern ihres wirklichen Seins heranzuführen, ist tatsächlich außergewöhnlich. Nachdem ich ihn länger beobachten durfte, begriff ich plötzlich: Für ihn ist es jeden Tag aufs Neue ein pures Vergnügen, sich selbst und sein Umfeld in seiner ureigenen menschlichen Natur erfahren zu dürfen.

Damien Wynne ist für mich vor allem wache Präsenz, ein liebendes Herz und stets konsequent in seinem Handeln. Er spricht, denkt und handelt immer aus einer inneren Erfahrung heraus. Da ist ein waches, intelligentes, humorvolles Feuer, das deutlich spürbar in ihm lodert. Ich kenne nur wenige Menschen, die sich ihrem eigenen Entwicklungspotenzial dermaßen konsequent stellen und täglich daran arbeiten, die Lektionen, die die geistige Welt für uns alle bereithält, möglichst fassbar und im besten Sinne nutzbar zu machen.

»Entdecke den Himmel auf Erden« gibt einen Einblick in diese einmalige Erfahrungswelt und leitet dazu an, auch selbst darin einzutauchen.

Da Interviews zu führen eine meiner Leidenschaften ist, habe ich die Chance unserer Freundschaft beim Schopf gepackt und sehr ausführliche Gespräche mit Damien geführt. So ist über Jahre hinweg dieses Buch entstanden. Ich bin sehr froh darüber, denn das Leben hat mich seitdem tief berührt. Mit dieser Berührung meine ich das, was wir erfahren, wenn wir uns auf unserer Reise vom Suchenden hin zu einem Wissenden wandeln.

Menschen wie Damien Wynne arbeiten unermüdlich daran, dass wir alle gemeinsam herausfinden, dass der »Himmel auf Erden« tatsächlich möglich, ja mittlerweile sogar notwendig für uns geworden ist. Die entsprechenden Erfahrungen und die innere Verwandlung, die damit einhergehen, schreiten immer weiter voran und führen uns immer tiefer in ein neues Verständnis unserer wahren Natur.

Jeder Mensch ist das bewusst-seiende Licht selbst und trägt es in sich.

Seien Sie gesegnet, und seien auch Sie glücklich.

Herzlich
Ernst Timur Diehn

Woche 1

DIE ERSTEN SCHRITTE

Geheimnisse des Herzens

Damien, für viele ist die Liebe vor allem ein privates Gefühl, über das man in der Öffentlichkeit kaum spricht. Du hingegen hältst sie für eine aktive, intelligente Kraft, die uns motivieren kann, uns weiterzuentwickeln.

Ja. Liebe ist unsere grundlegende WI-FI-Verbindung zum Leben. Für mich ist sie etwas sehr Heiliges. Durch ehrliche Liebeserfahrungen lernen und wachsen wir. Und durch die Kraft der Liebe vereinigt sich die göttliche Intelligenz mit uns. Dieser mysteriöse Prozess wird immer weiter in uns voranschreiten. Auch deshalb wird die Liebe in unserem Leben stets ihren Platz haben. Sie kann uns durch nichts genommen werden.

Die meisten Menschen erleben Liebe vor allem als etwas Romantisches. Manchen erscheint sie wie ein Rätsel, das schwer zu lösen ist. Andere wiederum machen richtige Liebestragödien durch.

Jemanden zu lieben heißt nicht zwangsläufig, dass ihr euer ganzes Leben lang mit einem Partner oder einer Partnerin harmonisch zusammen sein werdet. Vielleicht bist du mit einer Beziehung bereits auf der Ziellinie angekommen und mit einer Trennung einverstanden – und dennoch hast du tiefen Respekt vor dem anderen. Unsere Herzensgefühle ändern sich, aber der Reichtum, den ihr zwei zusammen erlebt habt – einschließlich aller Turbulenzen –, der bleibt für immer. Zwei Menschen haben einmal Ja zueinander gesagt, auch in den schwierigen Momenten, die sie miteinander erlebten. Und nun ist einer von beiden vielleicht einfach nicht mehr verliebt. Würdige deine/n Partner/-in und die

Beziehung, die ihr geteilt habt, und dass sie jetzt zum Abschluss kommt. Denn was in einer Beziehung absolut wahr gewesen ist, das wird uns nie verlassen. Auch die Liebe als Kraft wird stets weiter in dir wirken. Dies ist der wahre Schatz der Liebe. Das kannst du fühlen und etwa so ausdrücken: »Ich liebe dich, ich ehre dich und ich lasse dich jetzt gehen!«

Wenn du von Liebe sprichst, meinst du offensichtlich nicht nur die leidenschaftliche, körperliche Form der Liebe – Eros –, sondern auch Agape. So nannten die alten Griechen die tiefere spirituelle Liebesbeziehung.

Ja, ich meine nicht nur die »Flitterwochen-Liebe«, sondern eine bestimmte Form sehr tiefer Verbundenheit und Liebe. Auch dieses Phänomen aktiviert uns körperlich: Wir können die Liebe zum Beispiel als fließende Energieverbindung zwischen unserem Herzensraum und dem Rest unseres Körpers erspüren, auch zwischen dem Herz und dem Gehirn. Du erfährst dieses überwältigende Phänomen tiefer Liebe in dir, und mehr und mehr wirst du dir bewusst, dass es in unserem Leben noch so vieles mehr zu lernen und zu verstehen gibt.

Jeder von uns hat bereits verschiedene Qualitäten von Liebe im eigenen Leben erfahren dürfen. In einer Partnerschaft gab es Momente, in denen wir uns gegenseitig lehren konnten, uns selbst und den anderen mehr zu lieben. Und wie wertvoll die Erfahrung war, uns gegenseitig dabei zu unterstützen, alte Programmierungen und Gewohnheiten liebevoll gehen zu lassen. All das haben wir nicht nur mit unserem jetzigen Partner erlebt. Auch alte Freunde, Familienmitglieder und frühere Lebensgefährten haben uns dabei geholfen, mehr darüber zu lernen, was die Liebe ist und welche Rolle sie in unserem Leben spielen kann. All diese Erfahrungen haben uns weitergeholfen, und das wird so weitergehen. Wir werden noch viele weitere, neue Ausprägungen von Liebe erfahren und erspüren dürfen.

Zu untersuchen, was die Liebe wirklich ist, ist für mich zum Abenteuer meines Lebens geworden! Was wir als Liebe bezeichnen, kann sich in ein Dutzend oder noch mehr einzelne, subtile Gefühlsnuancen aufspalten. Indem wir unsere Gefühle immer weiter erforschen, schaffen wir eine Grundlage, um den wahren Reichtum der Liebe intensiver zu erfahren und zu genießen.

Es kann doch schon herausfordernd genug sein, sich seinen Gefühlen nur ab und an zu stellen. Warum sollte ich mich mit noch tieferen Gefühlen in mir auseinandersetzen? Und das ständig? Das würde mich sicher schnell überfordern.

Das kann ich nachvollziehen. Ich erinnere mich noch sehr gut an den ersten Tag nach meiner Hochzeit. Schon morgens fragte ich meine Frau: »Hey, wie fühlst du dich?« Wir schrieben uns gegenseitig unsere Gefühle auf. Die Ergebnisse waren wirklich erstaunlich, sogar beunruhigend: Dieses und jenes fühlte sich hervorragend an. Doch ein besitzergreifendes Gefühl meldete sich. Es fühlte sich an wie: Du wirst jetzt für immer bei mir bleiben. Du gehörst jetzt mir! Und: Ich muss mich jetzt nicht mehr so anstrengen. Ich kann mich gehen lassen. Das war wirklich erstaunlich! Ich hatte das Gefühl, als ob ich meine bisherige Identität verlieren würde. Weil wir diese Gefühle vor der Hochzeit nicht hatten, haben wir sie zusammen genauer untersucht. Wir sprachen sehr klar und ehrlich miteinander über das, was wir herausgefunden hatten. Und wir stellten sehr verwundert fest: Das sind wir ja gar nicht! Das sind gar nicht *unsere* Glaubenssysteme.

Es fühlte sich eher wie eine Art subversiver Einfluss an, als würde sich etwas in das eigene System einschleichen. Tatsächlich handelte es sich um alte, typisch irische Vorstellungen von der Ehe, die sich schon am Ehetag eins in unsere Gefühlswelt schmuggelten. Du weißt schon: wie ein Mann seine Frau behandeln sollte, wie sich eine Frau gegenüber ihrem Mann zu verhalten hat und so weiter. Wir waren echt verblüfft darüber. Um uns über unsere Gefühle klar zu werden, war es wichtig, all das bewusst wieder zu ändern. Wir trafen eine Entscheidung. Sie lautete: Unsere Liebe ist nicht das, was das irische Glaubenssystem der Ehe propagiert. Wir sind einzigartig und werden unser eigenes System der Ehe finden und erschaffen.

Interessant. Was hat dich diese Erfahrung gelehrt?

Spüre und sondiere deine Gefühle, dadurch verändern sie sich bereits. Wenn du dir etwas aktiv bewusst machen kannst, weil du es bewusst fühlst, wirkst du auf Herausforderungen des Lebens ein. Auf eine gute Art. Gefühle zu fühlen ist etwas Proaktives. Wenn wir das, was auf uns einwirkt, bewusst fühlen, können wir uns schon bewusster entscheiden, ohne von unbewussten Gefühlen bestimmt zu werden. Anders gesagt: Falls du heiratest (um beim Beispiel zu bleiben), heirate bewusst, und mit dem Ziel, dabei noch bewusster zu werden. Hast du in einer Beziehung immer gern das Opfer gespielt? Mach es dir bewusst, und du kannst damit aufhören. Falls du spüren solltest, dass du mit einer Person nicht mehr länger zusammen sein möchtest, gib diesem Gefühl Raum. Aber mach dir dabei klar, was sonst noch alles in dir vor sich geht. Lass widersprüchliche Gefühle bewusst zu, ohne diese ständig abwägen oder beurteilen zu müssen. Einfach nur fühlen ... bleib offen für neue Gefühle, die sich melden. Wenn du es schaffst, gleichzeitig bewusst zu fühlen und zu handeln, werden deine Handlungen allmählich bewusster, kreativer, überraschender. Du wirst trotz Herausforderungen im Leben eigene Wege finden. Du kommst zu echten, unabhängigen Entscheidungen im Leben. Weil dich keine Gefühle kontrollieren und leiten.

Wenn ich es schaffe, meine Gefühle bewusst zu beobachten, gelingt es mir, auf gute Weise meine Unabhängigkeit zu bewahren. Dadurch kann ich tiefer verstehen, was bisher in meinem Leben geschehen ist und warum. Indem du alle Emotionen, die gerade hochkommen mögen, liebevoll erspürst und nicht unterdrückst, gehst du mit dir selbst immer ehrlicher um. Lass nicht zu, dass gesellschaftlich konstruierte Konzepte von Ehe, Familie oder Beruf weiter deine Gefühlswelt kontrollieren. Kollektive Konzepte und gesellschaftliche Zwänge ziehen uns in eine bestimmte Richtung, und das kann unsere Gefühle beeinflussen. Damit erzwingen Vorstellungen, die nicht unbedingt deine eigenen sind, einen Zugang in deine Welt und zu deinen Gefühlen. Zum Beispiel die bereits erwähnten gesellschaftlichen Auffassungen von Ehe oder Trennung und wie diese ablaufen sollten.

...

(**Hinweis für die Leser:** Drei Punkte, die den Text unterbrechen, sind als Einladung für Sie gedacht, beim Lesen kurz innezuhalten und in Ihre eigenen Gefühle hineinzuspüren – vielleicht nur für einige Sekunden, vielleicht länger –, bevor Sie weiterlesen. Konzentrieren Sie sich auf Ihre aktuellen Gefühle. Vielleicht melden sich Emotionen, weil Sie im Text kurz zuvor etwas Bestimmtes gelesen haben, das Sie berührt hat? Und noch ein Tipp: Erzwingen Sie nichts. Wir können nur das erfühlen, wofür wir gerade bereit sind und was in diesem Moment bereit ist, transformiert zu werden.)

Okay, Damien, das habe ich verstanden. Du möchtest mir Mut machen, dass es doch möglich ist, sich den eigenen Gefühlen zu stellen. Aber ehrlich gesagt bin ich mir nicht sicher, ob ich das überhaupt will! Jedenfalls fühlt es sich so an. Oh nein ... schon wieder ein Gefühl! (Beide müssen lachen)

Timur, sich über seine eigenen Gefühle klar zu werden, ist ein ganz natürlicher Prozess. Es gibt keinen Grund, sich davor zu fürchten. Es geschieht schon, wenn wir uns ein wenig mehr als gewohnt auf uns selbst konzentrieren, gleichzeitig bewusst, liebevoll und geduldig bleiben. Zugegeben: Eigentlich müssten wir uns mit uralten Reaktionsmustern auseinandersetzen. Wie gehen wir zum Beispiel mit Ängsten um? Wir müssten uns alten Schmerz und unterdrückte Gefühle aus der Vergangenheit bewusst machen, auch wenn wir diese lange vernachlässigt haben. Dieser Prozess kann mitunter anspruchsvoll sein und Widerstände auslösen. Grundsätzlich können wir praktisch aller unterdrückten Gefühle gewahr werden und uns auf liebevolle, achtsame Art um sie kümmern. So können Ängste besser verstanden werden oder ein bestimmtes Gefühl des Widerstands, das dir vermittelt, dass das alles doch gar nicht notwendig ist. Dass du das nicht brauchst.

Seltsam, wenn ich mich jetzt auf den Widerstand in mir konzentriere, den ich vor ein paar Augenblicken noch hatte, empfinde ich jetzt nur noch eine diffuse Mischung aus Gefühlen, die ich nicht benennen kann ... Ich muss mir wohl eingestehen, dass mich dieses Thema ganz schön nervös macht.

Als ich das erste Mal versuchte, meine Gefühle genauer zu beobachten, hatte ich dabei das Bild von einem dicken Tau aus vielen Strängen von Empfindungen vor Augen. Ich achtete auf meine Herzensgefühle, und nach einiger Zeit konnte ich besser und feiner unterscheiden: Im Herzen vereinen sich Gefühlsmuster zu vielen feinen Strängen. Je feiner diese Stränge sind, desto mehr feine Körperempfindungen und Gefühle kommen zum Vorschein und können unterschieden werden. Im Laufe der Zeit konnte ich ausmachen, was diese Stränge für mich bedeuteten und welche Informationen sie mir schickten. So etwas braucht Zeit. Fühlen ist ein sich ständig verändernder Prozess, durch den wir besser verstehen lernen, was gerade wirklich in uns geschieht. Nach einiger Zeit wirst du etwas, das im Außen passiert, auch von innen heraus erspüren können. Achte vor allem darauf, was deine Herzensbotschaften dir sagen. Ich nenne dieses lebendige Orchester unserer Gefühle »Herzfrequenz«.

Jetzt würden manche sicher sagen: »Das Herz ist doch nur ein Muskel.«

Wir können unser Herz allein schon deshalb geheimnisvoll nennen, weil wir es noch überhaupt nicht kennen. Jedenfalls nicht wirklich kennen. Die Wissenschaft sagt, dass das Herz mit dem Nervensystem, der Biochemie und den Gefühlen auf höchst überraschende Weise verbunden ist. Das Herz hat auch ein starkes Magnetfeld, das sich weit über den Körper hinaus erstreckt. Und es hat seine eigenen neuroelektrischen Schaltkreise, die Impulse an das Gehirn und das gesamte Nervensystem senden. Ich sage dir: Tief im Herzen gibt es so vieles zu entdecken! Es ist zum Beispiel sehr interessant, zu spüren, wie das Herz mit dem durch seine Kammern strömende Blut interagiert, es dabei reinigt und informiert. Wir können unser Herz besser kennenlernen. Wenn ich meinen Verstand leere und mich in mein Herz begebe, erkenne ich: Mein Herz weiß stets im Voraus, was passieren wird. Dabei spüre ich die vielen feinen Frequenzen, die sehr genauen Informationen, die sich durch mein Herz bewegen. Ich habe immer besser gelernt, sie wahrzunehmen. Auch du kannst lernen, deine Herzensgefühle als schwingende, sich ständig ändernde Frequenzen immer besser zu erspüren. Diese Frequenzen dehnen sich vom physischen Herzzentrum aus auf deinen ganzen Körper aus. Begeben wir uns tiefer in das Herzfeld hinein, können wir zum Beispiel erforschen, wie das Herz mit unseren Gefühlen, mit unseren biochemischen Rhythmen, sogar mit den verschiedenen Arten, wie wir träumen, interagiert.

…

Verbindest du dich bewusst mit deinem Herzen, wirst du wissen, was du in jedem einzelnen Moment sagen oder tun sollst. Und der Herzensraum ist der Ort, an dem wir erleben können, dass die Liebe real ist – eine dynamische Kraft, die jeden Moment alles verändern kann.

Klingt schön! Wie kann ich denn all das erfahren und mir zugänglich machen?

Indem du wieder die Verantwortung für dein eigenes Leben übernimmst. Indem du in jeder Minute bewusst fühlst, was immer es zu fühlen gibt – auch wenn viele deiner Gefühle für einige Zeit eingefroren gewesen sein mögen. Durch die Verbindung zu unseren ständig fließenden Gefühlen erfahren wir, wer wir in diesem Moment wirklich sind. Und Gefühle sind Energie in Bewegung (»E-Motion«). Aus ihnen lernen wir, wie wir durch das, was der Moment bringt, wachsen können. Deswegen sollten wir immer im Leben berücksichtigen, was wir gerade im tiefsten Kern empfinden, im Herzensraum. Gerade dort erfahren wir mehr über unsere wirklichen Gefühle.

Hier kann ich alle gegensätzlichen Kräfte, Polaritäten, die in mir arbeiten, entspannt beobachten und bewusst anerkennen. Von diesem Raum der Stille im Herzen aus bin ich in der Lage, authentischer zu handeln und mich mit der Weisheit aller meiner Emotionen zu verbinden. Im Herzensraum verhalte ich mich entweder still oder ich bewege mich mit den Gefühlen mit und lasse einfach geschehen, was immer geschieht. Ich beobachte einfach weiter, fühle noch tiefer in mich hinein und erkenne: Ich kann mich jederzeit mit dem ganzen Feld meiner Gefühle verbinden.

Durch den Kontakt mit unserem Herzensraum können wir uns auch mit einer Intelligenz verbinden, die umfassender wirkt als die Intelligenz des Verstandes. Schon immer sind wir im Herzensraum mit einem intelligenten Feld verbunden. Dieses Feld bringt das wirklich Neue in unser Leben. Ich nenne dieses umfassende Feld »universelles Heilungssystem«. Dieses heilende Feld wartet ständig darauf, von uns intuitiv entdeckt zu werden. Es ist im Kern unseres Seins zu finden und stets bereit, uns zu unterstützen – wenn wir unsere Widerstände loslassen.

Bitte etwas konkreter: Wie soll sich das alles im Leben entfalten?

Timur, wenn wir uns auf immer neue, frische Weise mit unseren Gefühlen verbinden, erhalten wir sofort neues Wissen, wie wir unsere alten Themen neu sehen und verstehen können. Und um zu erleben, welche Lehren wir aus ihnen integrieren könnten. Dafür müssten wir aber den Mut aufbringen, in jedem Augenblick wirklich neu von unseren eigenen Gefühlen zu lernen. Kannst du das bereits? Durch diese Erfahrung kommen wir unserem eigentlichen Potenzial als Mensch näher. Denn gleichzeitig lernst du, deiner eigenen Intuition mehr (und tiefer) zu vertrauen.

Wir müssen also zuerst den Mut aufbringen, in jedem Augenblick neu von unseren Gefühlen zu lernen. Du könntest das sogar gleich jetzt angehen. Ich gebe dir ein Beispiel: Zuerst nimmst du die Gefühle in und um den physischen Herzbereich herum wahr und verbindest dich mit ihnen. Verbinde dich auch mit der Rückseite deines Herzens, mit deinem gesamten physischen Herzfeld. Hierzu kannst du in deinen inneren Raum hineinfühlen, spüre eine Weile hinein und lass dir dafür Zeit. Entweder gehst du nach innen, bleibst still, spürst deine Gefühle und konzentrierst dich weiter darauf. Oder du gehst nach innen und unternimmst gleich-

zeitig schon etwas, du gehst, sprichst, handelst … und beobachtest dabei weiter, was du fühlst. Und lass das alles los.

Von diesem inneren Raum aus wirst du dich immer tiefer mit
dem Leben verbinden, so wie es für dich ist. In diesem Moment.

Und was geschieht, wenn ich es schaffen sollte, mich mit meinen wirklichen
Herzensgefühlen tiefer zu verbinden als gewohnt?

Das universelle Heilungssystem wird dich zielgerichtet zu dem
hinführen, was in diesem Augenblick noch unerlöst ist. Auf dem
Weg der Heilung wird dich diese Kraft früher oder später an deinen lange vernachlässigten Schmerz heranführen.

Kurze Übung

Ich möchte dich nun – und damit natürlich auch die Leser – fragen: Was genau kannst du in diesem Moment wirklich fühlen?
Bist du mit deinen eigenen Gefühlen verbunden? Bist du mit den
verschiedenen Schwingungen in Kontakt, die deine Emotionen
gerade ausstrahlen? Lass deine üblichen Gedanken, Fragen und
Antworten gehen und konzentriere dich ausschließlich auf die
Wahrnehmung, nur wahrnehmen …

Und atme jetzt deine Emotionen durch dein Herz.

Durch mein Herz atmen? Meinst du das ganz im wörtlichen Sinne?

Ja, nimm einfach wahr, wie sich die Lebenskraft deiner Gefühle
durch die verschiedenen Körperteile bewegt. Als Energie, die du
spüren kannst. Beobachte etwa beim Ausatmen, wie sich deine
Gefühle durch das Herz bewegen, und nach einer Weile gehst
du mit deiner Aufmerksamkeit zum Beispiel in deinen Rumpf, in
den Bauch hinein. Vielleicht rasen ja deine Gefühle im Moment

förmlich durch die Brust? Oder fließen sie etwa sanft durch deinen Herzbereich und tiefer in deinen Rumpf? Vielleicht spürst du, wie sich eine neue Gefühlsfrequenz in einem Teil deines Körpers sammelt – etwa im Bereich deines Zwerchfells. Beobachte: Was ist los in deinem Körper-Gefühlssystem? Beobachte mit jedem Ausatmen, wie du deine Körperempfindungen und deine Gefühle präziser erfassen kannst. Bewege dich dabei achtsam durch dein Herz, durch den Rumpf, in verschiedene Körperregionen. Bleib stets mit deinen Gefühlen verbunden. Du brauchst sie nicht zu bewerten. Beobachte einfach.

Sieh dir vor allem deinen Herzensraum entspannt von innen an. Nimm dir Zeit, um weiter zu beobachten, was in diesem Moment in dir vor sich geht. Richte deine Aufmerksamkeit auf das, was du im Inneren noch nicht ganz sehen oder fühlen kannst. Vielleicht empfindest du Gefühle nur gedämpft, vielleicht fühlen sie sich an wie »Schatten«, irgendwie neblig oder klebrig, was für noch unklare, irgendwie verschwommene Emotionen stehen könnte. Beobachte entspannt diesen »Nebel deiner Gefühle« – deine noch unklaren Empfindungen in dir. Halte das etwas länger aus als gewohnt, warte einfach ab und beobachte. Ganz entspannt. Wenn es dir gelingt, nicht mehr so schnell über dich selbst zu urteilen, wird sich mit etwas Übung mehr Geduld mit dir selbst einstellen.

Warte einfach noch etwas ab. Sieh dir selbst ein wenig länger zu als gewohnt. Beobachte etwas länger als gewohnt, was in dir vor sich geht, ohne allzu schnell Urteile zu fällen. Lass einfach dein Erleben zu, ohne zu viele zusätzliche Verstandesinformationen zu produzieren. Erlebe einfach, was gerade wirklich da ist … atme weiter und bleib dir der Empfindungen bewusst, die sich etwa in deinem Herzen, in der Brust oder in anderen Körperteilen bewegen mögen.

Lass uns einfach beobachten. Genieße den Prozess. Und beobachte weiter.

Atme stets bewusst weiter, fühle und beobachte dabei. Achte auf dein Herz, auf die Regionen um das Herz herum, auf die Rückseite des Herzens und auf den Bereich unter der Brust. Atme die sich bewegenden Gefühle tiefer durch dein Herz in den Bauch. Allmählich verändern sich innerhalb der Atmung die Emotionen. Und nach einer Weile (oder nach mehrmaligem Üben) kann es sein, dass unklare Gefühle sich nicht mehr ganz so nebulös, schwammig oder isoliert anfühlen. Vielleicht verwandelt sich das sogar in ein präziseres Gefühl, in etwas Leichteres, Beweglicheres. Indem du all dies am eigenen Leib erlebst, wird dir klarer, was dir der Gefühlsprozess in diesem Moment zu sagen hat. Du wirst deine Gefühle also immer besser verstehen. Du wirst dabei Zeuge, wie sie sich verwandeln. Es gibt so viele Schichten im Herzen, die noch darauf warten, von dir entdeckt zu werden.

Atme ein … und atme durch deinen Herzensraum noch tiefer in dein Herz … und in deinen Rumpf. Bleib bei deinem Herzen, im physischen Raum in und um dein Herz herum. Beobachte einfach weiter, was passiert. Erlaube dir, das zu erleben, was in dir ist, ohne automatisch darauf zu reagieren. Und schon nach einiger Zeit kannst du dich immer besser mit deinen Gefühlen verbinden. Vielleicht erlebst du sogar einen Moment, in dem noch präzisere Eindrücke und zugleich neue innere Bilder klar in den Vordergrund deines Bewusstseins treten. Du spürst, wie es sich konkret anfühlen kann, zu fühlen und sich dabei zu verändern. Genau das heißt im Kern für mich, wirklich lebendig zu sein: zu spüren und dabei bewusst zu lernen.

Deine Emotionen verändern sich, du fühlst dich frischer und die Schärfe deines beobachtenden Verstandes fällt dir nun auf. All das kann etwas Zeit und Training erfordern. Aber du änderst auf lange Sicht sehr effektiv deinen Kurs.

Erhöhe die Schwingung

Wie hat sich dein Lebensweg als Heiler, spiritueller Lehrer und Coach entfaltet? Wie kam es dazu, dass du die Geheimnisse des Lebens auf deine unkonventionelle Weise so genau erforschen konntest?

Als ich von meinen eigenen spirituellen Fähigkeiten erfuhr, wollte ich anfangs überhaupt nichts damit zu tun haben! Zu dieser Zeit war ich ein einfacher Geschäftsmann in Dublin. Ich hatte in der Nähe des Flughafens eine Fabrik für Klimaanlagen und in der Stadt einen Shop für Zigaretten und Alkohol. Ich war sportlich, ich war beliebt und recht erfolgreich, kurz: Mir ging es gut – dachte ich jedenfalls. Es brauchte einige intensive Erfahrungen, um meine ureigenen Ängste zum Vorschein zu bringen und um mein damals recht robustes Ego weichzuklopfen. Nach einem Unfall landete ich für ein Jahr im Rollstuhl. So kamen die Dinge zumindest etwas in Bewegung. Im darauffolgenden Jahr kämpfte ich mich aus dem Rollstuhl heraus, aber ich weigerte mich immer noch, mich für eine wirklich einschneidende Veränderung im Leben zu öffnen. Ich war damals ziemlich stur, weißt du – so war jedenfalls meine Entscheidung *(Damien lacht)*. Und so hatte ich ziemlich bald einen zweiten schweren Unfall, als von einem Dach ein Sonnenreflektor auf meinen Kopf fiel und meine Wirbelsäule schwer verletzt wurde. Es brauchte ein weiteres Jahr, um mich einigermaßen wiederherzustellen. Das verpasste mir einen emotionalen Zusammenbruch. Und mir wurde klar, dass ich etwas in meinem Leben verändern musste.

2002 traf ich in Dublin einen Heiler, und das Erlebnis mit ihm brachte mich aus der Fassung und auf Kurs. Damals wusste ich nichts über spirituelle Heilarbeit, und ich war wirklich sehr skeptisch. Aus welchem Grund auch immer: Eines Tages fand ich mich auf einem Massagetisch wieder in der Wohnung eines Typen, den ich kaum kannte. William, so hieß er, stand vor mir und fing an, mit seinen Händen in der Luft zu fuchteln. Er zog Grimassen, kniff die Augen zusammen. Ich war verwirrt. Recht schnell schaltete sich mein Ego ein, und ich dachte schon: »Dieser Kerl ist doch einfach nur verrückt!« Und plötzlich war da diese heftige Explosion in meiner Brust – ich kann es nicht anders beschreiben. Es fühlte sich alles äußerst realistisch an: Die Explosion öffnete mein Herz, es war etwa so, ob mir große Betonsteine aus dem Herzen herausgerissen würden. Gleichzeitig spürte ich, wie sich im Herz ein Kanal öffnete, und innerhalb von Augenblicken schossen diese unglaublich vielen neuen Gefühle und Körperempfindungen durch mein Herz. Mein ganzer Körper begann, auf dem Tisch zu vibrieren, und auch William warf es zu Boden. So stark waren diese Energien! Als wir uns nur noch anstarrten, zitterten wir beide am ganzen Körper.

Wusstest du in dem Augenblick irgendwie, was los war? Was das genau war?

Nein, wie denn? Ich hatte nicht die leiseste Ahnung. Natürlich meldeten sich schnell wieder meine alten Glaubenssysteme. Und weil die aktivierten Gefühle – die Energien – so stark waren, schrien William und ich uns am Ende vor lauter Überforderung an. Ich dachte nur noch: »Verschwinde von hier!« Also raste ich mit dem Auto in mein Büro. Nach einer Weile fühlte ich mich etwas entspannter, doch plötzlich öffnete sich dieser Kanal schon wieder, noch viel stärker! Mich warf es am Tisch fast um, und da vibrierte schon mein Handy, und es kam eine Textnachricht nach der nächsten rein – natürlich von William! Denn kilometerweit von meinem Büro entfernt begann er praktisch zeitgleich, am ganzen Körper zu zittern. Und auch in ihm öffneten sich neue Kanäle. Ich wusste wirklich nicht, was ich mit all dem anfangen sollte. Glaub mir, es war ein schwerer Tag für mich.

...

Am nächsten Tag trafen wir uns, und das Erste, was ich von William hörte, war: »Du bist ein Heiler.« Er beteuerte, dass seine Migräne völlig verschwunden sei. Das alles hörte ich mir nur äußerst widerwillig an. Er nahm meine Hand, legte sie auf seine Stirn und bestand darauf, dass ich sofort mit ihm arbeiten solle. Und, nun gut – was sollte ich denn machen? Ich fing also an, mich irgendwie auf seinen Körper zu konzentrieren. Plötzlich öffnete sich zwischen meinen beiden Augen und runter bis zum Herz ein grüner Laserstrahl, den ich sofort mit meinem Herzen intuitiv ausrichten konnte. Gleichzeitig nahm ich mit offenen Augen im hinteren Teil des Zimmers riesige Mengen an Informationen wahr. Ich sah ganze Bibliotheken, die sich wie Bücherseiten für mich öffneten. Alle Bilder waren kristallklar. Ich konnte alle Informationen sofort einordnen und wusste genau, dass ich all das aus lang zurückliegenden Zeiten kannte. Das Gefühl, das dabei klar reinkam, war: Ich muss nur üben. Also strahlte ich Laserimpulse in verschiedenen Farben auf Bereiche von Williams Körper aus. Dort, wohin ich den Laser richtete, reagierte er körperlich, er bewegte sich oder stöhnte. Und ich konnte durch seine Reaktionen exakt wahrnehmen, wie und wo sich bei ihm die verschiedenen Lebensthemen zeigten. Ich experimentierte mithilfe meines geistigen Lasers mit Farben und verschiedenen Lichtsymbolen, und bereits in dieser Sitzung wurde bei ihm ein tiefes Trauma geheilt. Wir hatten beide immense Transformationserlebnisse. Danach war ich unglaublich aufgeregt, denn etwas in mir war erwacht. Und ich wollte nur noch lernen.

Von da an kamen jeden Tag neue Informationen herein. Ich musste alles durch eigene Erfahrungen unmittelbar erleben und dabei in mir selbst schnell viele Themen klären. Am Ende hatte ich gar keine andere Wahl mehr. Ich brach die Brücken zu meinem alten Leben ab. Ich verließ die Geschäftswelt und reiste für eine Weile durch die Welt. In Budapest blieb ich fünf Jahre. In dieser Zeit entdeckte ich zum Beispiel eine Heilenergie, die durch die Meridianlinien mit über 120 Körperpunkten verbunden ist. Durch Berührungssequenzen können über diese Punkte Traumen und blockierende Energien im Körper aufgelöst werden. Es dauerte ungefähr drei Jahre, diese Technik zu entwickeln. Während dieser Zeit leitete ich meinen ersten Workshop. Das war eine recht spontane Entscheidung: Während des Seminars erhielt ich alle Informationen von der geistigen Welt sozusagen in Echtzeit durchgefunkt – immer im genau richtigen Moment. Bis heute entwickeln sich die geistigen Techniken, die ich anwende und lehre, ständig weiter.

Und davor hattest du noch nie eine spirituelle Erfahrung? Du wusstest überhaupt nichts von diesen Themen?

Zugegeben: Schon als Kind fühlte ich eine sehr starke Verbindung. Jede Nacht reiste ich buchstäblich zu den Sternen und empfing Informationen, zum Beispiel über Religion, das Leben, über Politik. Es fühlte sich für mich fast so an, als wäre ich ein Erwachsener, der im Körper eines Kindes steckte. Damals hat mich das nur frustriert. Ich wollte einfach so schnell wie möglich erwachsen werden, um unabhängig zu sein und endlich anfangen zu können, meine Träume zu leben. Heute glaube ich, dass alle Kinder von Zeit zu Zeit ähnliche Erfahrungen machen, bevor sie ihre Kanäle vergessen und abschalten. Die Reaktionen ihrer Eltern, Lehrer und Familienmitglieder zwingen sie wahrscheinlich dazu. Schuld sind die Glaubenssysteme der Gesellschaft, die aus dem kollektiven Bewusstsein entstammen. Auch ich habe all das blockiert und erschuf mir eine »normale« Persönlichkeit, und ich lebte diese Schöpfung bis zum Alter von 30 Jahren – als ich auf William traf. Heute dreht sich bei mir nur noch alles um das Leben aus dem Herzen heraus, um ein Leben im Jetzt, um die Grundfrage: Wie fühlt es sich an, wenn ich wirklich mit dem Herzen lebe? Mit dem, was mir mein Herz gerade sagt?

Seit diesem Ereignis ist das Leben zu meinem ständigen Lehrer geworden. Jeder Mensch, der zu mir kommt, ist für mich ebenfalls ein Lehrer. Und jede Situation in meinem Leben. Für mich fühlt sich mein Leben nun vor allem so an: Alle unterschiedlichen Situationen, Lektionen und Realitäten, die ich erlebe, wollen von mir entdeckt werden, damit ich an diesen Erfahrungen wachsen kann.

Du leitest in verschiedenen Ländern Gruppentrainings und Seminare, die unsere Potenziale aktivieren sollen. Dabei (und in Einzelsessions) können Lebensthemen tiefer berührt und intensiv verändert werden. Was geschieht dabei?

Was ich »Light Grids« (Lichtgitter-Energiearbeit) nenne, ist eine neue Art der spirituellen und körperlichen Selbstermächtigung und Selbstheilung. Letztendlich geht es darum, vor allem wieder aus dem Herzen zu leben. Aus einer starken, sauberen Verbindung mit deiner Herzensintelligenz heraus kannst du dich vom Fluss des Lebens leiten lassen.

Du meinst also buchstäblich, im Herzen sei konkretes Wissen zu finden?

Hier ist unsere Verbindung zum göttlichen Schöpfungsfeld. Du musst dir deine Körperenergie wie einen Fluss vorstellen, der mit einem noch viel größeren Fluss, dem universalen Feld, der göttlichen Intelligenz, eng verbunden ist. Fängst du an, das zu entdecken und zu integrieren, kannst du alte, eingefahrene Muster und Blockaden auflösen. Wir verbinden uns wieder mit dieser ursprünglichen Intelligenz, und diese setzt den eigentlichen Heilungsprozess in Gang. Diese höhere Intelligenz, mit der du verbunden bist, weiß schon alles, zum Beispiel, wo in deinem Körper abgeschnittene, irgendwie gestrandete, festgefahrene Energien liegen. Und wie sie wieder ins Fließen gebracht werden können. Dieses Wissen zu aktivieren, heißt für mich, uns wieder mit unserer wahren Identität, unserer eigentlichen Seelenebene zu verbinden.

Dazu kommen bestimmte Methoden der Energiearbeit, um Programme und Ängste zu klären, um unsere wahren Gaben und Talente vollständig genießen zu können. In den Seminaren erschließe ich Informationsfelder, die den Teilnehmern vielleicht noch nicht bewusst sind, die aber quasi darauf warten, wieder gefühlt und verstanden zu werden. Ich aktiviere Themen, und dabei halte ich die Frequenzen im Seminarraum so hoch, dass sich die Teilnehmer gezielt mit ihren vernachlässigten Gefühlen und mit so hohen Frequenzen verbinden, wie es ihr höheres Selbst in diesem Moment zulassen kann. Und ich gebe ihnen Werkzeuge mit, damit sie sich nach dem Seminar eigenständig gut weiterentwickeln können. Ich öffne also im Prinzip Türen, aktiviere »Schlüssel« und gebe Wissen weiter, wie man bestimmte Bewusstseinsräume betreten und sich darin bewegen kann. Dabei begreifen die Teilnehmer eines immer tiefer: Alles, was wir erfahren, unterstützt unser Wachstum. Wir haben also immer die Wahl, uns weiterzuentwickeln. In jeder Situation.

…

Für mich geht es bei meiner Lebensreise um das Vertrauen in das, was der Fluss des Lebens für mich vorgesehen hat. Deshalb halte ich mich bei der Arbeit nie an eine bestimmte Technik. Dieser spontane Ansatz – ständig im Jetzt zu sein und zu empfangen – hilft sehr, wenn wir unsere Potenziale wieder erfahren wollen. Und auch die Demut gegenüber dem göttlichen Heilungssystem, die durch alle diese Erfahrungen entsteht, ist mir sehr wichtig.

Wir werden in diesem Buch über den »Himmel auf Erden« sprechen und wie man da hinkommt. Ich weiß, du bist überzeugt davon, dass wir diesen konkret erfahren können. Und zwar bereits jetzt, in dieser Generation. Wir alle zusammen. Richtig?

Richtig, und dadurch werden wir alles zum Guten verändern.

Mir fällt es im Moment schwer, zu glauben, dass dies eine reelle Möglichkeit für uns sein kann. Und mein Verstand funkt: Das zu erreichen oder nur darüber zu sprechen, fühlt sich … vermessen an. Was müsste ich persönlich erleben oder wissen, um wenigstens einige meiner Zweifel an so einer großen Vision ausräumen zu können?

Den Himmel auf Erden zu finden und zu erleben heißt nicht, dass die Dinge sich von nun an nur noch so entwickeln, wie dein oder mein Ego sich das vorstellt. Nein, es geht darum, die Seite zu wechseln und sich selbst und andere nur noch durch die Herzensfrequenz zu unterstützen. Und alle Veränderungen, die daraus resultieren, zu akzeptieren und mit ihnen weiterzuarbeiten. Um diesen Fokus zu festigen, ist es wichtig, seine eigenen Glaubenssysteme zu befreien und zu verändern. Welche Instanzen für innere Kritik und Schuld, welche Einschränkungen und Belastungen, um die wir uns noch nicht gekümmert haben, sind in uns aktiv? Erlaube dir, auf sehr alte und sehr neue Emotionen in deinem Leben zu achten und diese auf neue Weise zu erleben. Erlaube dir, überhaupt berührt und verändert zu werden. Offen zu werden für das neue Wissen, das uns neue Möglichkeiten offenbart für die Lebenssituationen, in denen wir uns befinden. Um zu erkennen, welche (Er-)Lösungen in uns bereitstehen und darauf warten, abgerufen zu werden, müssen wir zuerst wieder fühlen, was wir in uns noch nicht fühlen können. Wir müssen erkennen, was wir noch gar nicht über uns selbst wissen. Und wenn du die Verbindung zu diesem inneren Wissen wiederhergestellt hast, erledigt das die eigentliche Arbeit: Es wird dein Wesen und dein ganzes Leben verändern.

Ich gebe zu: Das klingt spannend, aber ich verstehe immer noch nicht genau, worauf du hinauswillst.

Du und ich, wir werden das in den nächsten Wochen gemeinsam herausfinden. Und die Leser dieses Buches. Wir werden dabei gemeinsam von der Angst zur Liebe reisen. Unsere Leserinnen und Leser möchte ich an dieser Stelle nur um eines bitten: Setze dich auf dieser (unserer gemeinsamen) Reise nicht unter Druck. Fühle immer wieder in dich hinein, welches Lesetempo für dich im Augenblick angemessen ist. Vielleicht stellst du manchmal fest, dass du einige Passagen langsamer lesen und einige Übungen öfters wiederholen möchtest?

...

Und was möchtest du also meinem skeptischen Verstand mitgeben, damit er jetzt überhaupt mitmacht?

Dass wir alle fließende Energie sind. Unser Leben besteht aus dem Fließen von Energie. Wenn wir gehen oder mit jemandem sprechen, senden und empfangen wir ständig Ausschläge von Schwingungen: Körpergefühle, die Vibration der Stimme, der wir zuhören, die Veränderung des Gesichtsausdrucks eines Freundes, mit dem wir uns unterhalten. All das drückt fließende, dynamische, intelligente Realitäten aus. Wir können sie uns bewusst machen, sie tiefer erfahren. Wir können sie klären und heilen und vor allem: aus ihnen lernen. Alles, was wir erleben, hält eine Lektion für uns parat. Das Leben ist ein Lernpfad, konkret geht es darum, die subtilen Schwingungen unserer Gefühle immer klarer zu spüren und dabei zu begreifen, was sie uns wirklich sagen. Ein Beispiel: Wenn dein Chef dich in einer Situation wütend machen sollte, bringt dein Zorn eine neue Schwingung in dir hervor, eine Frequenz, die du vorher so noch nicht gekannt hast. Jetzt bewegt sich diese Schwingung durch deine Zellen, durch deinen Körper und dein Gehirn. Veränderungen, die dabei in deinem Inneren auftauchen, sagen dir Neues über dich selbst. Eine neue Frequenz ist entstanden, die jetzt in deinem Leben eine Rolle spielt. Darin steckt schon eine Lehre, die es zu entdecken gilt! Wir können unsere eigenen Frequenzen aber auch blockieren und uns unbewusst machen, wenn wir uns in alten Reaktionen oder Gedankenspielen verheddern, auf eine neue Situation nur auf gewohnte und gleichzeitig unbewusste Weise reagieren – etwa ein Geschehen nur aus dem Verstand heraus beurteilen.

Stell dir vor, bei mir wäre das Glaubenssystem »Ich wurde so oft verletzt im Leben« immer noch präsent. Und jetzt kommst du daher und sprichst mit mir auf eine sehr freundliche, konstruktive Weise. Du schickst mir sogar eine Art Liebesfrequenz aus deinem Herzen, die mir helfen könnte, mich jetzt gerade aber leider nur verwirrt. Der Grund? Ich vertraue dir nicht, weil ich ja immer noch in mir die Angst trage, dass ich wieder verletzt werden könnte. Und mein Verstand denkt die immer gleichen negativen Sätze. Also blockiere ich die Frequenz, die du im Jetzt aussendest. Ich mache zu und lasse nicht zu, dass neue Frequenzen zu mir durchkommen, obwohl ich diese eigentlich so sehr vermisse. Dabei bräuchte ich doch nur etwas Zeit, manchmal nur wenige Sekunden, in denen ich mir bewusst mache, was ich da gerade tue. Und schon könnte ich mit dem gegenwärtigen Moment und seinen Chancen in Verbindung treten und mich dir mit neuer Flexibilität im Herzen öffnen.

. . .

Auf uns wartet immer eine sehr inspirierende, intelligente, aktive Realität, und in jedem Moment könntest du Hunderte verschiedener Frequenzen fühlen und dich mit ihnen verbinden. Dazu zählen Informationen, die einige noch nicht wahrnehmen können und von denen sie nicht einmal glauben würden, dass es sie überhaupt gibt. Lass all diese Lehren in dich hinein! Stell dir vor, wie in deinem Leben ein Problem auftaucht, und plötzlich strömen alle möglichen stressigen Gefühle und Körperempfindungen auf dich ein. Deine gesamte Biochemie verändert sich – es ist wie in einem Rausch. Gleichzeitig bauen wir oft Widerstand auf, anstatt einfach nur weiter zu beobachten. Mach dir diesen Prozess einfach nur bewusst, das heißt: Fühle, was gefühlt werden muss, und fühle dabei auch deinen Widerstand, beobachte ihn und wachse daran. Also: Fühle ihn.

Den Widerstand fühlen? Einfach so? Und das soll es gewesen sein?

Ja. Hauptsache, du hast dir den Prozess lange genug bewusst gemacht. Wenn du deinen Widerstand lange genug bewusst beobachten konntest, kannst du dich auch von ihm distanzieren. Falls du die gesamte Erfahrung wirklich bewusst empfunden haben solltest, alle ihre Frequenzen und Nuancen, brauchst du sie im Prinzip auch nicht mehr zu wiederholen. Du bist dem Gefühlssturm bewusst gegenübergetreten, hast alle auftauchenden Emotionen akzeptiert, sie wahrgenommen und die Lehren aus dieser Erfahrung gezogen. Vielleicht tauchten während des Prozesses interessante Assoziationen auf, neue Ideen, die dein Verstand nutzen kann? Hast du all dies vollständig ausgeschöpft, könnte es sein, dass du in Zukunft keinen Widerstand mehr gegen das Thema haben wirst, das du gerade im Inneren erlebt hast.

Wenn du beschreibst, wie unterschiedlich sich einzelne Gefühle zeigen können, verwendest du oft den Ausdruck »Frequenzen«. Was genau meinst du damit?

Du spürst einen plötzlichen Impuls in dir, zum Beispiel dir aus dem Kühlschrank einen Snack zu holen. Deswegen gehst du jetzt in die Küche. Dieses Gefühl ist eine Frequenz. Was du körperlich spürst, während du in die Küche gehst, ist ebenfalls eine Frequenz. Sobald du dich auf den Weg in die Küche machst, gehen die Empfindungen in deinem Körper vielleicht schon wieder auf eine andere Frequenzbandbreite, und auch das kannst du spüren.

Dazu kommt das subtile Gefühl – vielleicht verbunden mit einem Gedanken –, dass du etwas vom Snack für deine Partnerin übrig lassen solltest. Jetzt musst du schon drei, vier verschiedene Frequenzen im Bewusstsein gegeneinander abwägen, um entscheiden zu können, was du als Nächstes tun wirst. Und schon kommen weitere Frequenzen hinzu. Zum Beispiel der Impuls, dass du noch deine E-Mails checken solltest, bevor du (endlich) anfängst, zu essen. Mittlerweile kannst du – wenn du hier achtsam bist – mehrere feine Linien vibrierender Emotionen gleichzeitig spüren. Sie alle sind unterschiedlich, und das Gesamtbild ihrer Anzahl, Stärke und Schwingungen ändert sich in jeder Sekunde. Wenn du also im Hier und Jetzt all diese Schwingungen bewusst fühlen und dabei bewusst entscheiden möchtest, was zu tun ist, kann das recht schnell anspruchsvoll werden. Es sei denn, du bist darin geübt. Du machst das dann alles intuitiv und fließend. Bewusst. Und dabei lernst du.

...

Meine »Realität« im Leben ist, dass ich mir ständig verschiedener Frequenzen bewusst werde, ohne diese zu beurteilen. Die Kombination ändert sich laufend, es ist ein ständiges Zusammenspiel aus Sehen, Spüren, Hören und Wahrnehmen. Ich empfinde manchmal sogar unzählig viele emotionale Nuancen und Abstufungen meiner Sinneswahrnehmung, bis hin zu ganz alternativen Realitäten und sogar unsichtbaren Dimensionen, die ich erkennen kann. Mit genügend Vertrauen kann ich all das wahrnehmen – manchmal als Gefühle, manchmal visuell, manchmal als direktes Wissen. Manchmal alles gleichzeitig. Für mich ist das Universum vor allem ein geistiges Phänomen, in dem wir als Bewusstsein leben.

Ich bin einmal mit einem Freund durch einen dichten Blätterwald spazieren gegangen. Für mich war die Vegetation fast wie in dem Film »Avatar« voller Farben und Licht, pulsierend und lebendig. Ich nahm nicht nur die Oberflächen der Blätter wahr, sondern auch das Innere, die Intelligenz und das Wesen der Pflanzen. Die Pflanzenwesen (Spirits) schienen so aktiv zu sein, sie waren völlig anders, als was wir uns normalerweise vorstellen. Es waren sehr viele verschiedene Schwingungen, Farben und Texturen vorhanden, die alle ständig auf unterschiedliche Weise in Interaktion mit uns sind. Die Pflanzenwesen gehen ganz individuell miteinander um, wie bei unterschiedlichen Persönlichkeiten. Und doch, wenn man tiefer ging, waren sie alle miteinander verbunden. Ich konnte ganz klar sehen und empfinden: Alle verschiedenen Pflanzen, besser gesagt die einzelnen Pflanzenarten teilten sich ein kollektives Bewusstsein. Dies nur als ein Beispiel … haha, ich sehe den Ausdruck in deinem Gesicht!

Ähm, hattest du vorher irgendwelche interessanten biochemischen Substanzen zu dir genommen?

Man braucht definitiv keine Substanzen, um zu entdecken, was ist. Was ist, das ist. Sich dessen bewusst zu werden, bedeutet für mich einfach nur, mir selbst treu zu sein und treu zu bleiben: Bewusst zu spüren, was wirklich geschieht, wenn ich wahrnehme, fühle, denke und erfahre. Und falls dieser innere Sturm vieler unbekannter Eindrücke größer sein mag als gewohnt, konzentriere ich mich weiter darauf, alles zu empfinden und zu integrieren. Auch wenn viele neue Frequenzen förmlich hereinbrechen und scheinbar alles auf den Kopf stellen, bleibe ich immer im Vertrauen. Natürlich kann auch ich weiterhin viel falsch machen im Leben, aber immerhin weiß ich es jetzt – das heißt, ich bleibe mir dessen bewusst –, wenn etwas falsch war, was ich gerade getan habe. Wenn es denn so gewesen ist. Ein Beispiel: Dir fällt zum Beispiel auf, dass weiterhin Angst oder Widerstand in dir vorhanden sind und weiter in dir arbeiten? Na und? Bleibe dir einfach dieser Wahrheit bewusst! Fühle es. Denn wenn du spüren kannst, was ist, ohne es zu verdrängen, kann allein das schon ein großer Schritt nach vorne sein.

Du meinst, weil ich dabei lerne, aus der Situation praktisch etwas mitnehme. . . .

Genau. Durch das bewusste Erfahren werden wir an sich schon flexibler und können daraus lernen. Ich erkenne: Alles, was ich tue und wahrnehme, ist immer schon meine Entscheidung. Und: Ich kann es ändern. Auch wenn du die vielen neuen Frequenzen, die du erleben magst, noch nicht einmal beschreiben kannst. All das gilt natürlich insbesondere für dich, wenn dich dabei bestimmte Menschen, Situationen oder Kernthemen »triggern« sollten – also provozieren, reizen, zu einer unbedachten Reaktion anstacheln.

Wenn du einen Blumengarten so wahrnimmst, wie du es gerade beschrieben hast, wie erlebst du Menschen?

Ich sehe sie als Frequenzen, als Codes, Symbole und Zahlen, die sich innerhalb größerer Energiefelder in und um den menschlichen Körper herum bewegen und sich dabei ständig verändern. Es kommt laufend zu Resets des gesamten Systems. All das wirkt wie eine Codierung durch eine höhere Ordnung mit dem Ziel, uns zu heilen und zu verändern. Ich spreche natürlich von dem umfassenden Heilungssystem und damit von einer Kraft im Leben, dem ein Großteil von uns die meiste Zeit noch widersteht – der Quellenergie (Quelle). Ich nehme ständig wahr: Wir alle sind Geister (Spirits), die in einem Körper stecken. Es ist unser Geburtsrecht, in dieser physischen Welt die wahren Potenziale unseres Bewusstseins zu erfahren und immer besser zu verstehen, wie unser Geist überhaupt funktioniert. Es ist unser Geburtsrecht, das physische Erleben und die geistige Welt gleichermaßen zu genießen. All dies mit Liebe, Freude und Leichtigkeit zu entdecken. Die Gefühle, die du dabei hast, vollbringen die wahre Heilung. Sie helfen dir, deine wahren Visionen für dein Lebensglück und für deinen inneren Frieden zu entfalten.

Und nimmst du die ganze Zeit »Realität« auf diese Weise wahr?

Gott sei Dank, nein *(lacht)*. Aber wenn das Feld möchte, dass ich etwas Neues lerne, und ich mich bewusst damit verbinde, wird in meiner Wahrnehmung etwas Neues ablaufen. Für das Feld – das größere Ganze – dreht sich sowieso alles um Wachstum, Reife, Transformation, um Evolution. Wenn du dich mit dem Kern deines eigenen Seins *(Anm. des Verf.: Engl.: being)* verbindest, bist du schon mit dieser Kraft verbunden. Dann ist es immer einfach und leicht, zu wachsen: So subtil sich ein neues Gefühl auch im Körper bewegen mag, so intensiv eine neue Wahrnehmung auch sein mag, ich spüre einfach die besondere Frequenz – die Emotionen, Empfindungen – und konzentriere mich darauf. Ohne etwas zu bewerten. Ich bleibe im Kern nur entspannt. Und was ich aus einem Gefühl (E-Motion, Energie in Bewegung) herauslesen kann, auch aus intuitiven Erkenntnissen, zeigt mir bereits, was hier die Lektion ist. Nach einer Weile weiß ich, worum es geht und was ich tun muss. Wie ich mich zum Beispiel in den nächsten Momenten verhalten könnte, wie ich reagieren sollte und so weiter. Du lernst, in dir blitzschnell und direkt zu fühlen und dabei superentspannt zu bleiben. Und schon ändern sich gerade dominante Frequenzen wieder, und es entsteht etwas Neues. Deine Gefühle verändern sich. Die Lehren eines neuen Augenblicks, einer neuen Erfahrung, fließen bereits herein.

(Damien schließt die Augen.) Ich nehme die Körpergefühle und die Emotionen wahr, die ich in diesem Augenblick habe … Vielleicht entsteht ein Gedanke … aha: Da ist eine andere Frequenz. Ich weiß, dass sie eine Bedeutung hat, ähnlich einer Lektion, und ich

blockiere sie nicht … aha, jetzt kommt die neue Lektion als Gefühl herein … und ich fühle immer noch … ich halte die Verbindung … und ich nehme das alles zur Kenntnis …

Und jetzt spüre selbst, was du in diesem Moment empfindest … Auch, wenn es nur ein ganz schwaches Gefühl ist, bleib dabei … und lass es los.

Ich lasse das alte Gefühl los … und spüre immer noch das Nachglühen der Erfahrung … und jetzt bin ich daran gewachsen.

Man muss nicht alle Details kennen, was es ist. Was es war. Aber ich spüre weiterhin die Vibrationen. Falls sich dabei ein spontaner Impuls meldet zu handeln und ich ein gutes Gefühl habe, handle ich. Wir werden das noch öfter gemeinsam trainieren und uns gemeinsam ansehen.

Faszinierend. Nur: Ich kann, was ich gerade fühle, immer noch nicht genau unterscheiden, etwa einzelne Frequenzen.

Das ist am Anfang ganz normal. Es kann sein, dass du dabei noch von Frequenzen angetrieben wirst, die du dir erst einmal bewusst machen musst, bis sie »laut genug« sind, damit du sie endlich wahrnehmen kannst. Bis du auf sie achten musst. Im Laufe ihres Lebens wurden so viele von uns konditioniert, nur noch auf das zu achten, was sie zu vermeiden versuchen. Dann wird nur noch Unangenehmes empfunden, körperlicher Schmerz zum Beispiel. Aber ich kann alles, was sich in mir meldet, spüren und auf alles möglichst gut reagieren. Den Impuls aufnehmen. Mit etwas Training wirst du dir aller Frequenzen, Impulse und Lebenslektionen, die hereinkommen, immer mehr bewusst. Es ist nicht wichtig, wie herausfordernd die Lebenssituation sein mag, durch die unterschiedliche Frequenzen hereinkommen. Denn egal was geschehen mag, du bleibst jetzt zentriert. Weil du schon bewusst beobachtest, weißt du gleich, was du in einer bestimmten Situation tun oder sagen sollst, wann du loslassen, stillstehen, weitermachen sollst. Am Ende motiviert dich das, dich noch mehr mit dem Leben zu verbinden und dabei zu lernen.

Dadurch bringe ich dem Leben ganz natürlich immer mehr Vertrauen entgegen. Und ich fange an, zu verstehen, warum ich auf das vertrauen kann, was das Leben mir gleich als Nächstes sagen oder bringen wird. So werde ich dankbar für das eigentliche Wunder des Daseins.

Die eigene Lebensreise die ganze Zeit bewusst zu erleben, zu beobachten und dabei sozusagen »durchzufühlen« – das ist ja ein endloser Lernpfad!

Und er transformiert dein Herz. Die gute Nachricht: Um unser wahres Selbst – das Bewusstsein der Quelle – in dir wiederzufinden, brauchst du dich nicht mehr in eine Höhle oder in ein Kloster zurückzuziehen. Nicht in diesem Leben. Diesmal wachen wir mitten im Sturm selbst auf: mitten in einer sich gerade rapide wandelnden Gesellschaft. Dein geistiges Erwachen kann hier und jetzt und blitzschnell geschehen, innerhalb eines Augenblicks. Du kannst lernen, dich mitten in all deinen Lebensaufgaben mit dir selbst zu verbinden. Dadurch wird mehr Verantwortung in dein Leben kommen. Es werden Themen aufkommen, die förmlich auf Klärung drängen. Die es zu transformieren gilt, denn so können (sehr viel) mehr Geschenke ins Leben kommen. Was auch geschehen mag – wer sich seinen Gefühlen stellt, kommt früher oder später zu einem Punkt, an dem er merkt: »Ich kenne diese Art von Erfahrung, ich kenne die Situation und ich weiß, warum mich das alles früher so oft triggerte und mich sogar mit Leid erfüllte. Jetzt verstehe ich es, aber diese Schwingung passt nicht mehr zu mir. In diese Schwingung brauche ich nicht mehr hineinzugehen.«

Du lässt es sein, weil du jetzt verstehst: Wenn das, was mich da gerade getriggert hat, nicht in mir wäre, würde es mich überhaupt nicht berühren. Es würde gar nicht mit mir in Resonanz gehen können. Und von dieser Ebene des Verstehens aus lässt du weiter los und gehst weiter voran. So wird Veränderung für dich zum Normalfall und dein Leben zu einer Erfahrung ständiger Evolution.

Und um all das zu erfahren, brauche ich, was du eine Verbindung mit dem »Herzensraum« nennst? Ich verstehe noch nicht, was du mit diesem Ausdruck genau meinst.

Lass uns den nächsten Schritt gemeinsam machen: Spüren wir bewusst unsere Emotionen, und lassen wir uns nie mehr von ihnen ablenken.

Aus deinem Mund klingt das alles so selbstverständlich, auch wenn du über die abgefahrensten Dinge sprichst, die wir erleben können oder bewerkstelligen sollen.

Im Grunde ist alles einfach. Nur der Verstand schwelgt in komplizierten Konzepten. Sich selbst zu verändern kann ganz mühelos, ja voller Freude sein, wenn du dir nur deiner Gefühle weiter bewusst bleibst und sie auf immer feinere und subtilere Weise wahrnimmst. Meine Reaktionen auf praktisch alle Herausforderungen des Lebens sind einfach und unkompliziert – wenn ich mich zuerst mit meinem Herzensraum verbinde. Im Herzensbereich kommen unsere Inspirationen zum Vorschein. Sie erzählen uns, wie wir uns zum Besseren verändern können. Wir können sogar tiefer gehen, bis wir noch feinere Erfahrungen im Herzensraum machen können. Schließlich erreichen wir einen Punkt, von dem aus wir uns mit dem Gefühl wahrer Liebe und mit wahrer Dankbarkeit verbinden. Deswegen könnte und sollte der Herzensraum immer zum Ausgangspunkt deines Handelns und Arbeitens werden – in jedem Moment deines Lebens! In diesem Raum gibt es stets alle Möglichkeiten, alles kann neu erschaffen werden. Durch ihn können wir uns sogar mit der Quellenergie rückverbinden. Lass uns also in jedem Moment vom Herzensraum aus handeln! Werden wir uns der Stille, werden wir uns des Friedens im Herzen gewahr! Lass uns einfach unser Bestes geben, damit wir nie mehr die grundlegende Verbindung zu unserem Herzensraum verlieren.

...

Im inneren Raum finden wir Ruhe, Klarheit und Dankbarkeit und entdecken unsere wahren Herzgefühle. Während wir unser Leben weiterleben, können wir uns stets im Herzensraum mit höheren Frequenzen verbinden. Das ist unser Geburtsrecht! Deine Transformation findet statt, wenn du in der Lage bist, jede Situation als Chance zu betrachten, um zu lernen. Und schon muss ich wegen nichts mehr urteilen oder in den Widerstand gehen. Weil mir im Herzensraum schon wieder klar geworden ist: Jeder, der mir gegenübersteht, ist ein Spiegelbild dessen, was auch in mir zu finden ist und nur darauf wartet, verstanden und geheilt zu werden – zugegeben, manchmal auf sehr tiefen, unbewussten Ebenen. Obwohl wir Menschen ganz verschiedene Schwingungen, unterschiedliche Gefühle und Handlungen zum Ausdruck bringen können, fühlen alle im Grunde genommen das Gleiche, vor allem haben wir alle die gleichen Wünsche für unser Leben. Wir alle sind eng miteinander verbunden. Wir lernen hier gemeinsam, und dabei zeigen wir uns gegenseitig auf, was in uns gerade los ist.

...

Ich nenne das einzigartige Gefühl, das uns die Transformation in unserem Inneren aufzeigt, den »Nullpunkt im Herzensraum« (»Zeropoint«). Tief im Herzensraum können wir ein unvergleichliches Gefühl von grenzenlosem Raum, Stille und Frieden finden, eingebettet in die subtilen Schichten unseres physischen Herzens. Dies ist der Ort, an dem sich unser zutiefst inneres Wissen, unser eigentliches Sein zeigt. Aus dieser stillen, strahlenden Ruhe heraus kann ich tiefer fühlen und noch mehr verstehen. Von hier aus, tief geerdet im Herzensraum, starte ich aus einer bewussteren, liebevollen Sichtweise in jeden Tag.

Ich fühle mich oft von anderen getrennt und isoliert. Wie kann ich diese Gefühle auflösen?

Indem du weiter beobachtest, was ist. Indem du es annimmst, in Frieden und Stille bezeugst, was du im Moment wirklich fühlst. Und, ja, es mag sich anfangs schmerzhaft anfühlen. Die Frage ist: Ist dein Bewusstsein bereit, die Schlüssel anzunehmen, die dir in diesem Moment schon gereicht werden durch exakt dieses Gefühl der Trennung von anderen? Kannst du schon Verantwortung für dieses Gefühl übernehmen? Ist dein System schon bereit, Änderungen vorzunehmen? Das ist die einzige Frage. Das einzige Thema. Es werden nämlich Turbulenzen in dein System kommen, wenn Veränderungen eintreten. Du wirst dich Dingen stellen müssen. Kannst du also das Neue akzeptieren? Dich für Veränderung entscheiden – auch wenn sich das schmerzvoll anfühlen sollte?

Bewusst zu fühlen statt einfach so zu reagieren, wie ich es immer gewohnt war – das sagt sich so leicht. Wie soll ich mich denn auf eine Art und Weise verändern, von der ich noch gar nichts weiß?

Gute Frage. Die Antwort: Indem du damit weitermachst, dich selbst zu beobachten. Ich möchte dich also einladen, dass du nun weiter entspannt deine Gefühle erforschst.

Wenn du aktiv bezeugst, was ist, auch wenn es vielleicht gerade unangenehm ist, hilft es, dir bewusst zu machen, was wirklich los ist. Du fängst an, zu verstehen, was deine Gefühle dir eigentlich sagen wollen. Vielleicht empfängst du zu Themen wie Trennung, Isolation oder Erschöpfung sogar ganze Bündel an Gedanken und Bildern, innere Filme, die verschiedene Formen deines

Widerstands zeigen. Manchmal fühlt es sich aber einfach nur wie mentales oder emotionales Chaos an. Aber statt es wie gewohnt zu verdrängen, beobachtest du die Bilder weiter. Mitunter finden sich im Verstand viele verstörende Gedanken. Gleichzeitig werden dir die Trennungen, von denen du sprichst, bewusster: Es sind Trennungen zwischen dir und deinen Gedanken und Gefühlen. Beobachte weiter ... beobachte die Empfindungen des Körpers und, wenn es sich meldet, das, was du »Trennung« nennst. Beobachte es genauer, beobachte es in deinem Herzensraum. So gut du es eben gerade kannst. Sei geduldig. Und das ist es dann.

Indem du dir selbst bewusst wirst und selbst-bewusst bleibst, holst du dir eine neue Kraft ins Leben. Bewusst zu sein bedeutet, entspannt beobachten zu können, und bedeutet: kontinuierlich dazuzulernen. Auf ganz entspannte Weise, nicht wie in der Schule! Nach einer Weile wirst du mehr fühlen können und die Dinge besser verstehen. Indem du mehr über dein eigenes Fühlen, Sehen und Hören lernst, kannst du im Lauf der Zeit wichtige Aspekte deines Lebens besser verstehen. Neue und frische Ideen melden sich, was du vielleicht ändern möchtest. Das ist eine natürliche Bewegung: Du erweiterst bereits dein Bewusstsein. Auf diesem inneren Weg wird es dir möglich, Stück für Stück deine wahren Kräfte als Mensch wieder zu gewinnen.

Ehre jedes System

Gestern habe ich versucht, den ganzen Tag über bewusst zu bleiben. Ich konnte einige Gefühle präziser wahrnehmen. Aber mein skeptischer Gedankenapparat, mein Verstand, bleibt ebenfalls am Ball: Ich habe neue Fragen und neue Zweifel.

Das ist gut so. Denn es geht nicht darum, zu glauben, was eine andere Person sagt, sondern selbst zu spüren, was dich dabei in

Schwingung bringt, und das noch tiefer in dich hineinzulassen. Achte darauf: Was berührt mich in dem, was mein Gegenüber mir gerade gesagt hast? Worin besteht die Wahrheit einer bestimmten Situation – für mich? Nun lasse ich das im Inneren wirken. Wir alle blicken sowieso durch verschiedene Brillen auf ein Geschehen. Und jetzt bringen wir uns eben bei, wie man die Brille abnimmt.

Seit Beginn unseres Gesprächs (oder Trainings) kommt bei mir eine Menge alter Gedanken zum Vorschein. Es fühlt sich fast schon wie Schleifen im Kopf an, die immer die gleichen Gedanken erzeugen.

Warum melden sich vor jeder Arbeit, die Bewusstwerdung zum Ziel hat, oft Gefühle von Trennung und Isolation oder Zweifel in uns? Weil hier die Kraft der Veränderung ins Spiel kommt: Du machst dir einen Unterschied bewusst, den du vorher verdrängt hattest: den Unterschied zwischen deiner Vorstellung, wie das Leben sein sollte, und was deine Gefühle dir gerade wieder Neues sagen.

Das ist doch absurd, dass ich mich gegen etwas wehre, das mir eigentlich guttun kann.

Weißt du, über die Jahrzehnte sind in unserer Gesellschaft viele negative Glaubenssysteme entstanden. Und wir halten auf so vielerlei Weise weiter an Ängsten fest. Es waren typische Reaktionsmuster auf Angst, die unsere Lebensenergie erstarren und in uns Illusionen und Kontrollmuster entstehen ließen. Wir haben uns daran gewöhnt, geistig und emotional immer mehr zu erstarren. Es fühlt sich an, als ob Körper und Geist sich in dir zusammenziehen – das ist ein Ausdruck aller Widerstände, die wir innerlich schon aufgebaut haben, statt uns weiter frisch und offen jedem neuen Augenblick zu stellen. Diese Reaktion auf Angst kann einen Keil zwischen dich und das Leben treiben. Wenn der freie Fluss der Energien erst einmal behindert wird, kann das zu körperlichen Problemen führen.

Ist Angst nicht eigentlich eine ganze normale Reaktion auf etwas, das uns angreift oder provoziert?

Ja – aber wenn wir dem Gefühl nur nachgeben, den die Angst in unser Leben bringt, werden wir von diesem Impuls sozusagen besiegt. Ungelöste Angst ist die Grundlage für alles, was in uns heute Widerstand schafft. Eingefrorene Reaktionsmuster sind ein nicht zu unterschätzendes Hindernis für persönliches Wachstum: Wir können dann unseren tieferen Intuitionen nicht mehr vertrauen. Angst bläht unsere Illusionen von Trennung nur weiter auf. Die Angst in uns staut nicht ausgedrückte, eingefrorene Energien auf, zum Beispiel die Angst vor Sexualität, die Angst vor Papa und Mama, vielleicht die Angst vor dem Chef. All diese ungelösten Energien verhindern natürlich, dass wir weiter loslassen, uns ausdrücken, einfach freudig leben. So können dich deine Ängste zum Beispiel daran hindern, verdrängten Kindheitsgefühlen zu begegnen. Bei all dem inneren Widerstand wird es irgendwann sogar »normal«, Widerstand gegen die Liebe zu empfinden.

Sobald wir in der Lage sind, die vielen Schichten unserer Angst bewusster zu spüren, können sich erstarrte Reaktionsmuster verändern. Angst ist ein Gefühl, dass dir mitteilt, dass und welche Gefühle und Körperenergien erstarrt sind. Entweder herrscht bereits die Liebe in unserem Bewusstsein oder es drängt sich noch die Illusion des Widerstands, die wir normalerweise Angst nennen, in das Bewusstsein. Werden wir uns dieses Spiels nicht bewusst, beherrschen uns unsere vielen Ängste, und zwar genau dort, wo unser wahres Selbst – die Gottquelle in uns – eigentlich herrschen sollte: in unserem Bewusstsein und im Körper.

Interessant. Wir sprachen eigentlich über Angst und jetzt sprichst du von Gott.

Wo ist der Unterschied? Beide Themen gehören zusammen. Heutzutage können viele nicht einmal den Gedanken ertragen, dass die Quelle – Gottes Energie, lebendige Intelligenz – ums uns herum ist, aber schon auch ein lebendiger Anteil von uns selbst ist. Dass diese Kraft beständig in uns wirkt und mit uns kommuniziert und dass es die Quelle ist, die uns selbst lebendig und einmalig macht. Viele Menschen können die Vorstellung nicht ertragen, dass universales, lebendiges Bewusstsein – »Gott« – weiterhin ein Teil von uns ist und dass dieses intelligente Kraft uns weiterhin unterstützen möchte. Dies (wieder) zu erkennen, kann zuerst einmal schmerzhaft sein. Denn wer erkennt, dass wir alle stets mit der Quelle verbunden sind, kann auch erkennen, dass in unserem Leben offensichtlich etwas grundsätzlich schiefgelaufen ist. Wenn sich diese Wunde also meldet, reagieren wir zuerst einmal mit einer Abtrennung.

Dann kann es sein, dass wir alles, was in uns noch unerlöst sein mag, auf Gott projizieren, und dann flehen wir ihn an: »Bitte repariere mich!« Später werden wir wütend, weil Gott oder die »Quelle« oder das »Universum« unser Leben nicht in Ordnung bringt. Dann machen uns auf den Weg zu »neuen Göttern«: zu Priestern, Ärzten, Wissenschaftlern, oder Politikern. Und verlangen von ihnen: »Bitte, mach du mich doch heil!«, »Bring mein Leben in Ordnung!«, »Bring die Gesellschaft ins Lot!« Durch all das verlieren wir nur den Kontakt zu unserer wahren Anbindung mit der Quelle im Inneren. Wir haben unsere Verantwortung an andere abgegeben und in der Außenwelt nach Liebe gesucht, nach Kräften, die uns helfen, und wurden enttäuscht. Indem wir mit der Aufmerksamkeit nach außen gehen, haben wir uns von der Verbindung mit der Quelle im Herzensraum getrennt – mit der gleichen Konsequenz, als ob wir die Präsenz und Energie der

Quelle von Anfang an bewusst abgelehnt hätten! Dabei ist jeder Mensch kraft seiner eigenen Natur – in der stets wirksamen Verbindung zur Quelle – viel stärker ermächtigt, als wir es bisher dachten! Wir sind immer schon durch unsere bloße Existenz befähigt, die Dinge in die eigene Hand zu nehmen. Infolgedessen sind wir aber auch für alles, was uns im Leben widerfährt, weit mehr verantwortlich, als wir es lange wahrhaben wollten.

Warte mal. Du kannst nicht einfach behaupten, dass wir für alles selbst verantwortlich sind, was in unserem Leben passiert. Es gibt immerhin Umstände ...

... weil wir diese zulassen. Frage dich selbst: Was treibt dich in diesem Moment an? Welche Systeme triggern dich an? Was treibt dich an, Dinge zu tun, damit du dich besser und sicher fühlen kannst? Was blitzt hinter den Gedanken, Gefühlen, Aktivitäten denn hervor, die praktisch automatisiert ablaufen? Fühlst du zum Beispiel einen Drang in dir, dich anderen überlegen fühlen zu müssen – mit allen Mitteln und Kosten bestimmte Standards von Reichtum und Macht aufrechtzuerhalten (auch wenn es »nur« Mittelklasse-Standards sein sollten)? Oder musst du zum Beispiel ab sofort unbedingt vegan leben, um dich gut und richtig zu fühlen? Was treibt dich von innen heraus an? Und was daran ist unbewusst? Und ich streite nicht ab, dass es gut sein könnte, vegan oder vegetarisch zu leben. Sei ruhig erfolgreich im Erreichen deiner Ziele, zeige der Welt zum Beispiel durch eine erfolgreiche Karriere deine Intelligenz, deinen Willen, deine Hingabe, wenn es das ist, was du willst. Okay. Warum auch nicht? Alles, was du tust, ist in Ordnung, aber es sollte auch okay sein, wenn du dich dazu entscheiden solltest, es nicht mehr zu tun! Also: Bist du wirklich frei im Leben oder läuft durch dich gerade nur ein bestimmtes emotionales Programm ab, das dich am Laufen hält? Das, was du tust, sollte dich nicht bestimmen, es sollte dich nicht anleiten, es sollte nicht dein Leben bestimmen! Denn dann ist es nicht bewusst, was in dir abläuft und was du tust.

…

Ich arbeite mit all meinen Themen so lange, bis es in mir nichts mehr antriggert. Bis es sich in mir neutral anfühlt und mich nicht mehr bestimmt. Wenn nur noch Herzensfrequenzen in mir aktiv handeln können, steckt Liebe in allem, was ich tue und benutze. Und von diesem Platz aus – aus der Mitte dieses neu gewonnenen inneren Friedens heraus – kann ich unterstützen, was ich im Leben wirklich erreichen möchte. Dadurch entsteht echte innere und äußere Freiheit. Keine Abhängigkeit von einer bloßen Vorstellung – von inneren Programmen, die unbewusst ablaufen.

…

Also: Du möchtest bewusst werden und auf dieser Reise findest du in dir nur emotionale Programme, die dich triggern? Keine Panik. Genau dieser Vorgang, dass du genau das in dir erkennst, kann dir helfen, deine wahren Kräfte zurückzugewinnen und verlorene Teile deiner wahren, größeren Identität im Leben wiederzufinden. Auf diesem Weg des Bewusstwerdens ist alles möglich – nicht jedoch im Kampf für oder gegen ein Programm, das dich immer noch an- oder abschalten kann. Stattdessen erkennen und integrieren wir alles, was in uns ist! Und noch einmal. Und noch einmal. Und wie tun wir das? Indem wir es fühlen. Indem wir fühlen und anerkennen, was in uns ist. Deshalb möchte ich jeden Aspekt von mir, den ich in mir spüre, integrieren, respektieren und ehren. Ich möchte auch den »Teufel« in mir ehren, den »Täuscher«, den »machthungrigen Politiker«, einen noch im Urteilen verhafteten Richter und noch viele Anteile mehr. Obwohl ich sie alle in mir habe, habe ich sie vielleicht bis jetzt nur im Außen wahrnehmen können. Bei anderen. Obwohl diese Aspekte alle auch in mir sind, habe ich sie bis jetzt vielleicht nur auf andere projizieren können. Diese und viele weiteren Archetypen (Seelenbilder) spiegeln uns wider, was in uns allen verborgen liegt – weil sie Teilaspekte unserer Energie sind. Und wir neigen stets dazu, alle Aspekte im Inneren nach außen zu projizieren.

Finde und fühle lieber im Inneren, was du hasst, verabscheust oder verdrängst und abwehrst, etwa das Bild der »Prostituierten« in dir: Wo und wann hast du deine Würde, deine Unabhängigkeit und Integrität verkauft? In deiner Arbeit? Fühle es und mach von da aus weiter ... und werde dir aller deiner Aspekte bewusst und begegne ihnen in Liebe. Du wirst deine ureigene Würde wiederfinden, wenn du dich und deine verdrängten Aspekte in dir selbst wiedererkennst. So magst du Demut und Gelassenheit im Leben finden. Du wirst Weisheit finden. Jetzt wirst du es nicht mehr nötig haben, weiter auf andere Menschen zu projizieren. Wir verstehen immer besser, wir fühlen uns besser und werden bewusster. Dies ist ein Weg der Freude. Wir verstehen: Die Reise ins Leben fängt damit an, dass wir uns selbst überhaupt fühlen und annehmen können – alle unsere Aspekte im Inneren.

Und wie genau kann ich diese Art Heldenreise konkret beginnen, von der du da sprichst?

Werde einfach bewusst, und beobachte dich weiter. Zum Beispiel: Wo sind Mechanismen, die dich negativ beeinflussen, noch wirksam? In deiner Familie? In der Firma? Bei Freunden? Was auch immer es ist – beobachte: Wann reagierst du emotional? Wenn es im Außen Gewalt oder Traurigkeit geben sollte: Wo und wann gehst du in Resonanz mit diesen Schwingungen? Sieh dir genauer an, was diese Schwingungen in dir auslösen. Wenn dich etwas im Außen wirklich stört, kannst du sicher sein, dass es auf einer bestimmten Frequenzstufe in dir zu finden ist.

...

Zuerst gehen wir also nach innen, um die Verantwortung für etwas wieder an uns zu nehmen, Themen zu transformieren, uns ihre Auswirkungen auf unsere Beziehungen, auf Gesundheit, Karriere, Intimität und so weiter klarer zu machen. Kann ich akzeptieren, was mich antreibt, und damit bewusst arbeiten? Frage dich: Wo in meiner Beziehung, in meinem Leben, in meinem Job habe ich noch Unklarheiten mit Menschen? Und wo in meiner Kindheit erlebte ich Konfrontationen, Negativität, Zerstörung und reagiere immer noch darauf? Wenn etwas von außen einzudringen scheint, bist du vielleicht wütend – frustriert. Aber wenn du die »Kriege« im Außen beenden willst, solltest du zuerst in der Lage sein, zu fühlen, wo in dir noch der Krieg tobt, und zuerst in dir Frieden herstellen und dann mit den Menschen, die dich umgeben. Bevor du mit großen Ideen herumläufst, neue Lösungen für die Weltpolitik herbeiwünschst – bring zuerst Harmonie und Lösungen in deine Familie. In dein Lebensumfeld. Und schau, ob und wie das klappt.

Damien, das ist radikal, was du da sagst. Es dreht meine gewohnte Perspektive um 180 Grad!

Das wirkliche Problem, das ich zurzeit bei vielen sehe, ist: Wenn sie emotional auf etwas reagieren, denken sie gleichzeitig: »Das hat überhaupt nichts mit mir zu tun.« Oder: »Nein, das bin nicht ich! Das sind die anderen. So bin ich nicht!« Aber wenn wir auf etwas emotional reagieren, können wir sicher sein, dass es schon mit uns in Resonanz ist. Dass etwas in uns ist, das hierzu einen Bezug setzt, zumindest teilweise. Und das wird weiterhin mit unseren Gefühlen spielen, solange wir uns des Themas dahinter nicht wirklich bewusst werden und uns nicht diesem Aspekt in uns stellen.

Stellen wir uns zentriert – ohne Schutz – den Wirren unserer Gefühlsreaktionen. Das bringt echte Transformation und Verständnis für die anderen. Wenn du das schaffst, kannst du ihnen vielleicht effektiv helfen. Aber nur aus deinem inneren Raum heraus. Denn von innen heraus kannst du Weisheit und Erkenntnis annehmen, echte und stabile Unterstützung erhalten und geben.

Du sprichst davon, Harmonie in die Familie, in die Gesellschaft zu bringen, einfach indem man sein Innenleben verändert. Es soll genügen, dass ich weiter bewusst fühle und beobachte, was gerade in mir vor sich geht, während mich im Außen etwas provoziert? Dann verwandeln sich die Dinge zum Guten?

Langfristig ist es der einzig gangbare und der effektivste Weg. Wenn du aufnahmefähiger wirst, weil du dir schon mehr bewusst machen kannst, wie und warum sich die sogenannten »Umstände« in deinem Inneren entwickeln, wirst du automatisch immer mehr Verantwortung für dich empfinden und dein Handeln danach ausrichten. Das wird dich ermächtigen. Indem du dir klarmachst, dass alles, was wir wahrnehmen, bereits Teil von uns ist, kannst du niemand anderen für deine Gefühle und Handlungen verantwortlich machen. Nicht mehr deinen Partner oder deine Eltern, keine Politiker, Ärzte, Anwälte und so weiter. Du musst erst alles in dir selbst klären und heilen. Weil du Stück für Stück erkennst, was wirklich los ist und wie es so weit kommen konnte. Es ist ein Pfad der Selbstermächtigung.

»Was wirklich los ist« ... Und was ist hier wirklich los? Was meinst du?

Dass du unbewusst von Programmen geleitet worden bist, die dich immer noch mit Systemen verbinden, die dein Leben dirigieren. Sieh dich um: Viele Menschen haben ihr Leben nicht in der Hand. Zum Beispiel wollen viele Wohlhabende unbedingt noch viel mehr Geld, so viele Mächtige noch mehr Macht – das sind alles Programme, die ablaufen. Auch das Verlangen nach der Liebe des Vaters oder der Mutter oder nach Anerkennung. Viele jagen irgendwelchen Zielen nach wegen ihrer unbewussten Angstprogramme. So viele unzählige traurige, unglückliche Menschen sind wegen ihres mangelnden Selbstwertgefühls von inneren Programmen geleitet. Wenn sie diese Programme nicht hinter sich lassen, werden sie nie das Gefühl wahrer Zufriedenheit kennenlernen. Diese Programme stammen zwar aus ihrer Kindheit, von der Zeit mit ihren Eltern oder sogar von ihren Vorfahren, doch sie manipulieren im Hier und Jetzt die Gefühle und Gedanken der Betroffenen.

...

Und du? Was treibt dich an? Für wen lebst du dein Leben? Welche Systeme wirken auf dich ein, wenn du das tust, was du tust? Dient das, was du tust, wirklich der Bereicherung deiner eigenen Seele, oder verbringst du deine Tage mit einer bestimmten Tätigkeit, nur weil sie dir aufgetragen wurden? Und über welche gesellschaftlichen Systeme kannst du dich besonders gut aufregen? Über die Regierung? Über das Bankensystem? Das Militär? Immer wenn wir uns von etwas demonstrativ distanzieren, zum Beispiel durch die innere Haltung, anderen Menschen moralisch überlegen zu sein, leugnen wir einen bestimmten Aspekt, der in uns selbst zu finden ist.

Ich war nie ein Teil dessen, was man »das Bankensystem« nennt. Ich habe Politikwissenschaft studiert, später für Fernsehen und Medien gearbeitet. Mit Banken und mit dem Militär habe ich nichts zu tun!

Wir alle haben dazu beigetragen, diese Systeme mit aufzubauen und am Laufen zu halten. Wir sind nun alle für die Ergebnisse verantwortlich, die diese Systeme in der Welt verursachen, auch weil wir in unserem Handeln viel stärker miteinander verbunden sind, als wir es bisher wussten. Selbst wenn du nur denken oder fühlen solltest, dass du zum Beispiel Bankern – dem Bankensystem – moralisch überlegen bist, verweist das, was du da assoziierst, auf etwas in deinem Inneren, das noch nicht geheilt, nicht beruhigt und in Frieden bewusst gemacht wurde. Im Übrigen gibt es ein Bankensystem, ein Gesundheitssystem, ein Bildungssystem in meinem und in deinem Leben. Es gibt ein Energiesystem und ein politisches System. Und, ja, alle diese Systeme weisen offensichtlich große Fehler auf. Deshalb ist es dringend notwendig, sie weiterzuentwickeln. Oder etwas ganz Neues zu erschaffen. Genauso wie übrigens in mir selbst das Bedürfnis besteht, mich weiterzuentwickeln. Alles spiegelt sich in allem wider. Du kannst nichts aus der Gleichung herausnehmen und sagen: »Das hat nichts mit mir zu tun. Das geht mich nichts an.«

. . .

Es gibt Widersprüche und Fehler in jedem System und in jedem Menschen. Meine Aufgabe besteht darin, meine eigenen in mir anzunehmen und zu ehren und alle Widersprüche und Fehler in den anderen – denn wir sind all das. Es wird nicht helfen, dagegen anzukämpfen, statt zu verstehen, wie all das überhaupt in das eigene Leben kam. Aus welchen Gründen ist ein bestimmtes System überhaupt entstanden? Ich bin Teil des Bankensystems, denn ich verwende Geld und habe ein Bankkonto. Schon meine Vorfahren waren Teil von Systemen. Ich muss diesen Teil zuerst einmal in mir selbst respektieren können, um den ersten Schritt zu einer Veränderung zu machen, um in mir handlungsfähig zu werden, um die Dinge zum Besseren zu wenden.

. . .

Bei einer bewussten Entwicklung geht es immer um diese Erkenntnis: Ja, es gibt in mir Gegensätze und widersprüchliche Kräfte wie (natürlich) im Außen. Je mehr ich das alles unterdrücke und nur sage »Nein, das bin nicht ich!«, desto mehr verstärke ich die

Gegensätze in mir. Deshalb sollte ich zuerst alle Polaritäten in mir verstehen, ehren und respektieren. Und integrieren. Erst danach kann ich im Außen frei handeln. Wir müssen verstehen, dass wir alle diese Kräfte gemeinsam erschaffen. Wir alle erschaffen uns zum Beispiel gemeinsam unsere Politiker, unser politisches System, unser Währungssystem, die Art, wie wir Strom erzeugen, und so weiter. Und wir alle können das jetzt transformieren. Aber das schaffen wir nur, wenn wir das Alte bewusst loslassen. Dazu müssen wir überhaupt erst einmal verstehen, nicht einfach nur abwehren. Verstehen ist der erste Schritt, auch wenn er wehtut.

Was ruft in mir zu diesen Themen Angst, Unverständnis oder zum Beispiel sogar Hass hervor? Das alles sind wichtige Schlüssel, die mir verraten könnten, was in mir zu diesen Themen noch unerlöst ist. Wenn du dir diese Verständnisfrage nicht stellst, koppelst du dich ab und wirst vielleicht zu einer Art Dissident: rebellisch, verleugnend, negativ. Menschen, die sich im jeweiligen System engagieren, wollen nichts mit dir zu tun haben, und du verpasst wichtige Lektionen. Am Ende hast du nur noch mehr Widerstand im Feld kreiert und schlimmstenfalls den Grundstein zu neuen Problemen gelegt.

Du sagst ja sogar in deinen Ausbildungsseminaren: »Ehre alle Systeme!« Ist dieser Ansatz nicht viel zu unkritisch? Und politisch naiv? Das ist doch ein typischer Vorwurf gegenüber »Spiris« – dass ihr nur nach innen schaut und nicht die Ungerechtigkeiten im Außen sehen oder angehen wollt.

Du kannst ein System ablehnen und es trotzdem ehren. Ein System als existent anzuerkennen und die Geschichte dieses Systems zu ehren, bedeutet nicht, dem zuzustimmen, was geschehen ist. Es bedeutet, zuerst zu fühlen und mit dem Verstand zu begreifen, warum und wie sich dieses System entwickelt hat, und sich erst dann für weitere Aktionen zu entscheiden. Mit und aus diesem Verständnis heraus zu agieren und nicht von vornherein etwas oder jemanden niederzumachen, von dem man sich angeblich unbedingt distanzieren muss – egal aus welchen Gründen.

Mit einiger Übung verändert sich dein Fokus vom einfachen Kritisieren auf das Überprüfen deiner Gefühle und Reaktionen und dadurch auf das Verbessern deiner Handlungen. Die immer bewusster werden, unterstützender, wirksamer. Auch ehrlicher.

Wenn es zum Beispiel ums liebe Geld geht, muss ich zu 100 Prozent Verantwortung für meinen Umgang mit Geld übernehmen! Wenn mir jemand zu viel Wechselgeld herausgibt, ohne es zu bemerken, und ich das mitkriege und das Geld trotzdem nehme, ist das ein Ausdruck von Korruption in meinem eigenen System. Wenn ich versuche, jemanden zu täuschen oder zu manipulieren – da genügt die geringste Kleinigkeit –, habe ich bereits unfair gehandelt und das beeinträchtigt nicht nur meinen zukünftigen Umgang mit Geld, sondern auch, wie das System Geld auf mich reagiert. Wenn ich gern Trinkgeld gebe und aus einem guten Herzensgefühl heraus Geld spende, speise ich in das System das Gefühl von Großzügigkeit, von Vertrauen ein – im Gegensatz zu Gefühlen von Mangel und Knappheit. Das erzeugt Bewegung, Fluss, Vertrauen, dass noch mehr hereinkommen wird. Aber wenn ich nicht ehrlich bin und die Verantwortung dafür wegschiebe, bringe ich Unehrlichkeit in mein Geldsystem. Sei dir stets bewusst, was *du* tust, und übernimm stets Mitverantwortung für Systeme, von denen du ein aktiver Teil bist.

Wenn du dich zum Beispiel nicht um deine Gesundheit kümmerst, solltest du nicht gegen das medizinische System ankämpfen, das versucht, dir zu helfen. Du kannst kritisch sein, aber hör auf, die Ärzte zu beschuldigen. Wenn du dem medizinischen System wiederum nur »Mach mich gesund!« signalisierst und erwartest, dass Tabletten dir helfen sollen, aber gleichzeitig achtest du nicht auf deinen Körper und deine Gefühle, kommt ein wichtiger Informationsaustausch zwischen dir und dem medizinischen System gar nicht erst in Gang. Dann hast du einfach nur deine

Macht und Verantwortung abgegeben. Um verantwortungsvoll und mit der richtigen Absicht mit dem medizinischen System zu interagieren, musst du deine Medizin einnehmen *und* deinen Körper, seine Emotionen und Themen aktiv beobachten. Du bleibst stets selbst-bewusst und selbst-verantwortlich. Dadurch versetzt du dich in die Lage, bewusst mit dem zu arbeiten, was das System dir gerade zu bieten hat. Du wirst mit den Ärzten selbstbewusster und konstruktiver umgehen. Du wirst offen und bewusst mögliche Fehler des Systems zur Kenntnis nehmen, vielleicht wirst du mit den Ärzten wegen bestimmter Diagnosen oder Therapiepläne diskutieren, aber dies wirst du vom Zentrum deiner eigenen Wahrheit aus tun – ohne gegen das System kämpfen zu müssen.

Du wirst souveräner, entspannt, realistisch und dankbar. Das sind Schwingungen, die dir helfen, dich zu erholen und dich weiterzuentwickeln. Wenn du auf diese Weise wahrnehmen kannst, wirst du auch mit dem Bankensystem, dem politischen System, mit deinem Familiensystem und vielen weiteren Systemen bewusst interagieren können und dabei stets die Verantwortung übernehmen für das, was geschieht. Du bist nie wieder enttäuscht und wirst auch nicht mehr von äußeren Kräften angetriggert. Du kannst das jeweilige System für das ehren, was es ist.

Du kannst immer versuchen nachzuvollziehen, wie ein System entstanden ist und warum es bestimmte Vor- und Nachteile entwickelt hat. Du kannst es auf klare und distanzierte Art und Weise nutzen und bleibst emotional unabhängig. Auch wenn alle diese Systeme schwere Fehler aufweisen mögen, können sie dich im Einzelfall unterstützen. Aber nur innerhalb ihrer Grenzen. Also: Kläre deine Absichten. Worauf reagierst du frustriert, respektlos, rebellisch, hilflos in Bezug auf ein System? Was willst du wirklich von deinem Arzt, von der Regierung, von deiner Bank? Wo verlierst du deine Macht an Mitglieder eines Systems, weil du vielleicht in bestimmten Situationen eher wie ein hilfloses Kind handelst (oder fühlst), das lieber zu Autoritätspersonen eines Systems aufschaut, statt sich selbst mit guten Gewissen um seine Belange zu kümmern?

Und jetzt noch radikaler: Wenn etwas Unschönes passiert, zum Beispiel in der Beziehung oder in Freundschaften, habe ich das selbst so mit eingerichtet. Vielleicht habe ich ja von vornherein zu viel Vertrauen investiert und zu viel Freiheit weggegeben? War mir vielleicht die Eigenverantwortung zu viel? Habe ich vielleicht meine Macht in Beziehungen an meinen Partner abgegeben, weil ich sie nicht an mir selbst akzeptiere? Oder vielleicht habe ich von Anfang an zu viele gemischte Emotionen und Absichten gesendet? Gerate ich jetzt deswegen selbst in die Schusslinie? Jedenfalls würde ich es nie dem Beziehungssystem selbst verübeln, was gerade passiert. Es geht dabei nie um Schuldzuweisungen. Es geht immer darum, wie du wieder wirkliche Souveränität in dein Leben holst.

Stell dir vor, dass du einige Tage Gast im Haus von guten, aber etwas steifen Freunden bist (oder bei deinen Eltern). Kannst du deren Wünsche, wie du dich im Haus verhalten sollst – also ihr System von Zusammenleben in ihrem Haus –, mit Leichtigkeit akzeptieren? Und wenn es angebracht ist, mit Respekt und Humor neue Impulse und Vorschläge einbringen? Oder bringt dich das fremde System dazu, in einer ganz spezifischen, eingeschränkten Art und Weise zu reagieren, zum Beispiel mit Trotz, Ignoranz, innerem Rückzug? Mit versteckten Vorwürfen oder sogar Wut, weil dir anscheinend etwas vorgeschrieben wird? Der erste Schritt ist immer Verständnis: Wo übernehmen wir nicht die Verantwortung und machen im Außen ein System für schlechte Gefühle verantwortlich? Von diesem Punkt des Verstehens aus können wir uns mit Systemen besser vertraut machen und auf die eine oder Weise lernen, mit ihnen zusammenzuarbeiten.

Dies scheinen mir subtile, aber wichtige Veränderungen zu sein, auf die du mich hinweist. Offensichtlich geht es um recht feine Unterschiede in der

Wahrnehmung. Um das umsetzen zu können, scheine ich in mir einen bestimmten Knopf finden und drücken zu müssen. Den habe ich allerdings noch nicht gefunden.

Mein Freund, dieser Knopf wird Bewusstsein genannt: im Inneren bewusst zu sein.

Damit du dir bewusst werden kannst:

Alles ist so, wie es ist.

Alles ist so, wie es ist, aus einem Grund.

Alles ist, wie es ist.

Und von da aus kann ich handeln. Von da aus kann ich verändern. Das zu verstehen, wird der Beginn deiner Reise sein, dich mit mehr Leichtigkeit und Harmonie zu verändern. Ich arbeitete dafür immer zuerst mit dem, was mich gerade in ein Ungleichgewicht gebracht hat. Natürlich kann und sollte man gegenüber verschiedenen Entwicklungen in der Gesellschaft kritisch sein. Aber bleib dir bewusst, dass auch du bis jetzt vor allem eines gewesen bist: ein Teil dieses Systems. Wenn du besser annehmen kannst, dass etwas, das du lange nur im Außen wahrnehmen konntest, dich schon lange im Inneren beeinflusst, wirst du dir dessen bewusst und kannst es ändern. Und das bedeutet, dass du unabhängiger wirst.

Woche 2

WAS HÄLT UNS ZURÜCK?
(TEIL 1)

Verdrängte Gefühle sind der Schlüssel

In Brasilien lernte ich vor einiger Zeit einen Börsenmakler kennen, der an einer schweren Krankheit litt. Über mehrere Tage hinweg erhielt ich kontinuierlich von der geistigen Welt immer wieder die gleiche Botschaft für ihn: »Sag ihm, er soll mit dem ständigen Urteilen aufhören, die Menschen nicht mehr verurteilen.« Ein paar Tage später empfing ich Folgendes für ihn: »Du reist ständig zu Heilern und Ärzten auf der ganzen Welt, dabei wartet direkt vor deiner Haustür jemand auf dich. Vergiss also alle deine Urteile. Lass sie einfach los.«

Ich überbrachte ihm diese Botschaft. Am gleichen Tag verließ der Mann in der Mittagspause sein Büro, und da fiel ihm ein Obdachloser auf, der auf der Straße Wünsche für einen Dollar verkaufte. Also kaufte sich der Banker einen Wunsch, und die beiden fingen an, miteinander zu reden. Sie verbrachten praktisch den ganzen Tag miteinander und unterhielten sich. Sie tauschten sich über ihre Gefühle und Lebenserfahrungen aus. Sie tauschten ihre Weisheit miteinander – der Schlüssel für mehr Öffnung und für Transformation. Dieser Tag bescherte dem Banker eine der reichsten Erfahrungen seines Lebens. Er erhielt weit mehr Inspiration und Geschenke, als er von den besten spirituellen Lehrern und Heilern der Welt hätte erhalten können. Das war eine große Lektion für ihn!

Wir alle halten füreinander stets die richtigen Schlüssel und Gaben bereit. Denn jeder von uns hat viel zu geben und zu teilen, weit mehr, als es unser Selbstbild suggeriert. Auch das, was der Verstand uns oft darüber einflüstert, was angeblich im Leben bedeutsam ist und was nicht, kann täuschen.

Dieses Erlebnis bedeutete natürlich nicht, dass der Banker den Rest seines Lebens mit dem Obdachlosen verbringen sollte. Dieser eine Tag war für beide perfekt – und danach war der Prozess abgeschlossen. Ähnliches können wir erleben, wenn wir unsere Ressentiments und Urteile beiseitelassen. Sei also offen für neue Informationen und Erlebnisse. Das klappt aber nur, wenn du dich nicht mehr auf alte Muster verlässt, etwa wie etwas zu sein hat, wie du angeblich bist oder zu sein hast und so weiter. Dann bist du nicht im Jetzt. Spüre jeden Moment aufs Neue nach: Welche Art von Erlebnis, von Aktion fühlt sich in diesem Augenblick richtig für mich an? Wen würde ich jetzt wirklich gern treffen? Welche Worte sind in einer bestimmten Situation angebracht? Was trägt mir der Fluss des Lebens in diesem Moment zu – speziell für mich?

Für mich selbst lautet die Antwort:

Vollständige Hingabe.

Komplette Weiterentwicklung.

Vollständig in seine eigenen Gefühle hineinzugehen, sie auf jeder einzelnen Ebene zu erleben, erschafft sofort weitere, neue, reichhaltige, präzise, tiefe Erfahrungen. Erfahrungen, die auf komplexe Art mit größeren Zusammenhängen verwoben sein können und uns Dinge und Zusammenhänge lehren – auf eine Art, wie wir sie uns nie rational hätten ausdenken können. Wenn wir uns für dieses »Fließen« im Leben öffnen, gelangen sinnvolle Erlebnisse spielerisch und leicht zu uns, überraschen und verändern uns – berühren unser Herz, wenn wir es zulassen. Öffnest du dich für diese immer überraschende Ebene der Existenz, fallen dir plötzlich Möglichkeiten auf, neue Inspirationen melden sich, sogar ungeahnte Gelegenheiten können dir in den Schoß fallen. Eine ganz neue Lebenspraxis entfaltet sich – weil du jetzt bereit dafür bist, dein Leben zu verändern.

. . .

Die einzig wichtige Frage lautet also: Bist du schon frei genug, wieder deinen intuitiven Impulsen zu folgen? Diese wahrzunehmen? Wer zu seinen eigenen Widerständen Kontakt herstellen kann, sie besser erspürt, annimmt und versteht, kann viel besser wahrnehmen, was an einem neuen Augenblick wirklich frisch und inspirierend ist.

Wenn wir es schaffen, für alle unsere Gefühle offenzubleiben, fällt uns immer mehr auf, dass sich in jedem Moment alles ständig weiterentwickelt. Dass es stets neue Chancen für Wachstum und Transformation gibt. Indem wir uns unseren Ängsten und Widerständen stellen, diese nicht mehr verdrängen, erkennen wir allmählich, dass unser Schicksal immer schon in unseren eigenen Händen lag. Dann gibt es nichts mehr zu verleugnen im Leben. Es macht einfach keinen Sinn mehr, irgendetwas, das wir in uns spüren, weiter zu verleugnen. Oder zu verdrängen.

Ich muss dir diese Frage unbedingt stellen: Warum sollten wir uns überhaupt verändern wollen?

Um mehr darüber zu erfahren, wie das Leben wirklich ist. Um Gnade zu erfahren und neuen Kontakt zu unseren höchsten Potenzialen herzustellen. Wenn ich erleben darf, wie klug und präzise dieser göttliche Datenfluss, den wir Leben nennen, doch ist, könnte ich vor Freude laut auflachen: Jede Minute des Tages, jede Sekunde hält neue, inspirierende Informationen für uns bereit, Erfahrungen, die einen lebendiger machen und klüger.

Ich fürchte, um das zu erleben, muss ich zuerst Abstand zu meinem Charakter gewinnen. Mich von meiner gewohnten Art distanzieren, wie ich bisher erlebe.

Du müsstest nur zulassen, dass du deine eigenen Gefühle überhaupt spüren darfst. Deine Gefühle sind wie Schlüssel, denn sie zeigen dir auf, wie du mit dir selbst und mit anderen Menschen authentisch umgehen kannst. Gefühle helfen uns, zu verstehen, wie und warum andere mit uns auf bestimmte Art und Weise umgehen. Die Gefühle – diese Schlüssel – müssen mitgeteilt werden, damit sie dort wirken können, wo sie hingehören. Wo sie wirklich passen. Wie soll das aber gelingen, wenn wir es nicht wagen, unsere Gefühle auszudrücken? Was geschieht mit einem Menschen, der sich nie wirklich äußern durfte, der es nie gewagt hat, seine authentische Stimme zu erheben – etwa als Kind gegenüber den Eltern? So bleiben viele Schlüssel im Kind verborgen und stauen sich im Inneren immer weiter auf. Dabei müsste so vieles dringend mitgeteilt werden.

Was wird geschehen? Du wirst deine Gefühle noch tiefer verdrängen und immer wütender, frustrierter (meist drücken die Leute das in der Pubertät aus), und irgendwann wenden sich deine eingefrorenen Emotionen meist gegen dich selbst. Ein weiteres Beispiel für eine mögliche Reaktion: Viele suchen fast schon manisch im Außen nach Liebe und Zuneigung. Sie suchen, was im Inneren verborgen bleibt, weil sie nie die richtigen Schlüssel aktivieren konnten.

…

Ich erinnere mich, dass ich als Kind nie geweint habe. Ich stand unter dem Einfluss einer Art Schockprogramm, das mich dazu brachte, meine eigentlichen Gefühle auf keinen Fall zu zeigen. Erst als Erwachsener konnte ich mich wieder mit den verdrängten Gefühlen verbinden, und danach weinte ich über Monate ohne offensichtlichen Grund. Ich bin durch ein richtiges Tränenbad gegangen.

Manche sind vielleicht schon 40 Jahre alt und ihre Eltern schon fast 80, bis alle endlich dazu bereit sind, die notwendigen Schlüssel zu tauschen. Und eines Tages ist es so weit! Warum? Weil es geschehen muss! Der Lebensfluss schiebt es ständig an. Was wäre die Konsequenz, wenn die wichtigsten Schlüssel ein Leben lang zurückgehalten werden? Wenn deine Gefühle, deine Fähigkeiten und Gaben nie die Menschen erreichen, die sie brauchen, um dich – und sich selbst – besser kennenzulernen? So zerstört man in letzter Konsequenz schleichend sich selbst. Die Menschen sabotieren ihr Leben und ihre Gesundheit, sie begehen sozusagen Selbstmord auf Raten. Bei den meisten Krebspatienten, mit denen ich arbeiten durfte, fand ich stets eine Überladung ihres Systems mit eingefrorenen Schlüsseln vor – mit erstarrten Gefühlen, die unbedingt ausgedrückt werden müssten, damit das Leben überhaupt wieder in Gang kommen kann.

Auch wenn jemand schon recht bewusst und achtsam lebt, könnten in ihm weiterhin einige selbstzerstörerische Programme aktiv sein. Denn solange du nicht hundertprozentig die Verantwortung für dein eigenes Leben und deine Handlungen und Emotionen zu dir nimmst, sabotierst du deine wirklichen Potenziale. Du kannst dich ein bisschen entwickeln, schon, aber der zerstörerische Teil in dir könnte sich noch stärker in dir entwickeln. Wir richten uns nur noch weiter an Programmen aus, die wir nicht selbst sind. Wir bleiben in Systemen gefangen, die im Außen auf uns einwirken, ohne dass wir es bemerken.

…

Und wie kommt man wieder an seine echten Gefühle ran?

Die Antwort ist ganz einfach: indem wir mit unserer Aufmerksamkeit ins Jetzt zurückgelangen. Indem wir hier und jetzt leer werden, ohne Konzepte spüren, was ist. Um zu dieser Freiheit zu gelangen, ist es entscheidend, bewusst zu bleiben, aktiver zu fühlen, was in einem selbst überhaupt so alles los ist. Bleib bei diesen Gefühlen. Bleib bei dir selbst, nimm deine Gefühle wahr, egal was im Außen zusätzlich passieren sollte.

Übung

Triffst du schon deine Entscheidungen aus deinem intuitiven, bewussten Zentrum, aus deinem lebendigen Kern heraus? Oder entscheiden noch deine verletzten Anteile darüber, wie du dein Leben lebst und welche Entscheidungen du triffst? Wie würde es dein Leben verändern, wenn du in jedem Moment nur noch spontan, bewusst erschaffen würdest? Wenn du es schaffst, im Jetzt nur noch neue Momente zu spüren, kannst du erfahren, was dich der Fluss des Lebens in diesen Momenten lehren will. Von welchem Platz aus in dir könntest du es wagen, überhaupt etwas zu riskieren? Bleib wachsam und lass geschehen, was auch immer es ist … du lässt alles geschehen, auch was in dir selbst geschieht. Aber nimm es bewusst wahr: Denn jetzt bist du schon aktiv geworden – ohne etwas manipulieren oder pushen zu müssen. Das erfrischend Neue kommt schon zu dir, bis du bewusst integriert hast, was dir dieser Augenblick beibringen wollte.

(Damien spricht die folgenden Sätze laut aus:)
Ich übernehme zu 100 Prozent die authentische
Verantwortung für mein Leben.
Genau das werde ich verankern. Ich werde es erden:
In meiner authentischen Wahrheit.
In meiner authentischen Stimme.
In meinem authentischen Herzen.
In meinen authentischen Gefühlen.
In meinen authentischen Beziehungen.
In meiner authentischen Verantwortung für meine Gesundheit.
(Wann immer du dich bereit fühlst,
kannst du die Sätze mehrmals laut für dich sagen.)

Wenn du diese Sätze laut und bewusst aussprichst und dabei wahrnimmst, was du im Moment fühlst, übertragen sie dir befreiende Frequenzen: Sie befreien dich von faulen Kompromissen mit Eltern, Lehrern, Priestern, Politikern, mit dem Chef, mit allen, die wir auf die eine oder andere Weise als mächtiger wahrgenommen haben als uns selbst. Wenn sich die Kraft dieser Sätze in deinem Inneren entfaltet, kann in dir sogar für kurze Zeit das Gefühl von Panik aufsteigen. Es kann auch sein, dass du den Wunsch verspürst, lieber doch auf gewohnten Pfaden zu wandeln, sogar Zuflucht bei alten Programmierungen zu suchen, weil diese sich sicher anfühlen.

Echte Spiritualität bedeutet nicht, dich und deinen Körper in irgendwelche Fantasiezustände zu versetzen. Verbinden wir uns stattdessen immer zuerst und in jedem Moment mit unserem eigenen Körper und unseren Gefühlen im Herzen. Mit der wahren Fähigkeit dieser Herzensfrequenz, all das lebendig zu halten und zu transformieren. Nach einer Weile werden dir leichte Veränderungen auffallen: Leichtere Gedanken und neue Gefühle machen sich bemerkbar, deine natürliche intuitive Weisheit kehrt zurück und verbindet sich mit deinem Körperbewusstsein. All das findet seinen Weg durch den Körper und seine Kanäle. Es ist ein körperliches Geschehen, überhaupt nichts »Esoterisches«.

Allmählich verändert sich dein Alltag von innen heraus, und du näherst dich wieder dem an, was in deinen Zellen und in deinen Gefühlen längst darauf wartete, erkannt und aufgeschlüsselt zu werden: innere Klarheit, Frieden, Intuition, eine bestimmte Wärme im Herzen, frische, aufschlussreiche Impulse, die dir von der Quellenergie geschickt werden. Nutze diese Unterstützung, um deine Ängste und Widerstände noch besser zu verstehen und um noch mehr loszulassen. Du erlangst neue Möglichkeiten, etwa um mit deinem Arbeitssystem, mit deinem Finanzsystem, deinem Familiensystem, mit vielen Systemen, die dein Leben einst dominiert haben mögen, auf neue und überraschende Weise zu interagieren.

Anfangs können sich einige dieser neuen Erfahrungen noch seltsam anfühlen. Sie können dich führen und heilen, und das Ergebnis kann eine weitaus stärkere Verbindung zur Quelle selbst sein. Wenn wir es schaffen, wieder authentisch zu fühlen – ohne Widerstand gegen das, was hereinkommt oder auftaucht –, kann sich die göttliche Urenergie mit uns verbinden und mit uns arbeiten. So erfahren wir, dass eine höhere Quelle für Inspiration existiert und was diese für uns tun kann. Das haben der Banker und der Obdachlose gemeinsam erspürt.

Gestehe dir deine Wut ein

Du hast angedeutet, dass wir so lange und intensiv mit unseren Ängsten leben, bis wir schließlich zu dem Punkt gelangen, an dem wir sie als »normal« ansehen.

Mit der Folge, dass man vom Leben selbst abgetrennt wird. In der Konsequenz kann man Körper und Gefühlen nicht mehr vertrauen. Diese Abspaltung begann bei vielen schon im Kindesalter. Später empfindet man alle möglichen Arten von Stress, Dramen und emotionaler Trennung als »normal«, denn irgendwann hat man sich daran gewöhnt. Es ist aber nicht normal, wenn man ständige Selbstkontrolle erleben muss. Das ist nicht normal, sondern eine Kontraktion! Und die hat Folgen: Irgendwann kann man den eigenen Eltern oder sogar der eigenen Existenz nicht mehr vertrauen. So umgibt man sich mit noch mehr Triggern für Angst: Angst vor der ständigen Konkurrenz, vor der Gesellschaft, vor Gefühlen, vor unzähligen Dingen. Am Ende steht die Angst vor der Angst. Wir spiegeln uns diese Ängste in der Gesellschaft und verstärken sie im Kollektiv.

Und all das kommt uns irgendwann normal vor?

Wir scheinen uns daran gewöhnt zu haben, aber in uns erzeugt es mehr Kontraktion: Auf diese Weise trennen wir uns mehr und mehr vom Leben ab und schaffen Raum für noch mehr angstgetriebene Gedanken und Handlungen. Dazu zählen bestimmte politische Ansichten oder von den Medien geschürte Befürchtungen: Angst vor anderen Nationen, vor Arbeitslosigkeit, vor dem Alter, vor Viren, vor was auch immer. Irgendwann wirken schier endlose Angstmuster durch die Menschen hindurch und trennen sie von ihrer Kraft, die Welt wahrzunehmen und Harmonie und Einheit zu erfahren. Das vielleicht Wichtigste: Diese vielen Ängste trennen uns von unseren Gefühlen ab. Viele spüren nicht einmal mehr ihre eigene Wut authentisch.

In unserer zivilisierten Gesellschaft gilt es als normal, seine Wut nicht offen auszudrücken, sogar als eine Art Kulturleistung, die uns vor noch mehr Konflikten bewahren soll.

Wut ist einfach nur Energie. Eine Art, zu zeigen: Nein, so kannst du mich nicht behandeln. Hier ist meine Grenze. Es ist sehr wichtig, seine eigene Wut anzuerkennen und gleichzeitig auf gute Weise auszudrücken. Deinen eigenen Gefühlen treu zu bleiben. Uns wurde als Kindern beigebracht, nicht mit »negativen« Gefühlen zu arbeiten, sondern diese zu verdrängen. So konnten wir nicht lernen, wie man sich mit seiner Wut auf gute Art verbindet, wie man sie erspürt und bewusst ausdrückt. Wut ist in erster Linie dazu da, um eine vernünftige Abgrenzung herzustellen. Verbinden wir uns mit dieser Kraft nicht auf sinnvolle Weise, weil wir Konsequenzen fürchten, trennen wir uns nur von einem wichtigen Aspekt unserer Lebenskraft ab.

…

Deine Wut kann eine authentische Reaktion auf jemanden sein, der es sich leistet, etwas mit dir zu tun, was nicht okay ist. Wenn du mit deiner Wut im Herzen bleiben kannst, sie bewusst emp-findest, ohne sie wegzustoßen, kannst du sie nutzen, um Dinge zu korrigieren, du kannst dich aus einer Situation bewusst her-auslösen und dadurch wachsen. Du kannst lernen, deine Wut und dein Potenzial zu lieben. So kannst du deiner Wut auf gute Art Ausdruck verleihen – aus dem Herzen heraus. Es ist möglich, dass du durch deine Wut tiefe Liebe ausdrückst – wenn du es schaffst, bewusst zu bleiben, und dich selbst aufmerksam beob-achtest, während du wütend bist. Im Fühlen kannst du immer ver-schiedene widersprüchliche Teile deines emotionalen Spektrums gleichzeitig empfinden und ausdrücken. Wut, Liebe, Zorn und Mitgefühl sind alle Teile der gleichen Energie. Sie sind Ausdruck eines breiten Bandes, das Gefühle miteinander verbindet und in Beziehung stellt. In jeder Lebenssituation solltest du klar sagen können: »Nein, das ist für mich nicht okay.« Und: »Ich werde das nicht tun.«

Wäre das nicht anstrengend, wenn wir alle zur gleichen Zeit unsere authen-tischen Gefühle ausdrücken? Manchmal ist es besser, sich zurückzuhalten, oder?

Natürlich solltest du deine Wut nicht auf respektlose, schädliche Weise ausdrücken. Es geht nicht darum, jemanden alte Projek-tionen an den Kopf zu werfen, zum Beispiel Vorwürfe, die du vor langer Zeit eigentlich deinen Eltern oder Geschwistern vor die Füße werfen wolltest.

Den eigenen Zorn authentisch und liebevoll auszudrücken, bedeutet, zum Ausdruck bringen, was sich bewusst anfühlt, und das Gegenüber dabei weiterhin vom Herzen her zu spüren. Es ist sowieso unsere ständige Aufgabe, im Jetzt zu bleiben. Und das bedeutet eben auch, zu fühlen, was sich gerade in einem selbst meldet. Stattdessen projizieren viele ihre unbewussten Gefühle einfach nur auf andere. Also bleibe ich im Herzen und nehme wahr, dass ich eventuell gerade eine andere Person für meine Gefühle verantwortlich mache, bis sich diese Gefühlsfrequenz in mir wieder verwandelt. So lernen wir mit der Zeit, besser mit Gefühlen umzugehen: Wir erfahren sie und können von ihnen lernen, bis sie uns verlassen, ohne dass sie uns weiter bestimmen.

Ich kann dir zeigen, dass ich wütend bin – und dass es okay ist –, wenn ich dabei bewusst bleibe und das Gefühl ständig vor allem im Herzen halte. Das meine ich übrigens wörtlich. Genau das wird mich davor bewahren, verletzend zu handeln. Aber wenn du deine Wut immer weiter verleugnest und verdrängst, was sie ursprünglich auslöste, kannst du über den Gefühlssturm nicht hinauswachsen. Angestaute Energie wird weiter in dir brodeln, bis sie sich unkontrolliert gegen eine andere Person richtet. Oder gegen dich selbst. Hast du mich wütend gemacht, und ich gebe dir das nicht auf faire Art an dich zurück, blockiere ich dadurch für uns beide die Chance, aus der Situation zu lernen. Ich sollte ehrlich reagieren – nicht bis übermorgen warten und mir in der Zwischenzeit einreden, dass es »nicht so schlimm war«. Ich sollte lieber klarstellen, was mich wütend macht, und dir die ehrliche Chance geben, darauf zu reagieren. Von diesem Punkt aus können wir uns beide und unsere Gefühle verändern.

…

Jede Situation zeigt dir genau auf, wo du gerade im Innen stehst. Das ist die Ausgangsposition: Ich mache mir bewusst, was in mir eigentlich los ist, und nehme die Angelegenheit zuerst in mir wahr, prüfe und kläre sie. Und, ja, vielleicht werde ich im Prozess für einige Augenblicke wütend – aber eben bewusst wütend: Ich verleugne meine Wut nicht, sondern mache sie mir zu eigen, liebevoll aus dem Herzen heraus suche ich nach neuen Wegen, um Gefühle auszudrücken, ohne von ihnen überwältigt zu werden. Ich zeige einer Person meine Grenzen auf. Im Endeffekt leitet mich hier die Verbindung mit meinem Herzen. In diesem Prozess wäre es in Ordnung für mich, wenn mein Gegenüber ebenfalls wütend werden sollte – solange auch diese Person bewusst bleibt. Dies würde uns beiden helfen, besser zu verstehen, was gerade geschieht. Vielleicht würden wir für eine Weile aufeinander unsere eigenen Gefühle, Urteile, Absichten und Stimmungen projizieren. Das ist okay. Dies könnte sogar nötig sein, um gemeinsam besser zu fühlen, was eben im Moment gefühlt werden muss. Und um am Ende darüber hinauszuwachsen.

…

Gefühle sind Instrumente, die man uns gegeben hat, um zu wachsen und zu verstehen, wer wir wirklich sind. Denn wir sind vor allem hier, um mehr über unsere Gefühle zu lernen. Wenn wir auf dem »Instrument« unserer Gefühle alle Töne und Modulationen mit Liebe und Respekt bewusst spielen können, sind wir in der Lage, von diesem Punkt aus die nächste Lernebene zu erreichen und neue Erfahrungen zu machen.

Wenn wir unsere verdrängten Themen und Gefühle (unseren Schatten) auf andere projizieren, was passiert da eigentlich genau? Und was sind die Konsequenzen?

Wenn dir eine schwierige Situation, eine Art Drama, gleich mehrmals im Leben widerfährt, kannst du getrost davon ausgehen, dass dir das Leben etwas aufzeigen möchte, das in dir noch unerlöst ist. Wenn in Freundschaften häufig die gleichen Konflikte aufkommen, ist da längst etwas in dir, das gesehen werden will. Es ist wie ein Knopf, der immer wieder gedrückt wird. Wenn wir zum Beispiel beide ein ähnliches Thema haben, könnten wir uns das gegenseitig auf unbewusste Art spiegeln. Wir könnten uns zum Beispiel auf die immer gleiche Weise gegenseitig irritieren und provozieren. Meist hat der Verstand schnell ein paar Gründe parat, um die eigenen Reaktionen zu rechtfertigen: Du denkst, dass der andere schuld ist, dass du dieses oder jenes fühlen und erleben musst und nur so und so reagieren kannst. Wenn beide das gleichzeitig tun, kann die Situation schnell verwirrend werden.

Ich sollte mir also klarmachen, dass sich bei mir etwas meldet, das schon vorher da gewesen ist und das jetzt dringend gesehen, verstanden und geheilt werden möchte. Sonst hätte es die Situation ja gar nicht gegeben oder ein Thema würde nicht hochkochen.

In einer Menge Beziehungen ist das wahrscheinlich praktischer Alltag, was du beschreibst.

Ich erinnere mich gut: In meiner Jugend wurde ich sehr oft wütend. Man kann sagen, ich lebte mein Leben ganz auf die irische Art: Schon beim kleinsten Anlass ging ich an die Decke, und die Leute in meiner Umgebung reagierten ähnlich. Das schaukelte sich gegenseitig hoch. Erst später verstand ich, dass ich meine Kindheitsthemen – was mir in meiner Kindheit widerfahren war – auf meine Umgebung projiziert hatte. Wenn du das machst, reagieren die Menschen instinktiv sehr stark auf dich, sie spiegeln dir zurück, was du dir immer noch nicht bewusst machen konntest. Deren System ergreift sofort die Gelegenheit, einiges vom eigenen Müll bei dir abzuladen. Das provoziert wiederum neue Projektionsschleifen und so fort. Deshalb ist es besser, bei sich zu bleiben, etwas länger reinzuspüren, wie es einem gerade geht und warum. Von dieser Position aus kann ich meine Wahrheit aussprechen.

Eines Tages stellte ich als junger Mann verblüfft fest: Ich kann kristallklar bleiben und gleichzeitig meine Wut spüren. Ich kann meine Gefühle fühlen, erden und von dort aus meine Wahrheit ausdrücken. Ich begann ganz ruhig, ziemlich unglaubliche Dinge auszusprechen, dabei funkte mein Verstand ständig Alarm: »Das kannst du doch so nicht sagen.« Aber wenn du von einem reinen Impuls aus sprichst und handelst, ist es deine Wahrheit. Nun sind die Dinge klar. Das spürt deine Umgebung intuitiv und reagiert auf feine, respektvolle Weise. Seitdem kam einiges in meinem Leben in Bewegung. Manchmal waren die Folgen wirklich überraschend. So wird echter Wandel möglich.

Timur, wie geht es dir damit?

Ich spüre eine ganze Menge, es fühlt sich irgendwie chaotisch an. Ich kann noch nichts klar ausmachen, aber verstehe immer mehr, was du mit der Formulierung »bewusst fühlen« meinst.

Das ist eben der Schlüssel. Wenn du bewusst fühlst, wirst du im Leben aktiv, statt nur zu reagieren. Durch aktives Fühlen wird aus einer scheinbar zementierten Situation schnell etwas Fließendes, Bewegliches. Du wirst verblüfft sein, denn deine Wahrnehmung wird geschmeidiger, flexibler. Du erlebst, dass sich alle auftauchenden Frequenzen ständig verändern. Wenn wir alles vom Herzensraum aus erspüren, sondieren wir die Dinge zunehmend mit Liebe. Allmählich begreifen wir immer mehr über die Umstände von Situationen. Selbst wenn meine Gefühle weiter stürmisch bleiben sollten, kann ich im Jetzt bleiben und gehe ihnen weiter auf den Grund. Mit Selbstachtung. Mit Selbstliebe. Eines Tages stellst du fest: Das, was du »Wut« nanntest, war nur eine Ausdehnung einer wichtigen Erfahrung in dir. Und was erfährst du da im Kern? Etwas, das verstanden werden möchte, das geheilt werden möchte, das du ehren kannst, indem du es dir bewusst machst und bewusst erlebst.

Was mich in einem bestimmten Moment besonders herausfordert, ist das, was ich mir bis dahin noch gar nicht richtig bewusst machen konnte, nicht hinreichend genug verstanden habe. Es mag also sein, dass du dich in einem bestimmten Augenblick dieser Reise nicht besonders gut fühlst – oder sogar schlimmer –, aber genau dieser Augenblick ist dazu da, dass du jetzt aufwachst. Du konntest vielleicht noch nicht alle Schlüssel und Geschenke einsammeln, die sich aus einer Situation ergeben. Du konntest einfach noch nicht ausreichend genug fühlen und verstehen, was wirklich der Fall ist.

…

Fühle es. Fühle den Moment.

Fühle es. Und im nächsten Augenblick fühlst du schon wieder etwas Neues. Bewusst fühlen, ohne zu urteilen und ohne Ablehnung: Das bedeutet ständiges Wachsen des Geistes und deiner eigenen Erfahrungsmöglichkeiten. Dein Geist wächst aus jeder neuen Erfahrung – wenn du bewusst bleibst.

Und wieder.

Und schon wieder.

Wer ein bestimmtes Erlebnis wirklich bewusst durchfühlt, braucht die gleiche Erfahrung im Grunde nicht mehr zu wiederholen. Vielleicht triffst du später am gleichen Ort die gleichen Personen vor, und dir fällt auf, dass sich wieder etwas verändert hat: Neue Gefühle erschaffen eine neue Situation und einen neuen Umgang damit. Solltest du weiterhin ungeklärte Gefühle auf andere projizieren, wird das Feld neue Situationen aus dir heraus erschaffen, um dir die ungeklärten Themen auf eine andere Weise zu spiegeln, damit du sie auflösen kannst. Wenn es sein muss, wird sich das gleiche Szenario eben wieder und wieder entfalten. Bis du anfängst, alle Lektionen, die das Thema für dich bereithält, voll und ganz anzunehmen. Damit löst du dich bewusst aus dem Szenario heraus, denn du musst jetzt nicht mehr darauf reagieren. Du entwickelst dich weiter.

Glaubst du, wir sind hier, um alle möglichen notwendigen Lektionen zu lernen, die wir brauchen, um sozusagen auf eine höhere Verständnisebene zu gelangen? Gibt es schon wieder neue Lernerfahrungen für uns?

Ja. Dieser Planet ist eine Art Schule zur Entwicklung des menschlichen Geistes. Jeder einzelne Tag in unserem (Er-)Leben ist exakt so zugeschnitten, dass wir genau das erfahren, was wir gerade erfahren müssen, um daran zu wachsen. Durch das Erleben bestimmter Themen entwickeln wir uns weiter, indem wir Entscheidungen treffen und uns verändern. Um die notwendigen Lektionen im Leben zu erleben und zu vollenden, spielen wir Rollen und aktivieren dabei füreinander und gegenseitig ganze Dramen. Und jedes Mal, wenn du eine Lektion vollenden konntest, spürst du mehr Raum in dir, weil du dich schon auf den Weg gemacht hast, hin zu mehr reinem Bewusstsein.

Dieser Raum (reines Bewusstsein) existierte schon lange in dir, bevor jegliche Art von Trennung – Vorstellungen von Gegensätzen, Widersprüchen, Feindschaften – in dir entstand. Es kommen dauernd wichtige Lektionen und neue Tests herein. Auch deshalb ist es wichtig, sich stets bewusst mit allem zu verbinden, was geschieht, und zu verstehen, woher ein aktuelles Ereignis kommt, warum ich dieses erfahren soll und wohin mich die Erfahrung führen wird.

Indem ich mir all das bewusster mache, wird das Leben geradliniger, kraftvoller und reichhaltiger. Ich werde daran interessiert sein, aller meiner Gefühle gewahr zu werden, auf sie zu achten, weil ich mir klargemacht habe, dass meine Gefühle die beste Möglichkeit bieten, mein Leben bewusst zum Besseren zu verändern. Weil ich mir es gestatte, meine eigenen Gefühle vollständig zu fühlen, meine Themen und Herausforderungen wirklich anzunehmen, erlebe ich, wie bestimmte Gefühle mich wachsen lassen. Es ist vielleicht nicht immer angenehm, sich das klarzumachen, etwa wenn ich mich von einem Thema nicht lösen kann, weil ich es noch nicht völlig fühle und verstehe. Aber wenn ich mich dieser Sache und meinen Empfindungen stelle, habe ich am Ende des Prozesses schon besser verstanden, was geschehen ist und warum es geschah. Ich habe meine Lektion gelernt: über mich, wie ich früher handelte, dachte und fühlte und damit Realität erschuf. Wenn mir das immer besser gelingt, wird das Leben zu einer wilden Reise voller Freude.

…

Fühle also bewusst, auf welchen Ebenen Wut und weitere »negative« Gefühle in dir wirken. In diesem Moment. In jedem Moment. Die Wut war in unserem Gespräch nur ein Beispiel von vielen. Es ist wichtig, umfassend zu fühlen, was wirklich in einem los ist, um nicht zum Opfer davon zu werden. Bleib an deinen Gefühlen dran, bis sie sich transformieren.

…

Für mich ist das Leben zu einem einzigen langen Lernpfad geworden: Er verlangt andauernd neue Schritte ins Unbekannte. Das Wichtigste, das ich dabei tun kann, ist, mich auf diesem Weg im Jetzt zu verwurzeln. Ohne falsche Gewohnheiten und Überzeugungen leben – sondern erleben, was wirklich der Fall ist. Vielleicht meldet sich ein Thema ja auf noch feinerer Frequenz, bis es sich mir wirklich umfassend zeigt und dadurch erschließt, sodass ich es loslassen kann. Im Lauf der Zeit verzehnfachen sich solche Erkenntnisse förmlich auf dem Pfad des Lernens. Und schon wieder. Und schon wieder. Irgendwann stellt man fest, dass bestimmte Erfahrungen, die man kurz zuvor noch gemacht hat, gar nicht mehr nötig sind, weil man aus ihnen herausgewachsen ist. Die eigene Schwingung hat sich erhöht. Man hat an Kraft gewonnen.

Und was passiert jetzt?

Es ist.
Es ist.
Es ist. Es ist, wie es ist.

Ein Leben ohne Widerstand zu leben, komplett eingebunden in der Existenz und sich selbst voll und ganz spüren … Ich kann mir im Moment noch nicht vorstellen, wie man das bewerkstelligen und in den Alltag integrieren könnte.

Okay. Lass uns das hier und jetzt zusammen angehen:

(Längere) Übung

Lass alles gehen, indem du in dein Herz atmest. Öffne deinen gesamten physischen Herzensraum … und schicke deine Aufmerksamkeit in die Rückseite des Herzens. Du kannst diesen Bereich auch vom Rücken aus erspüren, indem du eine Hand auf deinen Rücken auf Herzenshöhe legst. Atme bewusst ein und aus.

Du tust das jetzt alles für dich: Vertraue dir selbst, vertraue in das, was du tust … Du atmest bewusst und fühlst, was in diesem Moment für dich wahr ist. Mit jedem tiefen, bewussten Atemzug, den du tust, wächst du auf natürliche Weise: Was sich im Erleben immer wieder verändert, ist dein Atem – das Einatmen, das Ausatmen –, und du dehnst dich in dieser Erfahrung aus. Du stellst dich deinen Gefühlen: Einige von ihnen melden sich langsam … öffne dich weiter, atme weiter in deinen Herzensraum hinein.

…

Du hast jetzt dein Bewusstsein aktiviert, deinen Geist ins Spiel gebracht. Werde dir ein wenig mehr bewusst, welche Gefühle und Körperempfindungen du in deinem physischen Herzensraum erfahren kannst. Beobachte das einfach weiter und erlaube der Reichhaltigkeit dieser Erfahrung, sich weiter zu entfalten.

Stell dir in der Herzensmitte einen Diamanten vor. Atme Licht in diesen pulsierenden Diamanten und erweitere das Licht in deinem Brustraum. Der Diamant pulsiert ständig weiter, gemeinsam mit deinem Atem wird er kleiner und größer, er pulsiert wie ein lebendiges Wesen.

Und jetzt ist der Diamant in jeder Zelle deines Herzens. Der Diamant atmet, er pulsiert in jeder einzelnen Zelle. Atme weiter Licht in jede Zelle deines Herzens. Jede deiner Zellen ist wichtig. Du atmest weiter in deinen Herzensraum und in den Raum hinter deinem Herzen. Du bleibst dir deines Herzensraumes weiter bewusst.

Nun lass uns dieses Licht weiter ausdehnen: Atme weiter Licht. Licht in dein Rückgrat, Licht in den Rumpf, in deinen Körper. Erweitere dieses Licht in dir. Während du ruhig und bewusst weiteratmest, wird das Licht in dir stärker. Jetzt fließt es stärker in dein Kreuzbein und tiefer hinunter. Das Licht bewegt sich durch deine Hüften hindurch. Nimm dir mehr Zeit, wenn du sie brauchst. Und atme.

Jetzt bewegt sich dieses Licht weiter durch deinen Körper. Fließt durch deine Wirbelsäule hindurch und arbeitet sich hoch Richtung Gehirn. Bring das Licht dieses Diamanten bis in dein Gehirn. Hoch zum Kronenchakra, zur Schädeldecke. Bring das Licht jetzt ganz in dein Feld, spüre es in dir und um deinen Körper herum. Du kannst dieses Licht in dir und um dich herum förmlich scannen.

Komm jetzt langsam zurück, indem du die Füße und Hände bewegst, dich ein wenig dehnst und streckst ... und lass uns nun zurückkehren.

Diesmal haben wir nur relativ kurz geübt, denn es geht mir bei den Übungen vor allem um Beweglichkeit in der Wahrnehmung, um geistige Flexibilität. Du solltest dich schon bald mit Leichtigkeit mit deinem Herzensraum verbinden können, denn es ist ein ganz natürlicher Vorgang, sich mit sich selbst zu verbinden. Bitte halte nicht an der jeweiligen Lernerfahrung fest, sondern lass sie los. Nach einer Übung bleiben wir weiter mit unseren Gefühlen verbunden, und du wirst sehen: Schon wieder kommen neue Informationen herein.

Das war interessant und tat gut, aber ich muss dich noch einmal fragen: Wie kann ich mich für die vielen herausfordernden Möglichkeiten im Leben grundsätzlich besser öffnen? Ein ständiges Aufbrechen in ein selbstbestimmtes Leben voller Wandel und Achtsamkeit – das sagt sich so leicht.

Ehre deine Ängste und drücke sie nicht weg.
Noch einmal: Ehre deine Ängste und drücke sie nicht weg.
Das ist die Antwort.

Authentisch auf jede Art von Wandel zu reagieren, heißt, unsere wahren Möglichkeiten und Verantwortlichkeiten wieder zu fühlen. Letztendlich heißt es, springen zu können. Wir wissen doch alle, was mit uns Menschen gerade los ist. Welche entscheidenden Momente in der Entwicklung wir miteinander auf dem Planeten teilen. Wir könnten uns gegenseitig viel besser unterstützen, wenn wir andere Menschen nicht mehr beschuldigen würden, sondern erst einmal wahrnehmen, welche ihrer Anteile in mir sind. Damit ich verstehen und fühlen kann: Wo ist das in mir, was ich an dem anderen gerade zurückweisen oder sogar verabscheuen würde?

Je tiefer du in deine eigenen Erfahrungen hineingehst, desto mehr unbekannte Ängste lernst du zu erkennen, zu spüren und in ihrer Existenz anzuerkennen. Damit du von ihnen lernen kannst und um sie zu heilen. Genau dafür brauchen wir uns jetzt alle hier gegenseitig so dringend – zusammen verstehen wir viel besser, was hier eigentlich vor sich geht! Damit wir gemeinsam aufwachen und mit dem Schlamassel aufräumen, das wir auf diesem Planeten veranstaltet haben. Aber solange wir uns noch nicht zu

100 Prozent mit unseren wahren Gefühlen und unseren ursprünglichen Vorhaben verbinden – mit unseren Visionen, die wir in der Kindheit noch spüren konnten –, werden wir weiter versuchen, aus Angst heraus gewisse Dinge zu bewirken oder zu kontrollieren.

Es ist keine Überraschung, dass in dieser Zeit so viele Menschen Ängste und Unsicherheiten empfinden. Sie spüren: Dies ist eine historische Zeit des Wandels. Immerhin steht unsere Zukunft auf dem Spiel – die Zukunft der Erde und die Zukunft aller, die auf ihr leben. Auch deswegen gibt es gerade jetzt so viele neue Möglichkeiten für schnelle neue, gute Entwicklungen. Niemand ist davon ausgenommen, sich diesem Wandel zu stellen.

Um all dies zu meistern, müssten wir essenzielle Themen in uns klären, darunter Themen, von denen wir dachten, wir hätten sie längst bereinigt. Wenn du tiefer in dich gehst, wird dir jedoch klar, dass du bestimmte Gefühle immer noch nicht wirklich ausgekostet hast. Vielleicht wäre es bis jetzt zu viel gewesen, dich bestimmten Erlebnissen und Erinnerungen zu stellen. Oder es war noch nicht die richtige Zeit dafür. Oder die notwendigen Prozesse würden für dich im Moment noch zu weit gehen. Aber die Energien unserer Zeit drängen uns jetzt, gemeinsam eine neue Ebene zu erreichen, und dazu gehört eben auch, alle Themen in uns so tief wie möglich zu klären. Denn viele neue Frequenzen aktivieren sich jetzt, um uns geistig aufzuwecken. Es sind Energien, die lange schliefen und die nun zutage treten, um uns zu unterstützen. Und die uns im Jetzt umarmen.

Du befreist dein inneres Kind

Nun möchte ich dir von einem »Kind« erzählen, das in mir lebt. In dir. In uns allen. Wir können dieses Kind spüren, weil es alle Gefühle, Wünsche, Ideen und Körpergefühle aus unserer Kindheit für uns aufbewahrt. Vielleicht haben wir im Alter von zwei, sieben oder zwölf Jahren begonnen, unsere Bedürfnisse Stück für Stück zu verdrängen, unsere Gefühle zu verleugnen. Heute, im Erwachsenenalter, birgt unser inneres Kind all die gespeicherten Gefühle, Gedanken und Erfahrungen, die wir von Geburt an bis zu unserem 16. Lebensjahr gespürt bzw. erlebt und irgendwann verdrängt haben. Das innere Kind ist ein wichtiger Anteil von uns, es ist Teil unserer Persönlichkeit. Es wartet weiter auf uns, bis wir wieder mit ihm – mit uns selbst – Kontakt aufnehmen. Selbst heute noch verletzen wir unser inneres Kind, wenn wir die Gefühle verleugnen, die wir damals hatten.

Als ich das erste Mal mit meinem inneren Kind in emotionalen Kontakt trat, musste ich feststellen: He, es ist ja richtig sauer auf mich. Es will keinen Kontakt mit mir. Kein Wunder, hatte ich doch seine Bedürfnisse über so viele Jahre verleugnet. Nach Jahren ohne echten Kontakt kann es für dein inneres Kind schwierig sein, sich dir zu öffnen, dir deine verdrängten emotionalen Anteile zugänglich zu machen und mitzuteilen. Wie soll es neues Vertrauen aufbauen, wie soll es glauben, dass du diesmal bereit bist, ihm wirklich zuzuhören? Dass du ab heute auf seine Gefühle achten wirst, dass du wirklich in Dialog treten wirst? Dein inneres Kind muss spüren können, dass du von nun an sein wirklich treuer Freund bist und seine Wünsche und Interessen stets verteidigen wirst. Überprüfe für dich selbst: Kennst du dein inneres Kind überhaupt schon? Bist du schon in Kontakt? Fühlst du zum Beispiel jetzt die besonderen Gefühle, die Wünsche und Träume, die das Kind in dir repräsentiert? Welche Empfindungen hast du jetzt, in diesem Moment?

...

Als Kinder erlebten wir so viele innere Schätze, Möglichkeiten, Talente und Träume, die im Lauf der Zeit ganz in den Hintergrund gerieten. Als Kinder wurden wir dazu angeleitet, unsere

Talente, Gefühle und Träume in uns zu vergraben. Besonders wenn wir mit unserem Verhalten Familienmitglieder, Lehrer und andere Erwachsene irritierten, die gerade die Kontrolle über unser Leben hatten. Als Erwachsene ignorieren wir den Schmerz und die Trauer, die wir einst als Kinder erlebten, als wir uns selbst verleugnen mussten.

Ich werde im Leben unbewusst immer etwas vermissen, von dem ich nicht weiß, was es ist – gerade, weil in mir all diese vernachlässigten Gefühle immer noch wirksam sind. Ich trenne mich von einem Teil von mir selbst. Das erzeugt eine Art Lücke in meinem System, zwischen mir und meiner Wahrnehmung und was ich einst verdrängt habe, das in mir aber weiterhin ausgedrückt ist und dadurch geheilt werden möchte. Stellvertretend für mich selbst halten diese Gefühle in mir weiter fest, was ich als Kind einst erfahren, gelernt und abgespeichert habe.

Gestatte also deinem inneren Kind – den Gefühlen in dir –, wieder aktiv zu werden, lass die Gefühle zu, die es vielleicht immer noch mit sich herumträgt. Wenn du dich mit Liebe um dein inneres Kind kümmerst, wird eure Beziehung zueinander wachsen. Gibt es etwas, das du leidenschaftlich gern tust? Welche Aktivität liebst du wirklich? Singen, surfen, malen, einen Tanzkurs besuchen? Halte dir eine Stunde im Wochenplan frei, die dir und deinem inneren Kind Freude bereitet. Was immer es ist, das dir echte Lebensfreude verleiht – frische Energie, die dein System wirklich auflädt –, mach es jetzt zu deiner Chefsache: Dein inneres Kind muss spüren, dass es die Nummer eins ist!

Eines solltest du wissen: Sollte das innere Kind sich noch nie von dir wirklich angenommen und genährt fühlen, wird es auch die vernünftigsten Pläne, die du gerade für dein Erwachsenendasein schmiedest, ablehnen. Dein inneres Kind wird deine vernünftige Finanzplanung ablehnen. Es wird deine Karriereplanung ablehnen. Es wird versuchen, alles zu torpedieren, was du als Erwachsener tust – wenn es spüren sollte, dass es wieder einmal auf dem letzten Platz rangiert. Es ist sehr wichtig, dass dein System so reagiert! Es ist so gesund! Denn die Verbindung mit unserem inneren Kind ist enorm wichtig für uns. Es ist der wichtigste Schritt zurück in das eigentliche Mysterium des Lebens. Wenn wir es schaffen, all unsere verloren gegangenen Schlüssel wiederzufinden und zu nutzen, die in den vernachlässigten Gefühlen der Kindheit verborgen sind, verbinden wir uns wieder mit unserem eigentlichen Ursprung. Auf diese Weise können wir herausfinden, wer wir wirklich sind und warum wir hierhergekommen sind. Frage dich also: Welches Alter hat dein inneres Kind jetzt in diesem Moment?

Sieben Jahre, und es fühlt sich irgendwie an, als ob es Schmerzen leidet ... es wimmert.

Bist du jetzt bereit, dich um dich selbst zu kümmern? Um deine verborgensten Träume, Gefühle und Wünsche? Denn dein inneres Kind wartet darauf, endlich gehört zu werden. Es wartet immer noch darauf, dass du alle deine eigenen Impulse akzeptierst und sie nicht abqualifizierst. Und dass du dir deine verdrängten Gefühle, Träume und deine Visionen, die du in der Kindheit erschaffen hast, bewusst machst und sie – es – verteidigst.

Wenn ich das alles höre, wird mir fast schon übel. Und es kommt enormes Misstrauen hoch. Misstrauen mir selbst gegenüber.

Das Vertrauen in dich selbst zurückzugewinnen, geht nur über die Tat. Das richtige Handeln gibt dem inneren Kind Zuversicht, dir als Erwachsenem vertrauen zu können. Es kann spüren, ob du vom Herzen aus handelst und seine Präsenz voll und ganz akzeptierst oder ob du nur vom Verstand aus versuchst, gewisse Dinge zu korrigieren, um das Kind zu beschwichtigen. Denn es möchte vor allem, dass du verstehst, was dir widerfahren ist. Damit ist nicht unbedingt eine traumatisierende Geschichte aus der Kindheit, ein großes Drama, gemeint. Es geht darum, dein inneres Kind einzuladen, an deinem Leben teilzunehmen. Du kannst für einen besseren Kontakt zum Beispiel deinen eigenen Bauch festhalten und fühlen. Oder ein Kissen oder ein Plüschtier auf deinen Bauch legen, es festhalten und fühlen. Akzeptiere, was da alles auftauchen mag, nähre und unterstütze deine Gefühle, das ist ein erster guter Schritt.

…

Verbinde dich jetzt mit deinem inneren Kind und sag zu dir selbst: »Hallo, kleiner Liebling. Ich bin jetzt hier. Ich werde dich beschützen.«

Und jetzt warte etwas ab. Tu nichts. Du musst nicht unbedingt gleich etwas Sensationelles mit deinem inneren Kind unternehmen. Sei einfach da. Halte zwischen dir und den Gefühlen, die sich mehr melden, den gemeinsamen Raum. »Raum halten« heißt konkret, dass ich vor allem erst einmal akzeptiere, was zwischen mir und dem »anderem« gerade geschieht. Ich nehme wahr und beurteile dabei nicht, was ich wahrnehme, sondern nehme es in meinem Herzensraum an. Voller Achtsamkeit und Akzeptanz. Dadurch können beide wachsen. Ich und das innere Kind.

Sag dem Kind (und damit dir selbst): »Es tut mir leid. Ich habe dich vermisst. Ich verstehe dich jetzt. Ich werde jetzt bei dir bleiben. Ab jetzt beschütze ich dich.« Schicke diesen Impuls immer wieder ab: »Ich bin für dich da. Ich werde dir zuhören. Ich bin jetzt für dich da.«

Und von jetzt an werde ich für mein inneres Kind einstehen, für meine inneren Impulse und Wünsche, egal was noch geschehen wird:

»Ich beschütze dich jetzt.«

»Es tut mir leid, dass ich dich nicht sehen konnte.«

»Dass ich dich nicht hören konnte.«

»Dass ich nicht an dich geglaubt habe.«

»Ich bin für dich da. Ich bin jetzt für dich da.«

»Ich verstehe dich jetzt«.

»Ab jetzt werde ich für dich da sein. Ich werde bis zum Ende unseres Lebens für uns da sein.«

Fühle die Verbindung. Fühle, was diese Wörter in die Verbindung hineingeben.

…

Es kann manchmal hart sein, wirklich alle Gefühle anzunehmen, die im inneren Kind hochkochen können. Denn es weiß über so viele deiner Aspekte gut Bescheid. Es beinhaltet in sich viele verschiedene Erfahrungsstufen, denn es repräsentiert eine ganze Gruppe von Kindern in unterschiedlichen Alters- und Entwicklungsstufen vom Babyalter bis zu 16 Jahren. Wenn es also mal zum Beispiel schreien oder Dinge aus dem Fenster werfen möchte, fühle zuerst, dass auch das in Ordnung ist. Dass es für ein Kind völlig in Ordnung ist, zu weinen, zu schreien, mal auszurasten, Dinge kaputt zu schlagen. Vielleicht wirst du so etwas auch wieder tun, aber dieses Mal auf eine verantwortliche Art: zu Hause, in einer sicheren Umgebung und mit innerer Selbstliebe. Mit Verständnis und Gespür für das eigentliche Geschehen in dir.

Alle Kerngefühle, die wir als Kinder verleugnen mussten, können durch Verständnis mit dem Erwachsenen-Ich verbunden werden. Dein Erwachsenen-Ich fühlt und handelt bewusst zusammen mit dem inneren Kind. Dabei kann dir klar werden: Wenn ich mich meinen Gefühlen öffne, verändern sie sich. Wenn du das erlebst, nutzt und genießt du die neuen Möglichkeiten, zu fühlen und durch sie zu wachsen. Du verbindest dich damit voll mit dem Moment.

Das innere Kind drängt uns dazu, in jedem Moment des Lebens voll und ganz da zu sein, jede Art unnötiger Kontrolle aufzugeben, wirklich anzunehmen, was es heißt, zu leben. Ohne wirklich spielerische Momente im Leben wird das Kind in dir nicht glücklich werden. Mein Hund Oscar zeigt mir, wie wertvoll die Momente sind, in denen du spielen kannst, und wie wichtig es ist, sie wiederzuentdecken. Wenn du Hunde kennst, weißt du, dass sie voll im Hier und Jetzt leben und immer darauf drängen, zu spielen – wie ein Kind. Kinder möchten ständig erleben und voll im Jetzt sein. In einem Augenblick wird dein inneres Kind also voll konzentriert spielen, im nächsten weinen, im nächsten Moment lachen. Genau das können wir von ihm lernen. Auf diese Weise lernen wir, was das Leben uns die ganze Zeit beibringen will, und das ist für uns eine durchaus ernsthafte Lektion.

Um beim Kontakt mit dem inneren Kind eine wirklich tief greifende Heilung zu erfahren, brauchen wir neue Wege, um uns mit den frühesten Momenten zu verbinden, an dem es zum ersten Mal zum Gefühl von Trennung im System kam, und wir begleiten dieses Gefühl der Trennung gemeinsam bis zur Heilung. Dafür fühlen wir uns Stück für Stück durch die Kindheitsjahre – vom 16. Lebensjahr an rückwärts – meist bis zum Beginn der ersten Trennung von der Mutter.

Wenn ich große Unternehmen berate, auch Selbstständige und Kreative, beobachte ich oft: Gewinn und Umsatz stagnieren oder gehen zurück, wenn die Verantwortlichen in der Wochenplanung für sich und ihre persönlichen Bedürfnisse kein Zeitfenster freihalten. Wenn sie sich keinen eigenen Raum zugestehen, um ohne direktes Leistungsziel freudvoll und kreativ zu sein, also zu spielen. Wenn ich mit jemandem aus der freien Wirtschaft arbeite, frage ich immer zuerst: »Was machen Sie eigentlich in Ihrer Freizeit?« Denn wenn du verlernt haben solltest, wirklich Spaß zu haben, wenn du dir am Wochenende nie wirklich freinimmst, wird früher oder später dein Business darunter leiden. Oder deine Beziehung. Oder beides.

Die meisten neuen und wirklich guten Inspirationen für die Arbeit kommen sowieso, wenn du dir echte Freiräume schaffst. Nur

»arbeiten, arbeiten, arbeiten« macht deine inneren Erlebnisräume eng, bald gibt es kein freies Denken und Fühlen mehr in dir, keine Inspiration. Du brauchst freies Spiel und dynamischen Spaß, weil sie in dir neue Räume erschaffen. Es braucht diese Momente voller feinerer, freudiger Empfindungen, die Kreativität und innere Entwicklung zulassen, egal, was du im Einzelnen tust. Wenn du lernst, mit Körper und Verstand Spaß zu haben, werden Kreativität, Motivation und Freude in dein Business einziehen. Das wird viele neue Prozesse aktivieren. Gibt es hingegen zum Beispiel Schwierigkeiten mit den Finanzen in deinem Leben, mach nicht den Fehler, einfach nur noch härter zu arbeiten und dabei komplett zu vergessen, was du eigentlich gern tust. Spielen erschafft inneren Raum, Raum für neue, bessere Einfälle. Wenn du mehr Freiraum für Gefühle und Geist zulässt, holst du mehr Freude und Lebenskraft in dein Leben. Nun kann das höhere System – das lebendige, bewusste Universum, in das du eingebettet bist – wieder in Kontakt mit dir treten und dich intensiver mit der Quelle aller Kreativität verbinden.

…

Vor einigen Jahren wachte ich eines Morgens auf und fühlte mich nur noch ausgelaugt. Damals gab ich regelmäßig Seminare auf verschiedenen Kontinenten. Ich hatte mir einfach zu viele Termine aufgeladen. Als Reaktion kamen von meinem inneren Kind zuerst nur Miniimpulse rein, einfache Wünsche in Form eines Bauchgefühls, zum Beispiel »Ich möchte ein neues T-Shirt« oder »Lass uns 'ne Kaffeepause machen«. Als ich tieferen Kontakt aufnahm, wurde mir schnell klar, dass mein inneres Kind wütend auf mich war. Ich fragte: »Was würde dich richtig glücklich machen?« Die Antwort kam sofort: »Ich will heim.« Und: »Wir könnten doch von zu Hause aus Webinare anbieten.« Das war sehr überraschend für mich. Sofort kamen weitere Einfälle: »Wir könnten uns von zu Hause aus mit den Seminar-Teilnehmern verbinden, und

sie können sich bequem von zu Hause aus weiterentwickeln. Das
wäre doch schön.« Ich fühlte mich sofort wie ausgewechselt. Ich
spürte: Jetzt erhalte ich mein Leben zurück. Offensichtlich war
ich seit einiger Zeit sehr gestresst, ohne es richtig zu merken. Der
Kontakt mit meinem inneren Kind machte mir klar: Nach Jahren
des Reisens von Workshop zu Workshop wollte ich einfach mehr
Zeit für meine Beziehung haben und für alles, was mir im Leben
neben der Arbeit noch wichtig ist.

…

Timur, während du hier und jetzt mit mir sprichst, bleibe ich die
ganze Zeit über voll und ganz mit meinem inneren Kind verbunden, und das ist der Grund, warum du dich im Gespräch mit mir
verbunden fühlst. Denn ich bin voll und ganz hier anwesend.
Würde ich andauernd reflektieren, zum Beispiel »Was soll ich als
Nächstes sagen?« oder »Wie wirke ich gerade?«, wäre ich von
meinen Gefühlen, von meinem inneren Kind getrennt. Ich wäre
nicht mehr mit mir selbst verbunden. Dann könnte ich auch dich
nicht mehr fühlen und hätte kein Gespür mehr für das lebendige
Spiel in unserer Interaktion.

Übung

Ich bitte dich jetzt, nach innen zu spüren und dein inneres Kind
zu fragen, was es sich für dich in Zukunft wirklich wünschen würde. Was siehst du, wenn du eine so wirklich wichtige Entscheidung für dich treffen würdest? Und ja – es kann dir gelingen, auf
diesem Weg Schritt für Schritt die richtigen Entscheidungen für
eine wichtige Weichenstellung im Leben zu treffen. Also, falls du
schon bereit bist: Frag jetzt dein inneres Kind. Was wünscht es
sich für dich in Zukunft wirklich?

…

Und noch einmal: Was fühlt sich für dein inneres Kind wirklich freudvoll an? Denn wenn du von heute an wirklich glücklich sein möchtest, ganz sein möchtest, sollten alle deine Entscheidungen mit Freude gefällt werden: Was wird mir wirklich die meiste Freude bringen? Für das innere Kind? Für uns beide zusammen?

Erwecke einen Geist der Freude in dir und bringe ihn mit den Gefühlen deines inneren Kindes zusammen. Arbeitet gemeinsam an eurem Ziel, arbeitet zusammen. Und wichtig: Es sollte euch beiden erst einmal piepschnurz egal sein, was die Welt von euch und von eurem Vorhaben denkt.

Pardon, wie meinen?

Du hast schon richtig gehört. Es geht zuerst darum, dass du deinem inneren Kind wirklich treu bleibst. Mit anderen Worten: dass du dich selbst unbedingt wieder vollständig spürst. Nur darum geht es an dieser Stelle! Wichtig sind also erst einmal nur du und dein inneres Kind. Bleibt eurem inneren Austausch treu. Geht erst einmal keine weiteren Verpflichtungen ein, keine Kompromisse – mit niemandem. Halte einfach diese frische Verbindung mit deinem inneren Kind weiter aufrecht und spüre, welche Mitteilungen kommen.

Beobachte, welche Kräfte oder Gedanken dich eventuell davon abhalten möchten, die ersten konkreten Schritte zu tun, um einige dieser Impulse im Leben umzusetzen. Es kann sein, dass sich nach einer Entscheidung, die du zusammen mit deinem inneren Kind fällst, neue Gefühle melden, die dir ebenfalls Wichtiges zu sagen haben. Später kann dein Erwachsenen-Ich in Ruhe entscheiden, wann und wie ihr eure neuen Ziele erreichen könntet und welche Kompromisse für gewisse Zeit eventuell in Kauf genommen werden müssen. Mit ein wenig Übung wirst du stets die richtigen Worte für dein inneres Kind finden und ihm direkt über

Gefühle deine Entscheidungen vermitteln. Du wirst stets liebevoll mit ihm verhandeln, auf eine respektvolle Weise, damit es deine Entscheidungen als Erwachsener versteht. Steh absolut zu deinen wahren Gefühlen. Steh für dein inneres Kind ein! Und wenn deine Gefühle zu dir durchkommen, achte besonders auch auf deine Körpergefühle. Das Wichtigste: Wenn ein wichtiger Wunsch oder eine Entscheidung anstehen, geht ihr gemeinsam durch den Entscheidungsprozess. Wie fühlt sich eine neue Entscheidung für dich an – etwa, dass sich dein zukünftiges Handeln im Leben konsequent auf mehr Freude und echtes Glück im Leben ausrichten wird? Wie fühlt es sich an, zu spüren? Ich werde meine Gefühle nicht mehr verleugnen. Wie fühlt sich die Entscheidung in deinem Körper an? Ich werde in Zukunft konsequent gemeinsame Entscheidungen zusammen mit meinem inneren Kind treffen. Und wie würde es sich anfühlen, diese Lebensentscheidung Wirklichkeit werden zu lassen? Arbeitet von jetzt an kontinuierlich zusammen. Du zusammen mit deinem Kind, mit der Fülle und Lebendigkeit in dir, die all deine Gefühle für dich aufbewahrt haben. Bis heute.

Woche 3

ENTWICKLE DICH VON INNEN HERAUS

Familien und der geistige Rat

Dein inneres Kind spürt, dass es dir jetzt ernst ist mit deiner Entscheidung, deinem Potenzial, Freude zu empfinden, einen gebührenden Platz in deinem Leben einzuräumen. Konzentrieren wir uns auf den Kern unserer Gefühle: Was möchte dein inneres Kind dir jetzt sagen? Was fühlt es, während du an diesen Entschluss denkst, glücklich zu werden? Und was fühlt dein inneres Kind in diesem Moment?

Es meldet sich ein starker Wunsch, der mich überrascht: Ich möchte mehr Zeit mit meinen Eltern verbringen. Ich merke … die uns verbleibende Zeit ist kostbar.

Deine Seele hat aus einem sehr guten Grund die Herkunftsfamilie ausgesucht, in die du schließlich hineingeboren wurdest. Auch wenn es manchmal zu schmerzhaften Begegnungen kam, sind das die Menschen, mit denen du dich am besten weiterentwickeln kannst – in diesem Leben. Wenn wir mit den Menschen, die wir innig lieben, mehr Zeit verbringen, sollten wir nicht versuchen, dabei erwünschte Ergebnisse zu erzwingen. Wir können üben, in den Dramen, die sich vielleicht noch abspielen mögen, einfach präsent zu bleiben. Verteidige dich nicht automatisch, falls etwas in deinen Eltern oder in deinem Bruder hochkochen sollte, das sie dir vorhalten könnten. Urteile nicht über das, was geschieht, sondern mach dir die Themen und Schmerzen bewusst, die noch ausgedrückt werden möchten, und mit Sicherheit wird es zu wichtigen und heilsamen, herzöffnenden Begegnungen kommen.

Leichter gesagt als getan. Manchmal ist es ja bekanntlich schwierig, gerade mit der eigenen Kernfamilie harmonisch zusammenzuleben. Wir lieben uns, aber …

Falls du glaubst, dass du im Leben schon eine Menge Fortschritte gemacht hast, wenn du dich sogar bei dem Gedanken ertappst, du stehst quasi kurz vor der Erleuchtung, besuche deine Kernfamilie. Über das Wochenende, nur für ein paar Tage … das rückt manches zurecht. Wenn ihr wirklich gemeinsam an Kernthemen eurer Familienkonstellation arbeiten könnt, bis alle im Gleichgewicht sind und bleiben, ihr euch also nur noch wenig bis gar nicht mehr gegenseitig triggert, dann hast du, habt ihr wirklich gute spirituelle Arbeit geleistet.

Wir alle spiegeln uns gegenseitig auf diesem Pfad. Sieh dir also bewusst genau an, warum und wann deine Mutter oder dein Vater bei dir etwas auslösen. In welchen Situationen gehst du in den Widerstand? Vergiss dabei nicht, weiter bewusst zu atmen, auf deinen Atem zu achten, selbst wenn du dich zu Hause im Zentrum eines Zyklons wiederfinden solltest. Du lernst gerade im gemeinsamen Feld mit deinen Liebsten, nicht länger einfach nur Gegendruck zu erzeugen. Wenn du das verstehst und immer besser umsetzt, kann dich das Geschehen berühren und verwandeln. Dabei kannst du spüren, dass es nicht dein Vater oder deine Mutter sind, die sich ändern müssen. Dass es nicht dein Partner ist, der den nächsten Schritt machen sollte. Du lernst, dass du selbst dich ändern musst. Wie also reagierst du auf typische Situationen? Auf eventuelle Provokationen? Und duck dich nicht vor den heftigen Themen weg, vor Situationen, die dir unter die Haut gehen. Wir alle haben uns unsere Herkunftsfamilien aus einem guten Grund ausgesucht, und dieser Grund heißt: bestmögliches Aufwachen – also das maximal bestmögliche Erkennen und Meistern der Wirklichkeit. Jetzt. Denn deine Liebsten sind in diesem Leben immer der beste Spiegel, den du dir überhaupt wünschen kannst …

Du lernst also jetzt, zu beobachten, ob du in Interaktion mit deiner Familie wirklich zentriert bleibst. Auch die tiefer liegenden Themen, die bei solchen Begegnungen aufkommen, spielen eine wichtige Rolle: Warum hast du dich überhaupt für dieses Leben entschieden? Und wenn wir hierzu etwas in uns selbst transformieren, wandelt sich immer etwas in den Menschen, die uns nahe sind. Wir stoßen in ihnen einen Prozess der guten Entwicklung an. Wenn wir Menschen endlich so lieben können, wie sie sind, wenn wir sie in unser Herz schließen und nicht beurteilen, verändert dies ihr Leben sofort.

Timur, was fühlst du gerade dabei?

Auch heute noch fühle ich mich manchmal unter den Augen meiner Eltern, als ob ich ein ganz anderer Mensch wäre. Ich verhalte mich oft nicht mehr so, wie ich mich eigentlich kenne. Es kommen alte Unsicherheiten hoch, und das Potenzial für neue Missverständnisse scheint manchmal endlos.

Glaube mir, ich weiß, was du meinst. *(Lacht.)* Von Kindheit an haben mir meine Eltern immer gesagt: »Das kannst du nicht. Dafür bist du nicht gut oder nicht groß genug!« Sie konnten einfach nicht anders. Sie mussten das tun. Mit meinen Geschwistern haben sie das auch gemacht.

Aber warum war das so?

Das wurde im spirituellen Rat, im Leben zwischen den Leben, so vereinbart – dort, wo wir als Geistwesen gemeinsam beschließen, wie wir das nächste physische Leben so gestalten, dass wir uns gemeinsam bestmöglich weiterentwickeln. Meine Eltern kannten von Anfang an meine Fähigkeiten und Schwächen. Sie wussten von Anfang an, in welchen Bereichen und Themen ich mich weiterzuentwickeln hatte. Vielleicht nur unbewusst – aber sie konnten es spüren. Sie wussten also, dass ich in diesem Leben so manchen Kick brauchen würde, um mein Potenzial zu wecken. Sie mussten mich so behandeln, als ob sie von Anfang an wussten, dass viel mehr in mir steckte. Das heißt, schon früh war meinen Eltern auf ihre Weise klar, dass ich meine eigentlichen Talente noch gar nicht lebte. Sie hatten sich freiwillig für diesen unbequemen Job entschieden, mir jeden Tag aufs Neue einen Push in die richtige Richtung zu verpassen. Und das war manchmal hart für mich.

Auf Ratsebene ist alles, was im irdischen Leben geschieht, sinnvoll. Doch noch vor der körperlichen Geburt verlassen wir diesen Raum unseres geistigen Rates – und haben von einer Sekunde auf die nächste vergessen, was dort beschlossen wurde. Sonst wäre es uns gar nicht möglich, die vereinbarte Erfahrung im Leben zu machen. Denn das eigene Wachstum hängt von unseren bewussten Entscheidungen ab. Wir müssen also herausfinden, wofür wir uns wirklich entscheiden und warum. Auch deswegen besteht unsere Aufgabe in diesem Leben darin, uns zu erinnern, wer wir eigentlich sind und was wir für dieses Leben beschlossen hatten. Wir erinnern uns im Leben immer wieder an bestimmte Ausschnitte unserer Seelenaufgaben und integrieren diese Teile in unser Leben. Dabei schließen wir jedes Mal einen Abschnitt unserer Seelenreise in diesem Leben ab.

Bei mir brauchte es 27 Jahre, um all das zu verstehen und dadurch meine eigene, authentische Kraft zu reaktivieren. Rate mal, was exakt am nächsten Tag passierte, nachdem ich die geistige Abmachung, sozusagen den »Vertrag« mit meinen Eltern, vollständig erfüllt hatte? Mein Vater lud mich spontan zum Essen ein. Meine Mutter war auch da. Das Erste, was sie zu mir sagten, war: »Wir sind so stolz auf dich. Du hast alles richtig gemacht, und wir lieben dich so sehr!« Sofort war mein Ego zur Stelle, und ich wollte erwidern: »Und das sagt ihr mir jetzt? Nach so vielen Jahren?« Aber ich öffnete mich dafür, was die beiden eigentlich ausdrücken wollten, und ich konnte die Botschaft dahinter spüren. Ich akzeptierte den Schlüssel, den Kern dieser Lektion. Das konnte ich, denn ich hatte ja meine Hausaufgaben gemacht und kam bereits mit neu gefundenem Selbstvertrauen zu diesem Treffen.

Auf Ratsebene war der Vertrag von beiden Seiten her also erfüllt. Sofort veränderte sich die Beziehung, die wir zueinander hatten: Meine Eltern mussten sich nicht mehr länger so verhalten wie in meiner Kindheit und Jugend. Sie konnten mir endlich die Anerkennung geben, nach der ich mich vorher so gesehnt hatte – in der Zeit, bevor ich meinen eigenen Teil der Abmachung erfüllte. Seither hat sich das Verhältnis zu meiner Familie grundlegend geändert, auch weil dieses Sehnen in mir, endlich gesehen, belohnt und vollständig geliebt zu werden, einfach so weggefallen ist.

Genau so funktioniert eben die spirituelle Arbeit in Familien: Wir sagen Ja zueinander, bevor wir dieses Leben beginnen, und verhalten uns im Leben so, wie es füreinander ganz besonders hilfreich ist. Auch wenn es dabei sehr unangenehm zur Sache gehen kann, unterstützen wir uns gegenseitig beim Erwachen: durch das gegenseitige Erkennen und Aktivieren von Themen, um die es in unserer Entwicklung wirklich geht.

Was ist mit den vielen Menschen, die ihren Familien Vorwürfe machen, den Koffer packen, möglichst weit wegziehen und sich mit neuen Freunden umgeben? Die sich lieber auf die Suche nach einer »neuen Familie« machen, weil die alte so »unliebsam« und »schwierig« ist?

Sie werden früher oder später auf Menschen treffen, die sich genauso oder zumindest ähnlich verhalten, wie es Mutter und Vater schon getan haben, und die somit dieselben Gefühle und Themen aktivieren und dabei Wunden in ihnen aufreißen können. Das eröffnet eine neue Gelegenheit, genau das zu klären, was eben früher oder später in einem aufgedeckt und geklärt werden muss. Aber dazu muss man sich bewusst machen können, was gerade passiert. Mit Familienmitgliedern oder ihren »Stellvertretern« können Gefühle und Reaktionen ziemlich spontan hochkochen, wenn wir mit ihnen interagieren. Und das kann uns mitunter überfordern.

Ich glaube, das kennt fast jeder.

So funktioniert nun mal die Arbeit auf Ratsebene, denn du solltest vor allem eines verstehen: In erster Linie sind wir unsterbliche Geistwesen, die miteinander durch Raum und Zeit reisen und dabei lernen – miteinander und voneinander. Wir sprechen uns vor jedem neuen physischen Leben ab, wie wir uns gegenseitig beim nächsten Entwicklungsschritt unterstützen werden. Wir sprechen uns zu allem ab, was wir in diesem Leben auf dem Planeten zu meistern haben oder meistern wollen. Deshalb triggern wir untereinander zum Beispiel gegenseitig noch nicht ausgesöhnte oder noch im Verborgenen liegende Gefühle, die wir noch verstehen und integrieren müssen. So etwas kann auch in einer Freundschaft oder in der Partnerschaft der Fall sein. Wir helfen uns gegenseitig beim Aufwachprozess. Mache ich mir diese Prozesse bewusst, kommt der Moment der freien Wahl hinzu, der aktiven Entscheidung: Gebe ich meinem Gegenüber die Schuld für eine bestimmte Situation? Für schwierige Gefühle, die in mir entstehen? Oder ehre ich, dass er oder sie was auch immer auf den Tisch gebracht hat, damit es endlich gesehen, gefühlt und verstanden werden kann? Wende ich meinen Blick endlich vor allem nach innen, um genauer zu fühlen und besser zu verstehen, was das in mir auslöst? Wenn ich das schaffe, wird sich meine Beziehung mit der anderen Person auf eine neue Frequenz heben und wir können diesen Lernabschnitt gemeinsam meistern.

Vergiss also nie: Wir sind im Kern Geistwesen, die alle miteinander eine Reise angetreten haben. Wir haben uns verabredet, in diesem Leben bestimmte Menschen zu treffen und bestimmte Ereignisse in unserem Leben zuzulassen. Wir haben dem schon zugestimmt, weil wir über das Entwicklungspotenzial jedes Einzelnen von uns bereits Bescheid wussten.

Leid mit der Wurzel ausreißen und heilen

Bei all dem hilft es natürlich, die Perspektive des inneren Kindes besser zu verstehen. Ab und zu begegnen uns Menschen, bei denen wir das Gefühl haben, dass sie mit ihrem inneren Kind noch nicht verbunden sind. Sie können ihm noch nicht die notwendige Aktionsfreiheit gewähren. Deshalb wirkt so jemand in mancherlei Hinsicht irgendwie unterentwickelt, oft unterdrückt, manchmal regelrecht kindisch. Sein inneres Kind hat sich noch nicht entfalten und erwachsen werden können. Vielleicht bleibt es bockig und rebellisch wie ein Teenager oder vielleicht einfach nur traurig – obwohl es eigentlich über ein geradezu visionäres Potenzial verfügt.

Daher ist es so wichtig, dass wir uns immer unserer wahren Bedürfnisse und Gefühle bewusst werden bzw. uns diese Gefühle überhaupt erst einmal zugestehen. Das innere Kind drängt uns praktisch dazu, alles loszulassen, was wir bisher im Leben für wichtig oder notwendig hielten. Es möchte, dass wir die Mauern und Barrieren in unseren Köpfen und unseren Herzen niederreißen, weil sie uns von der ganzen Bandbreite unserer komplexen Emotionen trennen. Um dies zu erreichen, sollten wir alle unsere Themen, die mit dem Wunsch nach Kontrolle verbunden sind, akzeptieren und bewusst »durchfühlen«, etwa wenn wir uns verstellen und so tun, als ob wir ein ganz anderer Mensch wären, und (irgendwann sogar vor uns selbst) unsere wahren Bedürfnisse verschleiern.

Meinst du, dass das viele tun? Warum sollte man sich verstellen?

Im Laufe des Erwachsenwerdens kam für jeden von uns ein Moment, an dem uns durch die Gesellschaft oder durch nahestehende Menschen klargemacht wurde, dass wir so, wie wir sind, nicht genügen. Also begannen wir uns zu verändern, uns zu verleugnen. Wir verdrängten Neigungen und Überzeugungen und ließen neue zu. Deswegen kann das innere Kind in uns äußerst frustriert, sogar gereizt darauf reagieren, wenn wir unsere authentischen Anteile verleugnen oder ignorieren.

Ich kenne diese Spaltung noch aus der Zeit, als ich noch in Dublin meine Firma leitete. Es fühlte sich für mich folgendermaßen an: In der Geschäftswelt hat mein inneres Kind (von dem ich zu jenem Zeitpunkt bereits wusste) nichts zu suchen. Also sorgte ich für eine künstliche Trennung in meinem Leben: Ich erschuf falsche Identitätsanteile und redete mir ein, dass die Geschäftspartner und gewisse Freunde, mit denen ich viel Zeit verbrachte, nicht sehen sollten, wer ich wirklich war. Wie sollten wir uns aber vielmehr von Herzen freuen, wenn unser inneres Kind einen Weg zurück in unser Leben findet. Wenn wir es schaffen, auf uns selbst, auf unsere Gefühle zu achten, ihnen zu vertrauen, zu ihnen zu stehen, würden wir wieder ganz werden, im Handeln vereint mit unseren Impulsen. Nur so können wir innere Unsicherheiten annehmen, die wir manchmal sehr lange mit uns herumtragen, und die Frustration, die mitunter damit verbunden sein mag.

…

Wenn durch den Kontakt mit deinem inneren Kind alte Gefühle aus der Kindheit auftauchen, kann es sein, dass du erst einmal mit negativen Emotionen konfrontiert wirst. Gleichzeitig stehst du diesen neu zu fühlenden Emotionen gewissermaßen Rede und Antwort, warum du dich erst jetzt mit ihnen verbindest. Es kann sein, dass du erst einmal die Bitterkeit und Frustration des inneren

Kindes zu spüren bekommst, das du so lange ignoriert hast. Diese Reaktion mag sich bald ändern, wenn du in Liebe offenbleibst. Auf dich wartet ein neuer Austausch zwischen dir und deinen Potenzialen, die alle (neu) entdeckt werden wollen.

Und für all das braucht es keine langwierige Psychotherapie?

Ich würde einfach nur geduldig, liebevoll und achtsam weiter den Kontakt mit deinem inneren Kind suchen und halten. Es braucht Zeit, eine neue Freundschaft mit ihm aufzubauen. Unternehmt von Zeit zu Zeit etwas miteinander. Du kannst dich nach innen wenden, indem du die Hände auf den Bauch legst, atmest und dich auf diese Weise, mit diesem Gefühl nach innen wendest:

»Es tut mir leid, dass ich dich ignoriert habe.«

»Dass ich die Augen vor dir verschlossen habe.«

»Dass ich dir nicht vertraut habe.«

»Dass ich nicht an dich geglaubt habe und dir keinen Raum gelassen habe.«

»Ich lade dich jetzt in mein Leben ein.«

»Ich lade dich in mein Herz ein.«

»Ich lade dich dazu ein, durch mich zu sprechen. Durch mich zu fühlen.«

Gerade der letzte Punkt ist so wichtig, weil du ohne die Verbindung zu allen deinen Gefühlen keinen Anschluss an deine wirkliche Herzfrequenz finden wirst. An das, was du im Herzen, im Kern wirklich bist.

Und noch etwas ist zu beachten: Unser inneres Kind muss fühlen können, dass wir es wirklich unter allen Umständen beschützen werden. Buchstäblich bis aufs Blut, um es vor jeder Gefahr zu schützen. Es geht hier natürlich nicht darum, dass man dies wirklich tut. Aber es geht um das Gefühl wahrhaftiger Entschlossenheit, das du in dir aufbaust – für dein inneres Kind und damit für dich selbst – und das du aufrichtig fühlst. Sende ihm die folgenden Impulse und versichere ihm, dass du es um jeden Preis beschützen wirst:

»Von jetzt an werde ich dich beschützen!«

»Du bist mir jetzt sehr wichtig, und ich werde dich nicht mehr vergessen!«

»Ich werde dich beschützen!«

»Es tut mir leid, dass ich dich vergessen habe. Es tut mir leid, dass ich dir nicht vertraut habe. Es tut mir leid, dass ich dich nicht gesehen habe. Dass ich nicht mit dir mitgefühlt hatte. Dass ich dich nicht genährt habe. Dass ich deinen Schmerz nicht gefühlt habe. Dass ich deine Gefühle nicht erspüren konnte. Dass ich deinen Gaben nicht getraut habe. Dass ich vor dir weggelaufen bin. Dass ich mich deiner geschämt habe. Dass ich deine Gefühle gefürchtet habe.«

»Ich fühle dich jetzt. Ich höre dich. Ich unterstütze dich. Ich vertraue dir. Ich habe mich geändert.«

...

Ab jetzt stattest du am besten deinem inneren Kind jeden Tag einen Besuch ab. Finde heraus, was es sich wirklich wünscht. Das dir antwortende Gefühl kann in deinem Körper förmlich umherspringen: vom Bauch in die Herzregion und in den Kopf und zurück. Frage dein inneres Kind, frage dich selbst: »Woran hast du Freude, was willst du heute unternehmen?«

Sei stets aufrichtig zu ihm, damit es sich bei dir wohlfühlen und dir endlich bedingungslos vertrauen kann. Das ist eine sehr wichtige Verbindung und es braucht Zeit und Ausdauer, sie wiederaufzubauen. Egal, in welcher Situation ich mich befinde, ich lade zuallererst mein inneres Kind in mein Herz ein – verbinde auch du dich wieder mit deinem Herzen und mit den Emotionen, die dabei auftauchen mögen. Wir waren viel zu oft im Leben mit ganz anderen Dingen beschäftigt. Unsere neu etablierte Verbindung mit dem inneren Kind ermöglicht jetzt eine ganz neue Ausrichtung, die du ihm mitteilen kannst:

»Ich bin jetzt hier. Ich lade dich jetzt ein, zurück in mein Herz zu kommen. Und wenn du willst, kannst du mich sehen. Du kannst mich jetzt fühlen. Du kannst dir meiner wieder bewusst werden.«

Wahrnehmen, was du gerade fühlst, und dein Empfinden schätzen zu lernen, ist im Grunde alles, was dein inneres Kind jetzt von dir erwartet. Es möchte gehört und gespürt werden, zum Beispiel, indem du sagst: »Oh, ich merke schon: Du fühlst dich nicht gut. Was wir gerade tun, frustriert dich.« Und: »Ich kann dich verstehen.« Sobald diese Worte bewusst gedacht oder laut ausgesprochen wurden, sind deine Gefühle gewürdigt worden und die Energie dahinter kann sich transformieren. Du musst nicht unbedingt unterbrechen, was du als Erwachsener gerade tust (oder tun zu müssen glaubst). Dein inneres Kind wird es verstehen – wenn du offen mit ihm darüber gesprochen hast, ihm es erklärt hast, warum »wir« das gerade tun.

Mir fällt auf: In modernen Gesellschaften ist die Kindheit oft recht kurz, und sie wird zunehmend kürzer. Spielt es eine Rolle, dass wir zum Beispiel oft keine Zeit und Gelegenheit mehr finden, Gefühle auszureifen und Visionen auszuleben?

Erwachsene bürden gerade Kindern viele Pflichten auf! Mir fällt auf, dass viele Heranwachsende ihre Kindheit und Unschuld zu schnell hinter sich lassen und dass sich der Übergang vom kleinen Kind zum Teenager mittlerweile im Schnelldurchlauf vollzieht. Dabei ist es so wichtig – natürlich schon als Kind und als Erwachsener – zur Neugier des Kindes in sich selbst zurückzufinden: einfach Spaß zu haben, spontan zu sein wie ein Kind. Geht also »zusammen« eine Runde in den Zoo, holt euch eine Kugel Eis, nehmt euch etwas vor, das sowohl »dir« als auch dem inneren Kind Freude bereitet. Und spürt diese Freude!

Hast du mal beobachtet, was passiert, wenn ein Kind hinfällt? Ein Kind, dem es sonst eigentlich sehr gut geht, das zum Beispiel gerade mit Spielkameraden glücklich spielt? Es fällt hin, schreit und weint laut, schüttelt sich ein bisschen – und schnell ist die Energie verflogen. Es liegt in der Natur eines Kindes, schnell zu vergessen, das Spiel wieder aufzunehmen. Und was passiert, wenn ein Erwachsener stürzt? Sofort ist er auf den Beinen und verkündet lautstark, dass alles gut ist – im Zweifelsfall verkündigt er sogar, dass er gleich zurück an die Arbeit gehen wird. Aber nichts ist hier gut! Tief in ihm drin haben sich unterdrückte Gefühle und neue unangenehme Empfindungen gemeldet, Energien, die aktiviert wurden und weiter rumoren werden. Und die er jetzt einfach wegschiebt.

Indem wir aber ständig unsere Gefühle wegschieben und sofort zurück in den Kopf springen, verletzen wir uns nur selbst und koppeln uns weiter von uns selbst ab. Doch die Verbindung zum Fluss des Lebens ist für das innere Kind das Einzige, was zählt. Es will durch die Gefühle mit der Schöpfung verbunden sein, mit dem Wunder des Lebens. Es will mit dem Leben selbst spielen, und das die ganze Zeit! Es möchte sich mit diesem Lebensfluss verbinden, mit der Kraft, die durch unsere Zellen fließt. Diesen Fluss direkter Gefühle und Körperwahrnehmungen direkt zu erleben, bedeutet, wieder mit dem Kern unseres eigenen Wesens verbunden zu sein. Das können Kinder uns zeigen, und das ist das größte Geschenk. Diese Verbindung verschafft uns Wohlbefinden. An diesem Ort der Verbindung will das innere Kind eigentlich ständig sein, und wenn wir es ermöglichen, ist es auch gleich da. Genau das müssten wir begreifen und wieder in uns zulassen.

Ich habe mich über die Tage mit meinem »Kleinen« in mir verbunden. Wir fangen nicht nur an, Spaß zu haben, ich kriege langsam den Verdacht, dass mein inneres Kind eine Art Wächter meiner inneren Weisheit sein könnte. Mein Gefühl sagt mir, dass mein inneres Kind der wahre Meister ist, eine Art weise innere Instanz, die in mir lebt. Was hältst du davon?

(Damien lächelt.) Eine Blume ist nichts als eine Blume. Sie versucht nicht, etwas anderes zu sein. Das innere Kind ist tatsächlich unsere wahre Verbindung zum Sein, das heißt dynamisch gesehen: zu unserer ursprünglichen Entwicklungsfrequenz. Zu einem Veränderungsfluss in uns, der uns zu dem Menschen macht, der wir immer hätten sein sollen. Verbinden wir uns ab jetzt an jedem Tag mit unserem inneren Kind. Es ist das Tor zu unserer inneren Meisterschaft. Gib deinen vernachlässigten Gefühlen Raum und Zeit und habe Spaß dabei.

Alle Verbindungen zu deinen wahren Gefühlen sind immer noch vorhanden und warten darauf, in dir reaktiviert zu werden. Du brauchst nur zu vertrauen und zuzuhören. Gerade das, was wir häufig als Schwäche interpretierten, kann einfach nur wundervoll sein. Sich voll und ganz in die Entwicklungslogik zu begeben, die wir hier »inneres Kind« nennen, ist ein Meilenstein auf dem Weg zur Entdeckung unseres vollen Potenzials. Wir müssten uns nur erlauben, bewusst ins Gefühl zu gehen und von dort aus Veränderung geschehen zu lassen.

…

Nachdem ich mich zum ersten Mal im Leben mit meinem inneren Kind wieder verbinden konnte, kam mir sofort der Gedanke: »Jetzt muss ich mein Leben komplett verändern, damit mein inneres Kind immer glücklich sein kann.« Aber das ist gar nicht der Punkt. Es geht schlicht und einfach um die Verbindung. Das innige Gefühl, das Herzensgefühl. Es geht um ganz einfache Konversation. Man spürt hinein und erfährt die Antwort. Man kann zum Beispiel jeden Morgen fragen: »Hey, wie fühlst du dich denn? Ich kann uns heute etwas Zeit freischaufeln, eine halbe Stunde über Mittag! Was würdest du denn gern unternehmen?«

Nach ein paar Unternehmungen war die Verbindung zwischen mir und meinem inneren Kind schon viel stärker geworden. Ich war erstaunt, wie wenig mein inneres Kind verlangte, wie gut es sich schon nach einigen bewussten Worten fühlt und mir das zurückspiegelt – dies geschah einfach dadurch, weil ich wirklich für das innere Kind da war; ich war bereit, zuzuhören und es zu fühlen. Ich konnte spüren, dass es schon glücklich und aufgeregt war, insbesondere, wenn ich ihm versprach, mir mehr Zeit für gemeinsame Aktivitäten zu nehmen, und dieses Versprechen einhielt.

Falls du einen Impuls zu etwas verspüren solltest, das du seit geraumer Zeit nicht mehr getan hast, etwa weil es nicht mehr zu deiner erwachsenen Persönlichkeit zu passen schien, dann tu es jetzt. Geh in den Wald. Oder in die Wildnis, falls dich das verlockt. Du kannst dir die Sterne oder die Wolken ansehen. Einfach so. Was auch immer es sein mag: Von nun an sollten du und dein inneres Kind zusammenbleiben und euch gegenseitig inspirieren. Als Summe deiner Gefühle ist das innere Kind der Schlüssel zu allen weiteren Aspekten deines Lebens – zu Erfolg, Erfüllung, Kreativität, Weisheit. Dadurch entsteht im Kern neues Vertrauen in dich selbst. Wenn du wirklich mit dir selbst verbunden bist, kannst du für andere Menschen da sein. Du kannst sie immer besser verstehen. Irgendwann kannst du nämlich auch ihre inneren Kinder wahrnehmen und was diese zu sagen haben und ausdrücken wollen.

Wie kannst du das alles integrieren?

Bis jetzt ging es in unserem Gespräch vor allem darum, alle Gefühle zuzulassen und zu erforschen. Warum ist das immer so wichtig?

Sagen wir mal, eine Frau hatte einen Abgang in einer frühen Schwangerschaftswoche. Es besteht die Möglichkeit, dass sie danach in depressive Gefühle und Gedanken abdriftet: »Ich bin nicht gut genug und habe es einfach nicht verdient, Mutter zu werden«, so was in der Art. Es kann sein, dass die Wurzeln dieses Denkens und Fühlens im Alter zwischen null und 16 Jahren liegen. In der Zeit, als sich das innere Kind entwickelte. Vielleicht war damals ein Aspekt des inneren Kindes sehr wütend auf die Mutter oder den Vater? Nehmen wir an, es war sogar dermaßen wütend, dass es die Eltern leiden ließ, in der Vorstellung, im Gefühl. In der Folge kann dieser nicht geheilte Aspekt immer noch wirken als ein Gefühl, das weiterhin aktiv ist und jetzt den erwachsenen und damit potenziellen Elternanteil mit beeinflusst. Dieser verwundete Anteil wurde genau in dem Alter eingefroren, in dem das Kind seine unkontrollierten Gefühle nicht mehr auflösen oder verwandeln konnte. Nehmen wir als Beispiel sieben oder 13 Jahre. Wenn also der unerlöste Gefühlssturm der Sieben- oder Dreizehnjährigen immer noch als ein verborgener Anteil in der erwachsenen Person anwesend ist, kann das bei ihrer aktuellen Schwingung, sich nicht vollständig bereit dafür zu fühlen, ein Kind zu bekommen, eine Rolle spielen. Das ist wie eine Feedbackschleife: Es melden sich immer wieder Gefühle aus alter Zeit, unkontrollierbar. Gefühle sind Energien, sie wirken ganz konkret auf uns ein! Und diese Gefühle können, so verrückt es klingen mag, eben auch zu einem Abgang beitragen. Weil die Frau spürt, dass etwas in ihr noch nicht bereit ist für eine Schwangerschaft. Das Vertrauen in das System fehlt, und das wird sie beeinflussen oder wiederum mit ihren Themen in Resonanz gehen.

Wie lautet die Botschaft solcher leiderfüllten Gefühle? Welche Nachricht möchte mir das innere Kind geben?

Vielleicht lautet sie »Vater, Mutter, merkt doch bitte, wie sehr ich leide«, »Schaut her, wie groß meine Schmerzen sind.« Oder: »Seht her, was ihr mir angetan habt.« Es ist der Schmerz des sieben oder 13 Jahre alten Kindes, der heute noch aktiv ist. Dieser Wunsch, die Aufmerksamkeit der Eltern zu erregen, kann sehr mächtig aufwallen, gleich einer wild aufbrandenden Welle aus der

Vergangenheit. Das Thema und die ungeklärten Gefühle brüllen sozusagen durch einen durch. Denn das innere Kind sucht immer noch nach Aufmerksamkeit und der Liebe, die es damals brauchte und heute auch noch.

…

Werfen wir doch einen Blick auf die Informationen, die das innere Kind sendet, um Aufmerksamkeit zu erregen, zum Beispiel: »Ich habe Schmerzen. Ich bin unglücklich. Es ist deine Schuld. Ich hasse dich.« Solche Anschuldigungen äußert ein Erwachsener normalerweise nicht unbedingt aktiv und bewusst. Er reißt sich meist zusammen. Aber er spürt den inneren Sturm, den er sich nicht erklären kann. Ständig strömen Informationen seines inneren Kindes in Form von Gefühlen (oder Gedanken) in sein System. Er verdrängt sie, was nebenbei bemerkt anstrengend ist. Wir müssen mit den Sieben- oder 13-Jährigen im Inneren wieder in Kontakt kommen, gemeinsam den eigentlichen Kernschmerz erkennen und ihn überwinden. Wir können dadurch dem inneren Kind helfen, dass es zu einem erwachsenen Menschen heranwächst. Das Kind hilft uns, indem es die wahrhaften, aber verborgenen Gefühle aufzeigt. Und die brauchst du, damit du – dein ganzes Wesen – endlich wirklich erwachsen werden kann (und damit zum Beispiel eine zuversichtliche und gute Mutter). Wenn der Erwachsene es also schafft, die Wunden seines inneren Kindes so lange bewusst zu spüren und mit ihnen liebevoll zu interagieren, bis diese Gefühle wirklich geheilt sind, kann er den nächsten Schritt im Leben machen. Wenn du es lernst, drängende Gefühle zu erlösen, weil du sie endlich verstehen und annehmen kannst, wird dein Potenzial, wahrhaftig zu leben, Stück für Stück zu dir zurückkehren.

Mit meiner heutigen Lebenserfahrung kann ich immer nur dankbar sein, wenn ich noch mehr Gefühle erhalte und akzeptieren darf. Denn ich weiß und habe erlebt, dass alles, was transformiert werden muss, transformiert werden kann. Mit der Zeit weißt du, dass nichts ohne Grund in deinem Leben auftaucht. Dies ist ein Kern echter Lebenserfahrung, und deshalb möchte ich sie mit dir teilen. Dazu gehört auch: Gefühle sind immer Botschaften. Wenn man aus den Botschaften lernt, die das Leben mit sich bringt, entsteht mehr Lebendigkeit in dir und damit schon neues Leben. Indem ich aus diesen Erfahrungen lerne, kann ich jeden Tag ein bisschen mehr an das Leben zurückgeben. Ich kann dazu beitragen, dass Leben gut gelingt. Und dafür bin ich einfach nur dankbar.

Mir wird nun klar, dass es nicht richtig war, meine Gefühle so lange zu bekämpfen und zu verdrängen. Das hatte ich mir schon in den Jahren vor der Pubertät antrainiert. Jetzt zu erleben, dass es tatsächlich praktische Möglichkeiten gibt, inneren Schmerz zuzulassen und auch zu beenden, hätte ich damals nicht für möglich gehalten.

Ich erinnere mich noch sehr gut an mein jüngeres Ich: Als Jugendlicher litt ich unter vielen Unsicherheiten, und mein Verhalten brachte mich oft in ungute Situationen. Zum Beispiel versuchte ich, zu erzwingen, dass sich mein Leben auf ganz bestimmte Weise entfalten soll, weil ich überzeugt war, das dies nun mal »der richtige Weg« sei und ich es »nur so machen werde«. Damals war ich wie getrieben und habe Entscheidungen immer nur mit dem Kopf getroffen. Damit kreierte ich viel Widerstand, und der ging immer von mir aus. Gleichzeitig konnte der Flow, also die eigentliche Leichtigkeit des Lebens und das intuitive Wissen, das diese Leichtigkeit ins Leben trägt, nie zu mir durchdringen. Denn ich erschuf nur Widerstand. Dies prägte für viele Jahre mein »normales« Leben. Heute erkenne ich, dass viele Menschen noch immer so oder ähnlich leben wie ich damals. Doch die Probleme werden im Lauf der Zeit dann immer nur größer. Es liegt nahe, diese Probleme mit noch mehr Einsatz, Kontrolle, mit Kampf und Krampf lösen zu wollen. Und je mehr Kontrolle ich ausübte, desto weiter drängte ich die Unterstützung durch das Leben von mir ab. Aber ich konnte diese Unterstützung damals nicht einmal sehen, geschweige denn fühlen oder richtig verstehen. Ich war nur ständig dabei, mein wahres Leben zu verdrängen.

Das Leben ist ein viel größeres, auf erstaunliche Weise viel umfassenderes Phänomen, als es den meisten von uns bisher bewusst ist. Es sendet ständig Botschaften an uns aus. Wenn ich diese wahre Intelligenz des Lebens, die auf viele Arten mit uns verbunden ist, ehren kann, wenn ich dieses umfassende, intelligente dynamische System »Leben« respektiere und demütiger werde, statt es kontrollieren zu wollen, wird es mich unterstützen. Dieses ganze vernetzte System kennt uns nämlich bereits bestens. Es kann uns mit vielen Anregungen, Werkzeugen und auf vielerlei kreative Weise neu inspirieren und dabei überraschend effektiv unterstützen. Wenn wir den Flow zulassen, gibt er uns genau das, was wir wirklich brauchen. Um genau dazu einen Zugang wiederzugewinnen, brauchen wir wirksamen Kontakt zu unseren Gefühlen.

…

Als ich schließlich lernte, all das anzuerkennen und dem auch mehr zu vertrauen, hörte ich auf, diese Unterstützung wegzustoßen. Intuition und eine innere Stimme, die sich als stets verlässliche Quelle herausstellte, konnten in mein Leben treten. Du musst keinen Widerstand mehr leisten, sondern du lässt dich auf deinem Weg führen. Du entwickelst dich aus dir heraus, weil du selbst schon Teil des Lebens bist. Also verbinde dich wieder, erkenne und ehre das maßgebende System »Leben« möglichst dank der Kraft deiner ganzen Wachsamkeit und Dankbarkeit.

Um diesen Fluss des Lebens anzuerkennen, müsste ich ja zuerst akzeptieren, dass es etwas viel Größeres gibt als das, was der rationale Verstand akzeptieren kann. Wie kann ich auf etwas vertrauen, das ich weder sehen noch objektiv beweisen kann?

Bleib einfach achtsam. Bleib wach und aufmerksam in deinem täglichen (Er-)Leben.

Wir verschwenden viel Zeit und Energie, indem wir die Türen vor unseren eigenen Wahrnehmungen und Gefühlen verschließen. Wir kriegen so vieles gar nicht mehr mit und verdrängen es sofort, wenn es nicht in unser Bezugssystem passt. Dies gilt natürlich besonders auch für unsere Ängste und Vorurteile. Wenn du all das nur unterdrückst, kämpfst du weiter um Kontrolle. Also – du willst etwas Echtes sehen, etwas Echtes erleben? Geh in dich hinein. Du willst etwas Echtes hören? Geh in dich hinein und höre dir selbst zu. Du möchtest ein bestimmtes Ziel in deinem Leben erreichen? Geh zuerst nach innen, warte ab und bleib dabei offen und sehr aufmerksam. Achtsam. Denn dort innen erhältst du die aktuellsten Informationen, die »Breaking News«. Denn hier finden sich die Gaben, die nur empfangen werden können, wenn man wirklich im Jetzt ist. Jenseits von Gedankenspielen über eine angebliche Vergangenheit und Zukunft und ängstlichen Gedankenspielen.

Wie schaffe ich es, wirklich hinzusehen und hinzuhören? Ich gebe zu, dass ich das verlernt habe. Wie gelange ich an diesen kristallklaren Ort im Inneren, der sich hinter harmlos klingenden Worten wie »Achtsamkeit« und »Selbstliebe« verbirgt?

Einfach indem du im Jetzt bleibst. Indem du bei dir bleibst und länger als sonst hineinspürst, was in dir vor sich geht. Wenn du das meisterst, besteht deine Belohnung darin, dass du immer wieder in dieses Jetzt zurückkommen und dich immer mehr in einen – durchaus gerechtfertigten – glückseligen Zustand versenken kannst. Denn nur im Jetzt kommst du durch direkte Körpererfahrungen, die den Geist erfrischen, wieder in den Fluss. Du kannst erkennen: Wow, das ist wirklich eine erstaunliche, faszinierende Welt. Das Leben ist so unermesslich reich! Wir leben auf einem großartigen

Planeten mit so vielen unglaublichen Menschen. Es gibt in diesem Leben so vielfältige Möglichkeiten, Fülle zu erleben.

Das ist die eigentliche Erlebniswelt deines inneren Kindes. Um dieses Niveau des Erlebens wenigstens ansatzweise von Zeit zu Zeit zu erreichen, tun Menschen bekanntlich eine Menge Dinge, zum Beispiel Joggen, Laufen, Schwimmen oder Klettern. Um in diesem Zustand des Seins allerdings dauerhaft anzukommen und sich dort wirklich zu verwurzeln, müssten wir uns aber auch die wirklich drängenden Lebensthemen ansehen. Denn die sind ja auch im Jetzt! Doch das ist genau der Part, den viele von uns vermeiden. Dann verschafft dir das ewige Joggen, Laufen, Schwimmen, Klettern und so weiter nur eine sehr kurze, begrenzte Befriedigung. Wenn du es aber schaffen solltest, dich deinen schwereren, dichteren Frequenzen, deinen verdrängten Themen zu stellen, dich sogar wieder mit ihnen zu verbinden, sie früher oder später in dein Herz eingehen zu lassen, gelangst du zu höheren Frequenzen echter Freude, Glückseligkeit und Glück. Du musst nichts mehr verdrängen, um dich weiter vom Schmerz abzulenken. Stattdessen wirst du zu einem Profi im Verwandeln von Schmerz. Das ist das Resultat echter Achtsamkeit.

Du hast es schon angedeutet: Viele wollen oder können sich nicht mit ihren nicht ausgelebten und verdrängten Gefühlen verbinden. Sie nennen diese Gefühle »böse« oder »schlecht« und meiden diese aus Prinzip.

Aus Angst …

Ich vermute übrigens, das tun auch viele, die sich als »spirituell« oder »bewusst« bezeichnen.

Es ist der Schmerz – unser Schmerzkörper –, der uns aus dem Jetzt fernhält und rauszieht: die vielen subtilen, kleinen und großen körperlichen und emotionalen Schmerzen, die im Körper eingeschlossen sein können. Wenn ich diesen Schmerzkörper in mir spüre, ohne mich ihm zu stellen, bleibt mir nur übrig, vor den Schmerzen davonzulaufen, sie zu verdrängen. Weil ich sie nicht aushalte, gebe ich mir Mühe, unangenehme Erfahrungen, die trotzdem in mir aufsteigen könnten, zu unterdrücken – durch zu viel Arbeiten, zu viel Arbeit oder Essen, Fernsehen, Alkohol, jede Form von Ablenkung oder Sucht. Wahrscheinlich sind diese Aktionen nur unbewusste Versuche, dem Schmerzkörper zu entkommen. Aber ähnlich wie eine Quelle, die nie versiegt, taucht verdrängter Schmerz irgendwann in mir auf. Deshalb können sich ganze Stränge von Verhaltensmustern, ganze Strategien in dir zusammentun, um zu verdrängen, damit du ja nicht mehr auf den Schmerz schauen musst. Langfristig können sich so alle möglichen neurotischen Verhaltensweisen in dir entwickeln.

Frag dich selbst: Was treibt mich im Jetzt wirklich an? Welche Glaubenssysteme leiten mich in diesem Augenblick wirklich an?

Deine alten Überzeugungen – wie die Dinge zu laufen haben oder wie alles in deinem Leben fest definiert und gefügt sein sollte – bringen dich nicht ins Jetzt hinein. Sie wirken eher wie Schleier, die sich über deine Sicht legen. Das wird die Art und Weise beeinflussen, wie du dich selbst und andere siehst. Je mehr ich diese Schleier loslasse – zum Beispiel die vielen Glaubenssysteme, die mir Eltern, Großeltern oder meine Kultur mitgegeben haben –, desto klarer sehe ich, was in einem bestimmten Moment vor meiner Nase geschieht. Ungefiltert. Ohne Urteile und angelernte Automatismen.

Dies wäre ein Anfang. Ohne Schleier könnte ich schon viel besser wahrnehmen, dass ich mich im Jetzt ständig verwandle und verändere. Wenn du tiefer in deinen Herzensraum gehst, wird dich diese Wahrnehmung zurück ins Jetzt bringen. Der Übergang dauert nur wenige Sekunden oder Minuten. Und von dort aus kannst du alles, was wirklich ist, in eine höhere Frequenz, in die Liebesfrequenz, transformieren.

Die eigentliche Handlung ist wirklich subtil: Mach einfach alles etwas langsamer. Dreh die Zeit ein bisschen zurück, sei für eine Minute einfach etwas langsamer und geh dabei in dein wahres Zentrum, in dein Herz. Ich meine das wörtlich. Spüre deine Gefühle im Herzen. Also noch einmal: Fahr deine Sinneswahrnehmungen zurück und löse dich von dem Drang, sofort auf alles zu reagieren. Geh lieber in das Schweigen, in den Herzensraum. Es ist ein friedlicher Raum, der Nullpunkt, die Basis des meditativen Wesens in uns. Von hier aus kannst du Neues erschaffen und manifestieren.

Und entspanne dich. Bleib bei dir selbst, fühle nach innen.

Und geh noch ein kleines Stück weiter nach innen, nur ein kleines Stück ...

Fühle, fühle, verstehe ein bisschen mehr, ohne Worte, was hier passiert, und warte noch ein wenig länger ab. Es geht hier um den Unterschied zwischen »Ich will mich heilen« und »Ich möchte nur ein wenig länger in mir selbst sein, mich entspannt mit meinem Kontakt zum Leben, mit meiner persönlichen Wahrheit wieder verbinden«. Das eine ist Kampf, das andere schon Integration. Versuche am besten nicht gleich, etwas im Außen zu verändern, bevor es dir nicht gelungen ist, dich wirklich inspiriert zu fühlen. Ergründe zuerst, wie du dich selbst und dein Umfeld in der Situation wahrnimmst, fühle dabei. Und jetzt erst entscheide dich, wie du handeln wirst, um dein Leben zu verändern. Wenn du hingegen möglichst schnell zu Verbesserungen ansetzen und ständig bestimmen willst, wie die Dinge im Leben zu laufen haben, kreierst du nur Widerstand im Feld. Wenn du einfach nur einen Schritt zurücktrittst, dich für eine Minute entspannst, in all das hineinatmest – sogar in Schmerzen, Leid und Unbehagen –, kannst du es gleich jetzt anders wahrnehmen.

Urteile nicht. Entspanne dich lieber und handle aus diesem Zustand heraus. Erfahre den Aufruhr der Emotionen bewusst und mach dich wieder ganz, indem du alle deine Gefühle ins Jetzt integrierst. Einfach, indem du sie anschaust, ohne Widerstand. Ohne Urteil. Es ist eine ganz subtile Kursänderung und ein kontinuierlicher Lernweg. Wenn du die Gefühle in dir erleben kannst, ohne sie wegzustoßen, setzt du Transformation in Gang. Und schon verstehst du mehr. Du musst einfach nur ein klein bisschen langsamer werden. Hast du das ein paarmal trainiert, wirst du besser werden im Umgang mit Gefühlen. Du flüchtest nicht mehr einfach nur in die Angst oder in den Kopf. Du entspannst dich, bleibst weiter wachsam, fühlst.

Halte diese Frequenz, besonders, wenn du im Inneren weiterhin Schmerzhaftes spüren solltest, und die verschiedenen Stufen von Irritation und Abwehr, an die du gewohnt warst, kommen ins Rutschen.

Was du da erzählst, löst in mir das Gefühl aus, als müsste ich aus großer Höhe springen. Mir bricht der kalte Schweiß aus, wenn ich nur daran denke. Es gibt so viele Themen in mir, mit denen ich mich ständig aufs Neue konfrontieren müsste, damit ich so leben kann, wie du es hier anpreist.

Es gibt nichts, womit du dich mit Gewalt konfrontieren müsstest. Es ist ganz wichtig, dass man Mitgefühl mit sich selbst hat, wenn die neuen Themen auftauchen. Mitgefühl, nicht Selbstmitleid! Und ja, es stimmt schon: Einige Dinge können einem ins Gesicht springen, wenn man die Masken abnimmt. Das geht gerade einigen auf der Welt so. Sie sind deswegen frustriert, irritiert und aus dem Gleichgewicht. Weil sie in den Widerstand gehen, statt dem Prozess, der Umwandlung zu vertrauen.

Was mir oft bei meiner Arbeit mit Seminargruppen auffällt: Zu jedem Thema, das wir in einer Gruppe bearbeiten, zeigen sich bei fast jeder Person Aspekte aus diesem Bereich, das heißt, jeder hat Verbindungen zu einem bestimmten Thema, so krass dieses sein mag. Zum Beispiel Selbstmord: Auch wenn man das Thema in der Familie oder bei Freunden gar nicht erlebt hat oder selbst nie

Selbstmordgedanken hatte, können Teilnehmer im Seminar sofort spüren, wie so ein kollektives Thema sie ganz konkret beeinflusst.

Wir sind alle ständig miteinander verbunden, auch mit unseren Themen und Herausforderungen. Wir können uns alle gegenseitig helfen, sie jetzt hinter uns zu lassen. Und das sollten wir jetzt auch. Denn die Dinge ändern sich gerade so schnell, dass wir praktisch alle zusammen einen Sprung ins Unbekannte machen werden. Fast jeder spürt diesen Schubs, den das Leben uns ständig gibt. Wir werden alle gemeinsam die nächsten Jahre durch etwas Großes durchgehen.

Du deutest an, es gibt eine Art kollektive Initiation?

Wir integrieren jetzt alle Schlüssel und Themen, die jeder von uns einst mit hierhergebracht hat. Wenn auch nur eine Person einen Knoten im Inneren lösen und eine neue Frequenz halten kann, beeinflusst das sofort das ganze System. Das gesamte menschliche Feld verinnerlicht diese Frequenz, und das kollektive Feld wächst daran. Wir erwachen gerade zu einem bewussten globalen System und müssen nun alle miteinander herausfinden, wie wir als globale Gemeinschaft in Zukunft leben können. Und das hat ganz konkret mit dir zu tun.

Mit mir?

Ja! Von nun an lautet die grundlegende Frage für dich: Kannst du die Essenz deiner eigenen Weisheit leben? Und wenn du es kannst: Halte diese Flamme. Denn sie wird Auswirkungen haben. Es wird sich etwas verändern.

…

Mir fällt in der Gruppenarbeit auf, dass Menschen plötzlich von allen alten Aspekten befreit werden und darüber staunen:

»O mein Gott, was ist das für ein Gefühl? Das kenne ich ja gar nicht.«

Manchmal gehen sie sogar zurück und suchen nach den alten, vertrauten Mustern in ihrem Leben. Auch wenn sie Schmerzen verursacht haben, waren sie zumindest eine bekannte Ursache. Es fühlt sich irgendwie vertraut an, und damit kann der Verstand gut umgehen. Aber die alten Muster funktionieren einfach nicht mehr. Also, noch einmal: Komm ins Jetzt.

Übung

Was immer du auch in diesem Moment tust, werde zuerst einfach etwas langsamer darin. Werde dir nun deiner Körpergefühle bewusst, während du dies tust (zum Beispiel diesen Text lesen). Zumindest für eine Weile. Und werde dir auch deiner Gefühle in diesem Moment bewusst.

Atme nun etwas langsamer, bewusster und fühle, wie die Atmung allein deine Gefühle transformieren kann.

Wenn du dich nun entscheidest, eine Pause im Lesen zu machen, dann tu es – aber etwas langsamer, als du es sonst tun würdest. Was auch immer jetzt anstehen sollte im Leben – tu es. Aber mit mehr Bewusstsein: Mach dir bewusst, dass du gleichzeitig atmest, fühlst und denkst. Vielleicht kochst du dir ja gleich etwas oder machst dir einen Tee, aber diesmal bitte auf langsamere, bewusstere Art als gewohnt. Falls du dich entscheiden solltest, jetzt jemanden anzurufen, tu es, aber wähle diese Nummer bewusst. Sprich vor allem bewusster ins Telefon. Mach dir bewusst, wie du dich fühlst, wie du atmest, während du fühlst und beobachtest, was du da sagst und tust.

Geh bewusster mit deiner Sprache und mit deinen Reaktionen um. Höre Worte bewusst und gib deinem Gegenüber Zeit, ebenfalls sich selbst zu fühlen. Mach das auch, wenn du diesen Text nun weiterliest oder, wenn du mit dem fortfährst, was du als Nächstes eben tun willst: Werde etwas langsamer, bewusster und lenke deine Aufmerksamkeit dabei nach innen. Du wirst merken, dass dich etwas immer mehr von deinem Zentrum aus führt, dieses Wesentliche in dir kann dich in jeder Situation begleiten und dich aus ihr herausführen.

...

Hast du jemals eine Situation erlebt, in der du Auto gefahren bist und plötzlich etwas wirklich Gefährliches auf der Straße passiert ist? Du reißt das Lenkrad herum und führst ein schnelles Ausweichmanöver perfekt durch. Am Ende weißt du gar nicht mehr, wie du aus dieser Situation eigentlich herausgekommen bist, aber du hast es geschafft. Da zeigte sich dein inneres Wesen, das dich immer leiten und dich aus jeder Situation herausführen kann. So etwas geschieht auf einer tieferen Ebene, jenseits von Theorien wie »dabei handelt es sich nur um Neuronen, die im Gehirn feuern«. Wenn du dich wieder mit deinem wahren inneren Wesen verbindest, wird dich das mit den wahren Geheimnissen des Lebens wieder verbinden. Eine effizientere Unterstützung gibt es nicht – wenn du dich von ihr führen lassen kannst. Von diesem Zeitpunkt an können deine Handlungen immer effektiver und herzensvoller werden. Ein wenig Vertrauen ist schon notwendig, um sich wieder direkt mit dem Leben zu verbinden. Du hast kein Interesse mehr daran, dir noch etwas vorzumachen, stattdessen wagst du es, direkt wahrzunehmen, was mit dir gerade passiert, und das auch wirklich ernst zu nehmen. Wenn sich dieses Gefühl der Einheit zwischen dir und deinem Erleben einstellt, musst du nicht mehr in mentale Fantasien entfliehen, denn du fängst wieder an, eine Verbindung zu deiner eigenen inneren Weisheit herzustellen. So kommt dann auch die Dankbarkeit wieder zurück ins Leben. Dies wird dein Leben ungemein bereichern.

Also: *Sei! Sei im Jetzt!* Fühle und mach von dort aus weiter. Dies wird die Transformation in Gang setzen. Sieh zuerst auf dich, egal was passiert: Wie fühlen sich noch gewisse Irritationen in dir an? Wie fühlt sich Frieden in dir an? Wie fühlt sich Bekanntes, das es in deinem Leben schon länger gibt, *jetzt* an? Und: *Sei. Sei* und spüre den Unterschied zwischen dem reinen Sein im Jetzt – ein Beobachter, der mit seinem Herzen verbunden bleibt – und dem Fokussieren mit dem Verstand auf Gegensätzlichkeiten und Konzepte im Außen, die zu Stress oder Konflikten führen können.

Wie eine Blume.

Sei …

Dies ist die eigentliche Transformation, die alle natürlichen Kräfte und Systeme in dir reaktivieren wird. Wir reparieren nicht mehr an uns herum, sondern reaktivieren unsere innere Weisheit. Je mehr du dazu in der Lage bist, desto stärker wirst du dich auf harmonische Weise verändern und auch dein kollektives Feld wird sich verändern, zum Beispiel das Verhalten von Freunden, Geliebten, von Geschäftspartnern. Aber zuerst einmal bleiben wir bei uns selbst – mit dem inneren Raum. Deinem Raum. Und dazu gehört es natürlich auch, Spaß zu haben, das Leben zu genießen, die Liebe zu leben. Aber stets mit einem wachen Bewusstsein.

Und was – wenn ich fragen darf – passiert dann?

Es könnte passieren, dass du freundlicher, entspannter, hilfsbereiter wirst. Mit dir selbst und mit anderen Menschen. Du wirst Situationen nicht mehr kontrollieren wollen. Auch läufst du nicht mehr länger mit starren Plänen durch die Gegend, die du durchsetzen musst, oder mit Glaubenssystemen, die vom Verstand her definieren, was »richtig« und was »falsch« ist. Dies würde keinen Sinn mehr für dich ergeben. Du wirst fühlen, was wirklich –

sagen wir – in einem Streitgespräch zwischen dir und einer Gruppe von Andersdenkenden vor sich geht. Du wirst deine Gefühle bewusst fühlen, sie verstehen, bei ihnen bleiben, mit ihnen sein. Im Kern willst du einfach nur den Moment wahrnehmen, fühlen, was da wirklich ist, die Gefühle dabei sogar genießen. Ohne den gewohnten Nebel von Urteilen im Kopf. Du wirst dich entspannen. Selbst mitten in einem Streitgespräch. Dir branden vielleicht noch Gefühle entgegen, doch du wirst dich entspannen. Fast schon nebenbei bleibst du offen, zum Beispiel während eines Meetings, um zu sehen, was weiter geschieht. Deine wache Haltung, dein stets offenes Wesen, deine Offenheit für Veränderung wird ausstrahlen, es wird das Feld verändern. Neben offensichtlichen Gegensätzen, die gerade noch ausgefochten wurden, entsteht etwas Neues. Denn wenn du für deine eigenen Gefühle offenbleibst, bist du schon offen für Veränderungen. Jetzt kannst du diese schon besser wahrnehmen. Das spüren alle Beteiligten, denn du bringst diese Haltung ins Spiel. Ins Feld. Und genau das wird das Geschehen beeinflussen.

…

In unserer Zeit entwickelt sich das kollektive Feld ständig weiter. Dies passiert so schnell, und es ist so reichhaltig, was dabei geschieht. Das Einzige, was du tun kannst, ist, präsent zu bleiben. Die alten Programmierungen brechen sowieso zusehends im Feld zusammen, weil sie nicht mehr gebraucht werden. Sie schaffen Raum für neue Fähigkeiten, die du im Inneren entwickeln kannst: dank deiner Achtsamkeit im Moment. Zum Beispiel loslassen können, in jeder neuen Situation gegenwärtig sein, ohne Erwartungen und frei vom Zwang, kontrollieren zu müssen. Was du noch wirklich brauchen solltest, kommt zu dir.

…

Und ja, wir engagieren uns natürlich aktiv für das, woran wir glauben, aber wir arbeiten dabei vor allem und zuerst am eigenen, verwundeten Selbst. Unser Antrieb kommt nicht länger aus dem verdrängten, unbewusst gehaltenen Zentrum unseres verwundeten Selbst. Plötzlich nimmst du wahr »Ah, ich bin nicht länger in meiner Mitte«, und dann atmest du einfach tief durch. Geh in den Raum in dir, verbinde dich mit deinen Sinnen und beobachte einfach das Innere und das Äußere in deinem Leben. Mit etwas Training kannst du das bald sogar auch, wenn »schlechte Nachrichten« reinkommen. Mit etwas Übung kannst du im Prinzip jede Situation nutzen, um dich weiter zu transformieren. Stell dir zum Beispiel vor, dass dich etwas triggert: ein bestimmtes Verhalten deiner Eltern, deines Partners, deines Chefs. Du kannst den Teil, der dich da normalerweise reizt, in dein Bewusstsein bringen und hineinspüren, bis er sich integrieren kann. Jetzt beobachtest du die Situation von innen heraus. Weil du dich von innen heraus damit verbindest, mit einem verdrängten Teil deines eigenen Wesens, wird dich deine innere Weisheit weiter anleiten. Dies ist ein weiteres »Geheimnis«, und um diese Schwingung zu erreichen, müssen wir über unsere alten Illusionen von Trennung hinwegkommen. Das braucht Zeit und etwas Übung. Und dann kannst du direkt als Wesen in Kontakt mit anderen Wesen treten. Du erkennst das Verbindende, nicht nur das Trennende. Das nennt man »Achtsamkeit im Leben«.

Also, Timur, was nimmst du in diesem Moment wahr?
    (Damien spricht vor:) Ich empfinde ...

... *Mitgefühl.*

Ja. Denn das ist ein Gefühl, das für Verbundenheit steht.
    Mitgefühl ...

(Damien spricht nun sehr betont, fast wie in einem Gebet:)
Ich fühle: das Gesetz des Aufgebens.
Ich fühle: das Gesetz des Handelns.
Ich fühle: das Gesetz der Gnade.
Ich fühle: das Gesetz der Bestimmung.
Ich fühle: die ganze Liebe.

Das alles muss man erleben können, um zu verstehen, was es ist. Die Dinge nur wie in einem Verstandesdialog zu diskutieren, wird nicht weiterhelfen. Üben wir also gemeinsam. Erfreue dich an diesem Übungsweg. Lass dir Zeit, genieße es und nimm natürlich dein inneres Kind stets auf diese Reise mit. Also: Mach(t) mit und atme(t) zuerst tief ein ...

Übung

Atme in dein Herz.
Atme in Bauch und Rumpf.
Atme tief durch ... und noch einmal.
Das ist es, was wir in diesem Moment sind: Atem. Alles hat sich schon wieder verändert. Wir erleben einen ganz neuen Moment.
Lass uns atmen. Bewusst. Wir erhöhen das Bewusstsein durch den Reichtum unserer Erfahrung im Jetzt.
Wir werden neuer Frequenzen in und um uns herum gewahr und können uns bewusst entscheiden, uns stärker auf diese neuen Erkenntnisse und Gefühle einzustellen.
Meine Absicht ist jetzt, bewusster zu werden. Ich möchte mir bewusst werden, was wirklich ist:
Raum in mir.
Mitgefühl in mir.
Das Universum in mir.
Das kosmische und das irdische Sternentor in mir.

Dein höheres Selbst weiß bereits intuitiv, was diese Worte bedeuten. Du empfängst einfach neue Gefühle. Es sind Frequenzen von universeller Bedeutung.

Überprüfe jetzt selbst, was du gerade fühlst. Ohne zu urteilen.

Überprüfe: Was in dir versucht immer noch, Kontrolle zu behalten?

Konzentriere dich jetzt auf das, was wirklich in deinem Leben vor sich geht: die Bewegungen, die Veränderungen, die Unterschiede in deinem Körper und in deinen Gefühlen in diesem Moment. Von hier aus kannst und wirst du dein Bewusstsein erweitern.

So wie Boote im Hafen vertäut auf den Wellen schaukeln, handelt alles in dir und um dich herum als ein einziges System. Dieses System heißt Leben – und genau darin machst du gerade den nächsten Schritt. Durch deine Herzensemotionen bleibst du mit der gesamten Situation – mit allen im Hafen schwimmenden Booten – verbunden. Mit jedem Schritt, den du machst, entsteht Neues, mit jedem neuen Gegenüber, das in dein Leben kommt. Bei jedem Schritt zeigen dir deine Gefühle sofort, was sich wieder verändert hat und wie die neue Situation einzuschätzen ist. Deine Gefühle sind wie ein Kompass. Auch das Feld selbst verändert sich ständig und wird es weiterhin tun. Wie die Wellen auf dem Meer, auf dem die Boote schaukeln. Je besser du erspüren kannst, was in diesem System vor sich geht, dessen Teil du selbst bist, desto mehr weißt du, was als Nächstes zu tun ist. Dabei stellen sich die richtigen Impulse wie von selbst ein, weil du die Verbundenheit mit dem ganzen System spürst.

Und jetzt steigst du vielleicht in das erste am Hafen vertäute Boot ein, dann in das nächste und in das nächste. In dem Moment, in dem du versuchst, die Richtung deiner nächsten Bewegung im Kopf vorzudefinieren, bewegen sich die Boote auf den Wellen schon fast gleichzeitig, und deine »Situation« ändert sich.

Du kannst also nur einen schnellen Schritt nach dem anderen machen, dabei musst du im Kopf flexibel bleiben, auch dein ganzer Körper muss intuitiv agieren, damit dich der nächste Schritt wirklich dorthin bringt, wo du hinmöchtest. Wenn du denkst, »Das ist der Weg!«, verändert sich die Richtung des Systems. Alle Boote schaukeln – immer wieder Veränderung. Das Einzige, was du tun kannst, ist zu fühlen und aus diesem Gefühl heraus neu und frisch zu handeln. Und den nächsten Schritt von Boot zu Boot zu wagen.

Dabei merkst du schnell eines: Kontrolle ist gänzlich fehl am Platz. Ich fühle einfach weiter, was gerade vor sich geht, und handle dementsprechend. Ich spüre Relevantes durchaus im Detail, fühle die Gedanken, die hinzukommen mögen, denn ich bin zu 100 Prozent im Jetzt. Ich übe keine Kontrolle aus. Ich renne keiner Illusion von Kontrolle hinterher. Ich verbinde mich mit meinem ganzen eigenen Sein, mit meinen Emotionen und Körpergefühlen und mit dem Verstand – mit dem, womit ich interagiere, ich mich aber nicht mehr identifiziere. Denn was ich bin, ist zu beobachten … und zu fühlen. Und deshalb – weil ich mit mir selbst verbunden bin – kann mir das ganze System alle Daten geben, die ich in diesem Moment brauche.

…

Lehnen wir uns also entspannt zurück, und spüren wir, wie das Leben durch unsere Adern strömt. Weil wir wachsam sind, lernen wir das Neue, das wir gerade jetzt dringend benötigen. Wir entwickeln Vertrauen und verstehen, warum es so wichtig war, möglichst alle alten Programme und Glaubenssysteme in uns anzugehen und zu klären. Die alten Wege sollten verhindern, dass bestimmte Erfahrungen zu früh in unser Leben kamen. Vom damaligen Standpunkt aus war das sinnvoll. Vielleicht wäre die emotionale Überlastung einfach zu viel gewesen. Jetzt geht es aber nur noch darum, die neuen Samen zu gießen, die wirklich neuen Erfahrungen zu fühlen. Und von ihnen zu lernen. Allen Themen in uns zu erlauben, berührt zu werden und sich berühren zu lassen. Das ist das Leben! Dabei wird es wichtiger denn je, dass wir uns auf diesem Weg gegenseitig unterstützen. Das, was manche »Universum« nennen, das intelligente, im Kern geheimnisvolle Gesamtsystem (über das wir noch mehr erfahren werden), kann sich jetzt mehr um uns kümmern. Es wird uns alle Antworten in unseren Geist und in unsere Herzen tragen. Denn unser wahres inneres Wesen, unsere Seelenessenz, will immer mit diesem Fluss des Universums sein und gibt uns ständig Hinweise, wie wir das bewusst erleben können.

Damien, ich finde, das ist genau der richtige Moment, um dich noch einmal zu fragen: Was erlebst, siehst, hörst und empfindest du persönlich, wenn du für dich bist? Was nimmst du mit deinem Bewusstsein wahr, wie siehst du deine Welt? Aus deinen Augen?

Ich empfinde Bewusstheit. Unendlichen, unbegrenzten Raum.

Und ich kann mich auf das konzentrieren, was dort auf uns Menschen wartet. Und dabei meine Absichten setzen, wie ein Kapitän, der die Segel setzt und sein Boot vom Hafen aus in das weite, endlose Meer steuert und sich dabei auf seine Ziele konzentriert. Ziele, von denen er weiß, dass sie existieren. Meine Ziele, meine Absichten lauten:

Meine Absicht: das Gesetz des Rhythmus.
Meine Absicht: das Gesetz von Ursache und Wirkung.
Meine Absicht: das Gesetz des freien Willens.
Meine Absicht: das Gesetz der Weisheit.
Meine Absicht: das Gesetz der Bestimmung.
Meine Absicht: das Gesetz der Liebe.
Meine Absicht: das Gesetz des Potenzials: Shambala.
Meine Absicht: das Gesetz der Gnade: innere Erde.
Meine Absicht: das Gesetz der Hingabe: Erdstern.

Meine Absicht: das Gesetz der Handlung: Basis-Chakra.

Meine Absicht: das Gesetz des Rhythmus: Heiliges Chakra.

Meine Absicht: das Gesetz des freien Willens:
Solarplexus-Chakra.

Meine Absicht: das Gesetz der Schwingung: Hals-Chakra.

Meine Absicht: das Gesetz von Ursache und Wirkung:
Drittes Auge.

Meine Absicht: das Gesetz der Weisheit: Kronenchakra.

Meine Absicht: das Gesetz der Evolution: Seelenstern.

Meine Absicht: das Gesetz der Polarität: stellares Tor.

Meine Absicht: das Gesetz der Zweckmäßigkeit:
universales Tor.

Meine Absicht: das Gesetz der Liebe: Herz-Chakra.

Meine Absicht: das Tor zum Kosmos und zur Erde:
das Gesetz der Liebe.

(Damien bezieht sich hier auf Channelings von Kryon (Lee Carol)).

…

Du kannst all die Informationen, die sich hinter diesen Worten verbergen, selbst fühlen, dich mit ihnen verbinden, mit ihnen meditieren, wenn du das wählst. Du kannst dich bewusst verbinden, weiter wachsam abwarten und weiter beobachten. Im Kern bedeutet das: Du kannst weiterhin wachsam bleiben. Und entspannen. Von nun an und für immer kannst du das tun.

Und deine Seele weiß bereits, was das alles bedeutet.

Und all das ist möglich, während wir bereits weiter unser aktives, dynamisches Leben führen. Ein glückliches Leben.

Woche 4

EIN BLICK HINTER DIE SPIEGEL

Meine Unsicherheit ist meine Stärke

»Gefangen zwischen der Gier und der Angst«. Ist das ein passendes Bild für die Situation vieler Menschen in unserer modernen Zivilisation?

Gier kommt in die Welt, wenn jemand als Kind nicht genug tiefe, wirklich nährende Liebe erhalten hat – zum Beispiel in den ersten Momenten nach der Geburt. Nicht nur dann hat das Kind ein Recht auf allen Ebenen auf die tiefe, wirklich nährende Liebe seiner Mutter. Dazu gehören Körperkontakt, eine erfüllende emotionale Beziehung, tiefste Herzverbindung von Anfang an. Was passiert stattdessen? Was heute in vielen Krankenhäusern als »normal« zu gelten scheint: Neugeborene werden in den ersten Momenten nach der Geburt von ihren Müttern physisch getrennt. Sie werden getrennt, um von einem Arzt oder einer Krankenschwester auf ziemlich sterile, ja sogar harte Weise untersucht zu werden. Kannst du dir vorstellen, was das alles für ein Neugeborenes bedeuten kann?!

Ja, ich weiß, in vielen Ländern erhalten Babys vorsichtshalber sofort Augentropfen verpasst, die Augen brennen konstant fünf Tage und Nächte lang. Andere erhalten Spritzen in die Ferse. Eine Freundin von mir ist Physiotherapeutin und spezialisiert auf Babypflege. Krankenhäuser buchen sie, damit sie Neugeborene betreut, die von Anfang an ungewöhnliche körperliche und emotionale Muster aufweisen. Nach Jahren fand sie heraus, dass es am meisten hilft, wenn sie das Baby einfach in die Arme nimmt und ihm bedingungslose Liebe schenkt. Sie sagt, das hilft konkret und oft weit mehr als die Maßnahmen, die sie in jahrelangen Ausbildungen erlernt hat. Kannst du dir das vorstellen?

Timur, kannst *du* dir vorstellen – oder sogar mitfühlen –, was ein kleines Kind während dieser wichtigen Prägungszeit fühlen muss, wenn es so behandelt wird? Wenn es geliebt und genährt wird oder wenn es zum Beispiel sofort von der Mutter getrennt wird? Oder wenn die Eltern das Kind nicht nur in den ersten Wochen, sondern in den ersten Monaten, sogar Jahren vernachlässigen oder sogar ablehnen? Später wird dieses Kind das Gefühl haben, dass ihm etwas Grundlegendes im Leben fehlt. Etwas, das es verdient: die tiefe, erfüllende Liebe der Eltern. Dieser entscheidende Mangel wird am System des Kindes weiter anhaften. Es wird das Bedürfnis entwickeln, zu nehmen, noch mehr zu nehmen ... Ständig möglichst viele Dinge an sich zu reißen, weil es ein ganzes Leben lang die gleiche, grundlegende Information in sich spüren wird: Ich habe nicht bekommen, was ich verdient habe. Ich habe es nicht bekommen.

Diese Information kann während eines gesamten Lebens aktiv bleiben und den Menschen wie ein Programm steuern. Hierzu kann sich die passende Mentalität entwickeln, die sogar im Kontakt auf andere abfärbt und sich über Jahre und Generationen hinweg in der Gesellschaft vervielfältigen kann. Dieses und viele ähnliche Programme, die schon in der Kindheit entstehen, werden das innere Wesen, den Kern einer Person niemals wirklich nähren. Damit kommt tiefe Frustration ins Leben dieses Menschen. Als Folge entstehen Urteile, diverse Abneigungen, immer mehr Frequenzen von Depression, sogar von Bitterkeit und Hass mischen sich hinein, melden sich zu Wort. Wenn so etwas oder Ähnliches in dir abläuft, möchtest du irgendwann einfach nicht mehr du selbst sein. Du wirst viele Ablenkungen benötigen, um dein Leben überhaupt ertragen zu können.

Schon nach wenigen Jahrzehnten kann eine solche Denk- und Lebensweise ganze Gesellschaften steuern. Eine so geprägte und konditionierte Person passt recht gut in eine Gesellschaft hinein, die das alles für »normal« hält. Es wird »normal«, gierig zu sein, weil niemand mehr einen Unterschied zu einem ganz anderen Sein, einem ganz anderen kollektiven Standard erkennen kann. So kann es in einer Gesellschaft irgendwann sogar normal sein, ständig leicht depressiv zu sein. Oder besorgt, irritiert. Dauerhaft im Stress. Wir können das heute schon beobachten.

Millionen Menschen versuchen heutzutage, ihre innere Leere auch mit immer neuen Dingen, mit immer mehr Unterhaltung und mit Nervenkitzel zu füllen. Das ist jedenfalls aus meiner Sicht, nach 50 Jahren (Er-)Leben in der modernen Gesellschaft, leider offensichtlich.

Doch auch diese Art der Prägung wird dich emotional nie erfüllen – niemals. Es entstehen nur neue Schleifen im Denken und Fühlen, die in dir die immer gleichen Verhaltensmuster antreiben. Dies wird zur Grundlage der Gier im Verhalten eines Menschen und im gesamten System. Doch hinter jeder Maske findest du ein Kind, das seinen Weg verloren hat. Gerade in scheinbar verfahrenen Situationen kann das unglückliche innere Kind das Verhalten der Person übernehmen und lenken. An einem Tag regieren vielleicht im Erwachsenen die Wünsche, Gefühle und Instinkte eines zwölfjährigen Kindes. An einem weiteren Tag dominiert der einst 16-jährige Teenager das Handeln und Fühlen des Erwachsenen. Es mag deswegen irrational sein, was dieser Mensch sagt, denkt oder tut, aber es macht keinen Sinn, ihn moralisch zu beurteilen.

Sogar wenn ein Mensch aus Gier oder Angst zum Mörder wird, kann ich ihn nicht beurteilen. Weil wir nie wissen können, warum sich jemand so oder anders verhält. Wir kennen den Hintergrund nicht. Wir wissen nicht, was ihm einst widerfahren ist. Was hat so jemand einst als Kind durchgemacht? Wie haben ihn seine damaligen Gefühle verändert, später als Teenager, als Erwachsener? Ich kann das nicht beurteilen. Ich kann die Menschen nicht verurteilen! Als Kind haben sie nicht das erhalten, worauf jedes Kind von

Anfang an Anspruch hat: bedingungslose Liebe. Die Erfahrung, geliebt zu werden. Wirklich gesehen, gehört zu werden. Deshalb habe ich tiefes Mitgefühl für alle, die in ihrem Leben jeden Tag mit der Gier und mit der Angst leben müssen. Mit innerer Leere. Ich habe vor allem Mitgefühl für ihre inneren Kinder, die noch glauben, dass sie so etwas Ähnliches wie Gott seien – auf jeden Fall besser und wichtiger als der Rest der Welt. Dass sie verdienen, so viel wie möglich an sich zu reißen, um sich sicherer und beschützter zu fühlen. Denn in jeder dieser Personen gibt es ein sehr verwundetes inneres Kind, und ich habe tiefstes Mitgefühl mit ihm.

Der Hauptimpuls, den Menschen oft spüren – und verdrängen müssen – ist, dass ihre inneren Kinder tief gereizt und verletzt sind. Es sind missbrauchte, wütende innere Kinder, die nicht gehört und nicht gesehen wurden. Die weiterhin nicht genug geliebt werden. Die Missbrauch erlebt haben. Dadurch haben sie gleichzeitig ihre Ehre, Würde und Macht verloren. Es mag schwer sein, das zuzugeben, aber viele von uns leben immer noch auf die eine oder andere Weise wie emotional missbraucht. Diejenigen, die auf irgendeine Art Gewalt ausüben, tragen ein inneres Kind mit sich herum, das einst nicht beschützt worden ist. Das sie oft gar nicht kennen. Als Erwachsene nutzen diese Menschen für sie scheinbar rationale Argumente, um die inneren Konflikte zu legitimieren. Um zu legitimieren, was sie anderen antun. Das alles im Außen abzureagieren verleiht eine kurze Erleichterung, aber der eigentliche Schmerz wartet weiter im Inneren darauf, endlich gesehen und gespürt zu werden.

...

Alle diese weggesperrten, eingeschlossenen Gefühle, die Erwachsene als Kinder empfunden haben, sind heute noch weiter in ihnen aktiv! Man muss sich klarmachen, was das heißt. Ich kann nicht beurteilen, was diese Menschen tun, die sich als Kinder nicht sicher und beschützt fühlten. Jeder hat es verdient, wahre, beständige Liebe zu empfangen. Was verwundete, wütende »Kinder« tun, macht mich nicht wütend. Weil ich verstanden habe: Es ist bei Weitem nicht in Ordnung, was diesen Kindern einst widerfahren ist! Auch sie müssen gehört, gefühlt und gesehen werden. Es macht für mich überhaupt keinen Sinn, zu urteilen, und ich kann diesen Menschen gegenüber nichts anderes aufbringen als Mitgefühl.

...

Es ist immer einfach, Urteile zu fällen, aber wir kennen die Hintergründe einer menschlichen Geschichte nun mal nicht. Wir können nicht ermessen, wie es in einem anderen Menschen wirklich aussieht. Was wir bei ihm zu erkennen glauben, erzählt uns hingegen mehr über uns selbst. Und das ist gut so, denn wir können uns selbst stets verändern. Wir können jetzt unser eigenes inneres Kind heilen. Denn wir können die Art und Weise, wie wir andere betrachten, stets verändern. Wie Mutter Teresa einst sagte: »Wir können dieser eine Tropfen Mitgefühl sein.« Wir können dieser eine Tropfen bedingungsloser, unvoreingenommener, nicht verurteilender Liebe sein. Dies wird in erster Linie den Unterschied ausmachen. Dies wird die Seelen der Verletzten und sogenannter »Übeltäter«, sogar die Seele ganzer Nationen ansprechen und verändern.

...

Deshalb lade ich dich ein, hier und jetzt dieser eine reine Tropfen Mitgefühls zu sein. In deinem Leben.

Übung

Und ich möchte dich jetzt einladen, nach innen zu gehen, den Raum im Inneren zu spüren:

Atme in dein Herz. Es gibt Raum in deinem Herzen. Stille, Freiheit.

Ich werde das innere Kind in jedem Menschen spüren,
Ich werde dieses innere Kind in mein Herz bringen.
Ich werde es nicht wegstoßen.

Spüre, wie dein eigenes inneres Kind auf die Impulse reagiert. Vielleicht bemerkst du eine neue Inspiration? Oder sagt dir dein inneres Kind zum Beispiel, dass es noch nicht bereit ist? Auch das ist stets o.k. Du kannst es fragen und fühlen, was jetzt notwendig wäre, damit ihr – du und das innere Kind – neuen Kontakt miteinander aufnehmen könnt. Die Gefühle des inneren Kindes stehen immer an erster Stelle. Dein Erwachsenenverstand wird später wissen, wann und wie du Ideen und Impulse deines »Kindes«, die du aus dem authentischen Gefühlskontakt bezogen hast, in den nächsten Tagen oder Wochen umsetzen könntest. Damit jetzt neue Inspiration in deinem Leben erfahrbar wird.

Nun ein kleiner Test: Wie stellst du dich in diesem Moment gegenüber einem Menschen, den du wirklich nicht magst oder sogar verabscheust? Wie fühlt sich das an? Vielleicht wählst du hierzu einen bekannten Politiker oder eine Person des öffentlichen Lebens? Oder jemanden, den du persönlich kennst? Kannst du tatsächlich erspüren und aushalten, wie es ist, wenn du diese starken, negativen Gefühle – Wut, sogar Hass – einem Menschen gegenüber empfindest? Und beides ist in Ordnung.

Und jetzt: Was empfindest du Menschen gegenüber, die sich dieser Person widersetzen? Diese Person ablehnen, ihr Widerstand entgegenbringen? Spüre einfach weiter hinein. Hier gibt es nichts zu bewerten.

Timur, kannst du wahrnehmen, wie auf beiden Seiten gleiche, zumindest sehr ähnliche Frequenzen, also Gefühle und Themen, vorherrschen oder ablaufen?

Ja, ich weiß, was du meinst. Es fühlt sich ähnlich an. Das ist verblüffend.

Mit diesem neuen Bewusstsein und Verständnis in dir, dem Verständnis für beide Seiten und dem Wissen, was hierzu noch in deinem Herzen zu finden sein mag, kannst du in Zukunft mithelfen, gemeinsam das Feld zu verändern. Denn du wirst nicht mehr urteilen. Stattdessen wird jeder neue Tag für dich wirklich neu sein. Du wirst wieder Sinn im Leben finden. Du wirst dich immer mit frischem Blick ganz Neuem, auch Herausforderndem auf eine gute Weise stellen.

Dazu muss ich alle Facetten meiner Persönlichkeit immer bewusst hinterfragen und weiter loslassen. Nur von diesem Erleben aus kann ich in den neutralen kreativen Raum eintreten, in den Raum der Wirklichkeit. Wie du schon weißt, nenne ich diesen Raum den »Nullpunkt im Herzen«. Dies ist der Ort, an dem ich meines inneren Erlebens gewahr werde, aus dem heraus das Gute und Neue wirklich erblühen kann. Von hier aus erreicht immer neue Inspiration auch meinen Verstand. Spätestens wenn der Punkt in deinem Leben kommt, an dem es keine Angst und Unsicherheiten mehr gibt (oder zumindest weniger davon) und damit keine falschen Ambitionen, kommt diese authentische Kraft im Inneren immer stärker ins Spiel.

Aber ich bemerke immer noch, wie meine Gefühle von alten Glaubenssystemen kontrolliert werden. Zum Beispiel, dass ich möglichst vieles im Leben kontrollieren muss, um mich sicher zu fühlen. Ich erlebe ja praktisch jeden

Tag, dass so viele um mich herum so leben, als ob sie ständig Prüfungen bestehen, sich dabei durchsetzen und ihre Unsicherheiten möglichst verstecken müssten. Und das erzeugt Druck – auch in meinem Leben.

Für mich ist meine Unsicherheit meine Stärke.

...

Meine Empfindungen, meine Emotionen sind meine Stärke. Ich lebe immer an der Grenze zur Unsicherheit – und damit außerhalb jeder Sicherheitszone. Denn ich lebe stetig im Jetzt. Im Neuen. Im Unbekannten. Wenn du deine eigene Unsicherheit zulassen kannst, wird sie für dich zu einer grundlegenden Verbindung zum Leben selbst. Du erkennst: Das Leben ist nichts anderes als der nächste Schritt ins Unbekannte. Jeden Tag. Jede Stunde. Die Unsicherheit, die daraus natürlich entstehen mag, verbindet uns miteinander. Auch mir wurde einst beigebracht, dass Unsicherheit eine Schwäche sei. Ist sie nicht. Sie *ist* die Stärke. Wir könnten uns nicht wirklich verbinden, nicht vom Herzen aus, wenn wir dabei nicht ein wenig Unsicherheit empfinden würden.

...

»Normalerweise« können wir uns nur mit etwas verbinden, von dem die Person (das Ego) schon glaubt, dass es wahr ist, weil es zur gewohnten, schon bekannten Lebensroutine dazugehört. Das Ego neigt sogar dazu, Altes und Bekanntes aus Gründen der Sicherheit im Geist wiederherzustellen. Das Ego will sich nicht verändern, denn im Grunde genommen wirkt es wie ein Sicherheitsmechanismus und möchte uns im Zweifelsfall vom tiefen Fühlen abhalten, um uns zu beschützen. Weil so viele verdrängte Gefühle immer noch Schmerz in uns repräsentieren könnten. Aber stattdessen weine ich jetzt, wenn ich das Gefühl habe, weinen zu müssen. Und wenn ich lachen möchte, lache ich. Voll und ganz im Moment. Wenn ich fühle, dass ich jetzt das Wort ergreifen sollte, tu ich das. Auch wenn ich innerlich vor lauter Unsicherheit und widersprüchlichen Gefühlen förmlich bersten möchte. Ich bleibe genau da dran und verbinde mich weiter mit meinen Gefühlen. Ich verbinde mich weiter mit meinem inneren Kind. Und handle. Und spüre dabei weiter … was? Natürlich meine eigene Unsicherheit.

…

Machst du dir deine Gefühle zu eigen, merkst du, wo deine Kraft verborgen ist. Jetzt bist du mit dir verbunden. Auch deswegen habe ich mich bewusst dafür entschieden, mich nur noch von meiner Unsicherheit leiten zu lassen. Bewege ich mich auf diesem schmalen Grat, muss ich haargenau wahrnehmen, ob ich auf Gefühle authentisch und exakt reagiere oder ob ich sozusagen »vom Grat gefallen bin«. Auf diese Art verbinden wir uns authentisch mit anderen. Auf diese Art verbinden wir uns wieder mehr mit unserem eigenen, wahren Wesen. Auch wenn wir unser eigenes Wesen noch nicht so gut kennen sollten, ist es die innere Instanz, die uns wirklich mit allem verbindet und uns gemeinsam mit anderen weitergehen und wachsen lässt.

…

Blockiere deine eigene Unsicherheit nicht. Lerne, mehr zu vertrauen, was dein inneres Sein gerade an dich durchgibt. Das braucht Übung. Es ist genau dieses Gefühl der Unsicherheit, in der dich das Neue in einer Situation tatsächlich berühren kann. Ich selbst bin so oft wie möglich in diesem Raum und fühle mich wie ein Pionier, der das Neue erlebt – und dies gilt in gewisser Weise für uns alle.

Alles, was wir im Jetzt zu tun haben, haben wir exakt so noch nie vorher getan. Jede Interaktion, die du ausführst, war noch nie zuvor genau so im Raum manifestiert. Du kannst jeden Tag das Gleiche tun, aber auch wenn du jeden Tag die exakt gleiche Strecke zur Arbeit mit dem gleichen Auto fährst, findet dabei immer etwas ganz Neues in dir statt. Dein Geist mag es als Routine abgespeichert haben, dass du zur Arbeit fährst, dein höheres Selbst tut es nicht! Weil es sich immer um eine ganz neue Erfahrung handelt. Diesen Raum des Neuen in uns wahrzunehmen, ist wichtig und hilfreich, um von dort aus bewusst und mit wachem Geist an jeder Situation arbeiten zu können. Egal wie langweilig oder herausfordernd diese zu sein scheint.

Meine Unsicherheit ist für mich mein Leben. Jetzt kommt der natürliche Fluss des Lebens schon stärker zu dir – das intelligente Feld, das dich dabei unterstützt, Potenziale zu entwickeln. Das klappt nur, wenn du dich nicht schon in bestimmte Richtungen pusht und mit dem Verstand zu erzwingen versuchst, wie angeblich die Dinge zu sein haben, damit du dich endlich sicher im Leben fühlen kannst. Fühle dich selbst, sei offen dir selbst und deiner Unsicherheit gegenüber: Du wirst bewusster, authentischer und für andere vertrauenswürdig. Denn du zeigst durch dieses Handeln, dass du im Kern wieder mit der Wirklichkeit verbunden bist, dass du mehr darauf vertraust, dass die wirklich guten Dinge zu dir gelangen können. Wenn du dieses neue Vertrauen lebst, öffnest du die Tore für die richtigen Impulse, Informationen und Synchronizitäten.

Synchronizität – was genau meinst du mit diesem Begriff? Der stammt ursprünglich ja von dem Psychiater und Psychotherapeuten C.G. Jung.

Falls du wirklich bereit sein solltest, den nächsten Sprung zu wagen, zur nächsten Ebene deiner Potenziale aufzubrechen und dich dem Fluss des Lebens hinzugeben, können völlig neue Möglichkeiten in dein Erleben treten: Die richtigen Menschen und die zu dir passende Form von Unterstützung, von denen du noch nichts weißt, kommen durch sogenannte »sinnvolle Zufälle« in dein Leben und bringen dich auf die effizienteste Weise von A nach

B – sogar wenn A und B sehr weit voneinander entfernt zu sein scheinen.

Wäre das eine Definition für das, was du als »Flow« oder »Fluss des Lebens« bezeichnest?

Ja, und dieser überaus intelligente Fluss des Lebens interessiert sich nicht dafür, was du für möglich hältst und was nicht. Er wird dich vielmehr höchst effizient und auf viele Weisen, die du dir zum Teil noch nicht vorstellen kannst, emporheben und weiter ins Leben tragen. Wenn du dafür bereit bist. Dies wird noch einmal geschehen. Und noch einmal. Und noch einmal. Wenn du offen dafür bleibst, wie das Leben wirklich ist. Diese vielen neuen Erfahrungen können deine Persönlichkeit im Kern verändern – wenn du dazu bereit bist. Verheddere dich dabei nicht mit dem Verstand in Details: etwa, wie man von A nach B gelangt. Es ist eher so wie beim Bogenschießen: Du spannst den Bogen und zielst kurz, schießt den Pfeil ab … und … boom! Konzentriere dich nur auf die Ergebnisse. Mach dich bereit für viele neue Gefühle und »verrückte« Erlebnisse. Falls du diesen überraschend neuen Ereignissen zur richtigen Zeit und am richtigen Ort – Synchronizitäten – auf die richtige Art vertrauen kannst und aus diesem Vertrauen heraus handelst, wird der erstaunliche Fluss sinnvoller Zufälle seine eigenen, ungewöhnlichen Wege finden, dein Leben zu verändern. Der Flow bringt immer mit sich, was nötig ist, um dich auf eine ganz neue Weise herauszufordern. Damit du dich weiterentwickelst. Der Verstand kann sich diese neue und blitzschnelle Form, sich dem Leben im vollen Maße zu stellen, nicht erklären. Eine rationale Begründung hilft da nicht weiter.

…

Du musst mehr von hier hinten arbeiten (*Damien berührt mit der Hand die linke Seite des Rückens auf Herzenshöhe*) *und dich mehr* darauf konzentrieren, von hier zu kommen *(er berührt seinen Bauch)* – von deinen Gefühlen her. Es geht also auch darum, mehr aus dem hinteren Anteil deines physischen Herzens heraus zu leben, sich der Gefühle, die sich in dieser Region aufhalten mögen, noch bewusster zu werden. Und von dort aus *(greift mit der Hand auf seinen Rücken und deutet auf die Herzregion)* mehr Bewusstsein in dir zu erschaffen.

Auf Reisen durch Indien und Asien durfte ich erfahren, wie reißend der Fluss des Lebens sein kann. Wie man in kürzester Zeit viele erstaunliche Dinge erleben und von ihnen lernen kann, wenn man sich dem Abenteuer der Existenz stellt. Und danach hatte ich die Verbindung wieder verloren. Zu Hause hemmten mich Ängste und gesellschaftliche Konventionen: Statt auf intensive Art weiter lebendig zu bleiben, unbeschwert und sorgenfrei, weil mich das Leben schon tragen wird, wählte ich eine falsche Form von Sicherheit in Form einer im Prinzip schon vordefinierten Karriere. Dadurch verlor ich den Kontakt zum sinnerfüllten »Abenteuer Leben«. Das war sehr schmerzhaft. Wie schaffst du es, ständig verbunden zu bleiben? Vor allem: Wie schaffst du es, mit deiner Unsicherheit ständig verbunden zu sein?

Indem ich mich selbst beobachte. Wenn ich merke, dass ich die Verbindung verloren habe und zu sehr durchs Leben haste, dränge und eile, komme ich bewusst zu mir selbst zurück. Ein Beispiel: Ich war während der US-Präsidentschaftswahlen Ende 2016 in New York. Damals stand ich im engen Kontakt mit vielen Menschen aus der politischen Szene. Ich war sozusagen mitten drin im emotionalen Auf und Ab des Wahlkampfes und der Wahl. Und ehrlich gesagt: Das Wahlergebnis hat mich verblüfft und eher entmutigt. Aber ich habe mich in meiner Reaktion beobachtet: Ich ging in mein Zentrum, spürte in mir meine eigene Wahrheit wieder und fühlte mich sofort sicher. Ich konnte meinen Blick aufs Geschehen erweitern und wahrnehmen, dass in dieser Wahl eine große Entwicklung lag und dass die Ereignisse ein großes Erwachen unter den Menschen auslösen würden. Sofort traf ich die richtigen Leute, die mir zu dieser neuen Perspektive spannende Informationen vermitteln konnten, die mir ein Bild davon vermittelten, was wirklich vor sich ging. Also: Das Feld konnte mir sofort alle meine Fragen beantworten, weil ich ohne Widerstand akzeptierte, was geschah. Obwohl ich erst überhaupt nicht davon begeistert war, blieb ich offen, und in dieser Phase der Offenheit gab mir das Feld die neuen Antworten. Ich erhielt die Inspiration, dementsprechend zu handeln und auf meine Weise aktiv zu werden. Das Feld zeigte mir verschiedene, sogar sehr positive Lösungen für diese neue Erfahrung, obwohl es für mich einfach gewesen wäre, emotional einfach nur auszusteigen und in Widerstand zu gehen. Was mich hier also im Flow gehalten hat, war, dass ich mich ständig überprüfte – zum Beispiel, ob ich gerade jemanden verurteile, ob mich das von meiner Herzverbindung trennt, wenn ich jemanden verurteile, und ob ich das wirklich möchte.

Verurteile nicht, was ist. Es ist, was es ist.
Es ist, wie es ist.
Mach das Beste daraus.

Wenn du sagst, »in der Herzverbindung bleiben«, meinst du damit, dass wir die Personen, um die es gerade geht, lieben müssen?

Nein! Ich sehe die Dinge so, wie sie sind. Und dabei erlebe ich durchaus Situationen, die mir nicht gefallen. Punkt. Oder ich muss mich in Menschen hineinfühlen, die ich vielleicht nicht mag. Aber ich beurteile diese Menschen nicht. Genau das bedeutet »Verbindung halten«. Viele spirituell Interessierte glauben, dass sie ständig die Frequenz von *(Damien spricht jetzt mit lauter Stimme.)* »Ich liebe dich« halten müssen. Dieses: »Ich muss dich unbedingt lieben.« Sorry, das klappt nicht. Dein Verstand stellt dich über die Personen, von denen du glaubst, du müsstest sie lieben. In Wahrheit denkst du, dass die anderen im Grunde weniger wert sind als du, und dass du trotzdem versuchen musst, sie zu lieben. Nein! Ich nehme jeden voll und ganz als das wahr, was er ist. Das ist hier der Job. Ich bin vielleicht nicht mit allem einverstanden, was ich da sehe und fühle, aber ich nehme es wahr. Ich nehme wahr, was er oder sie tut. Ich halte weiter den Raum in meinem Herzen auch für das, was die andere Person zu fühlen und zu glauben scheint. Ich beurteile es nicht und halte die Verbindung. Ich sehe die Wahrheit – was stattfindet im Raum – und bleibe im Herzen. So halte ich die Verbindung zum Beispiel auch mit dir in diesem Gespräch, und mit jedem, der in mein Leben tritt. Ich fühle und bleibe achtsam für alles, was im Hintergrund geschieht – etwa, dass jemand unbewusste Gründe für sein Verhalten zu haben scheint, die ihm selbst noch verborgen sein mögen. Ich muss auch nicht mögen, was geschieht, aber ich bleibe offen. Ich halte die Verbindung auch mit Menschen, die ich vielleicht gar nicht mag, mit deren Handlungen ich gerade überhaupt nicht einverstanden bin. Ich bleibe mir bewusst, dass auch diese Person mit der Quelle verbunden ist. Und von da aus wird die Energie fließen, wird sich etwas verändern. Von diesem Punkt aus antwortet mir das Feld und führt mich weiter. Weil ich entspannt und offenbleibe, kann auch der andere sich entspannen und öffnen. Aber wenn ich ein bestimmtes Ergebnis erzwingen will, werde ich nur aus dem Feld geworfen. Oder wenn ich die Person ablehne – dann löst sich das Feld auf. Auch wenn ich das Gefühl habe, dass ich mehr (oder weniger) wert sei als die andere Person, wird das Feld mich nicht unterstützen, sondern zusammenbrechen. So funktioniert eben die Verbindung mit dem göttlichen Fluss. So funktioniert das Universum. Genau so arbeitet die Quelle mit uns: Damit du Kontakt halten kannst, musst du alles so sehen können, wie es ist – aber immer von deinem Zentrum aus. Entspannt im Verstand ruhend, beobachte ich mich ganz mühelos: Beurteile ich? Habe ich unangemessenes Mitleid mit einer Person? Denn das wird mich ebenfalls aus dem Fluss werfen. Sich selbst und die Interaktionen im Raum auf entspannte Weise ständig zu beobachten, lässt echtes Verständnis für die Zusammenhänge entstehen. Und dadurch wachse ich im Geist: Etwas geschieht in diesem Moment, und ich kann es wahrnehmen – und das kann Freude bereiten, sogar richtig Spaß machen. Selbst in rappeligen Situationen.

Zugegeben: Das klingt ganz wunderbar, aber mir fällt es oft schwer, für Menschen, die ich nicht wirklich gut kenne, echtes Mitgefühl zu empfinden. Vor allem für Leute, die offensichtlich vieles falsch machen und andere mit hineinziehen.

Jeder, der nicht mehr aus seinem Zentrum heraus lebt, sich zum Beispiel in Hass, Rassismus oder einer Opferrolle verloren hat, tut das vom Platz des verwundeten inneren Kindes aus. Alles, was ich dabei fühlen kann, ist Mitgefühl für dieses Kind. Mitgefühl für das, was mit diesem Kind ist. Vielleicht hat es Angst, vielleicht ist noch ein Vaterthema aktiv, etwa weil das Kind die notwendige Anerkennung vom Vater nicht erhalten hat. Vielleicht arbeitet das innere Kind in einem Erwachsenen immer noch hart daran, endlich gesehen und geliebt zu werden. Aber ich schaue nicht verächtlich auf dieses Kind herab, sondern verbinde mich mit ihm. Ich muss seinem Verhalten überhaupt nicht zustimmen, aber ich kann sein selbst erschaffenes inneres Drama erkennen. Ich kann das höhere Wesen sehen, das in diesem Menschen verborgen ist und das keine Schuld hat an einem fehlgeleiteten Handeln – es sind vielmehr die verschiedenen noch nicht geheilten Anteile innerer Kinder unterschiedlichen Alters, die sich noch unerlöst in dieser Person zu Wort melden.

...

Es ist immer so einfach, alles zu beurteilen. Aber lass uns die Dinge so sehen, wie sie sind: Überprüfe erst, ob du schon verstehst, was in deinem eigenen Leben abläuft, denn nur das wird dir langfristig helfen, mit anderen verbunden zu sein. Du hältst also die innere Verbindung zu dir selbst, und nun zeigt dir das Feld den nächsten Schritt. Auch deswegen verbinden wir uns immer zuerst mit unserem inneren Kind. Mit unserem Herzen. Erst dann – wenn wir das schon gut können – verbinden wir uns mit dem inneren Kind des Gegenübers. Aus dieser Verbindung kann etwas Höheres entstehen. Das ist der Test, den das Feld in jedem Augenblick mit uns macht: Können wir in Verbindung gehen und in der Verbindung bleiben? Können wir uns selbst und andere fühlen und verstehen? Sogar Menschen, die offenkundig Schlechtes kreieren, mit Diktatoren, mit wem auch immer? Denn es ist ja so einfach zu sagen: »Ach, diese Typen zerstören die Welt. Wir hingegen retten die Welt.« Nein, so einfach ist es nicht.

…

Kannst du sehen, in welchem Alter dein inneres Kind sich gerade befindet, wenn es die Urteilstaste drückt? Kannst du im Mitgefühl bleiben? Falls ja, kannst du mit jedem Menschen auf höchster Ebene zusammenkommen. Auch, um dich selbst zu entwickeln im Raum des Mitgefühls.

Sagen wir, ich habe für jemanden Mitgefühl. Aber wie kann allein das dazu beitragen, dass sich das Leben dieses Menschen zum Guten verändert? Der andere sollte doch dafür bereit sein, etwas zu verändern. Oder nicht?

Echtes Mitgefühl *ist* schon die Verbindung, die heilen kann. Indem du mitfühlend bist, öffnest du den Raum, du schaffst eine emotionale Verbindung. Das schafft Raum – in euch beiden. Aber wir sind nicht mitfühlend, damit wir andere Menschen verwandeln. Das wäre ja manipulativ! Ich öffne einfach nur den Raum. Ich bringe vor allem Vertrauen zurück in den Raum. Was auch immer passiert, ist für mich in Ordnung. Ich sehe die Dinge so, wie sie sind: Wenn es Aggressionen gibt, kann ich hinter der

Aggression den Schmerz spüren. Wenn es Hass gibt, kann ich hinter dem Hass den Schmerz spüren. Wenn ich Schmerz spüre, kann ich dahinter das innere Kind im anderen spüren. Weil ich weiterhin vor allem im Vertrauen bleibe und in mir selbst die Weite spüre, kann ich überhaupt den Raum für andere halten. Innere Weite erschafft Raum. Frieden. Klarheit. Wenn du auf diese Weise den Raum öffnen und halten kannst, wird das intelligente Heilungsfeld von selbst aktiviert. Das Feld beginnt, zu handeln, weil du dich mit dem/den anderen verbinden und in der gleichen Zeit eine Verbindung zu dir selbst halten konntest. Jetzt werden überraschende, positive Veränderungen möglich. Das ist Herzensintelligenz in Aktion. Während du dich weiter hineinfühlst, ob da vielleicht gerade ein trauriger Fünfjähriger mit dir spricht oder eine wütende Sechsjährige, bleibt es wichtig, den anderen Menschen durch den Raum des Mitgefühls zu spüren, mit ihm auf diese Art zusammen zu sein. Wenn du hingegen die erwachsene Person auf plumpe rechthaberische Art darauf aufmerksam machst – »Schau, du zickst gerade wie ein fünfjähriger Junge« –, trennst du die emotionale Verbindung ab. Es berührt früher oder später beide, in diesem Raum des Mitgefühls weiter zu verweilen: den Erwachsenen und sein inneres Kind.

Du legst die Messlatte ja ganz schön hoch. Manchmal kann es schon wehtun, Mitgefühl zu empfinden. Sich vom Leid anderer nicht einfach abzuwenden.

Ich stimme dir zu. Können wir wirklich Mitgefühl empfinden? Können wir den Raum halten? Für dich selbst? Und für andere? Das ist die Herausforderung, die wir ständig erleben.

Und was bedeutet es für dich, Mitgefühl zu haben – im Gegensatz zu Mitleid?

Jemanden zu fühlen für das, was er ist. Ich muss seinem Verhalten nicht zustimmen und mich nicht weiter damit abgeben. Für mich ist die göttliche Wahrheit immer mitfühlend und messerscharf zugleich. Sie durchdringt alle Spiele, alle Masken, und das ist es, was die Liebe letztlich ausmacht. Das ist das Wesen einer wahren Verbindung: Wenn ich ehrlich mit der Wahrheit umgehe, wird sich mir das Feld öffnen. Wenn ich hingegen versuche, mich zu verdrehen, wird mir das Feld das zurückspiegeln.

Aber wenn ich mir die großen politischen Krisen ansehe, die Kriegsregionen ...

Ich arbeite mit jungen Umweltaktivisten und politischen Aktivisten, und dabei ist es sehr wichtig für mich, dass ich sie in einen Raum geleiten kann, wo sie wirklich in ihren tiefen Schmerz, in die Wunden ihres inneren Kindes eintauchen können. Denn wenn sie es dorthin nicht schaffen und genau das nicht heilen können, wird die treibende Kraft für ihre Aktionen weiter aus den nicht geheilten Wunden ihres inneren Kindes kommen! Mit ihren Aktionen würden sie nur die Gegensätze und Konflikte weiter anheizen, die sie eigentlich lösen wollen. Sie würden nicht aus ihrer Wahrheit heraus sprechen und handeln, sondern nur weiter gegen etwas ankämpfen. Wahrhaftige, authentische Visionäre sind mit ihrem eigenen inneren Kind wirklich gut, und deswegen können sie etwas verändern. Sie können die Welt *wirklich* verändern. Wir sollten dem inneren Kind mehr Raum geben, ihm die Möglichkeit geben, damit es sich verwandeln und weiterentwickeln kann: vom rebellischen, im Kern bockigen und leidenden Kind zu einem visionären Erwachsenen, der mit beiden Beinen im Leben steht und dabei voll und ganz mit seinen Gefühlen verbunden bleibt. Auf eine reine Weise. Wer auf diese Art innerlich geheilt und dadurch »erwachsen« – also ganz – geworden ist, ist fähig, eine neue Vision auf gute Art zu vertreten und diese Vision lebendig zu halten. Diese Leute stehen auf der Bühne, die Welt sieht sie, und sie sprechen nicht mehr vom Platz ihres verwundeten Kindes aus, sondern aktivieren eine viel tiefere Wahrheit. Ihre Worte kommen direkt aus dem Herzen, weil der Mensch, der diese ausspricht, in diesem Moment seine authentischen Gefühle wahrnimmt. Das durchschneidet alles. Das verwandelt das Feld. Es geht tief, und jeder kann es spüren. Für mich ist das der einzige Weg hin zu wirklicher Veränderung: zuerst auf meine eigenen Wunden zu schauen und sie in mir selbst zu integrieren. Damit sie sich wandeln.

Und was würdest du denen sagen, die in diesem Moment wirklich enorm leiden?

Aktiviere dein reines Herz. Was kannst du für sie tun? Bring Mitgefühl in ihr Leben, und ihre Situation wird sich verändern. Auch die Situation, in der du dich zusammen mit leidenden Menschen befindest, wird sich verändern.

Damien, so viele Menschen leiden wegen unterschiedlicher politischer und wirtschaftlicher Umstände – ganz konkret und nicht nur in Kriegsgebieten. Ein gut gemeinter spiritueller Rat allein wird nicht genügen.

Hältst du in deinem Herzen den Raum für einen Menschen, während du mit ihm sprichst, wird dies seinem/ihrem inneren Kind helfen, sich selbst zu spüren und seine Verbindung mit dem Göttlichen wieder zu spüren. Das schafft Erleichterung im Feld, dann kann sich das Gegenüber an seine eigene tiefe Wahrheit wieder erinnern, zum Beispiel: »Ich stecke in dieser Situation in Wahrheit gar nicht so fest, auch wenn es so aussehen mag. Ich kann mich verändern. Ich kann handeln. Ich kann eine erste Veränderung im Leben vornehmen. Und: Mein wahres Wissen kommt immer von Herzen.«

Indem du liebevoll präsent bleibst, ohne zu urteilen, kannst du diesem Menschen Zuversicht geben: »Ändere deinen Fokus, geh nach innen, richte dich auf dein eigenes Bewusstsein aus. Verbinde dich wieder mit deinem Herzen, mit deinen wahren Emotionen, und von dort aus wirst du weitergeführt werden. Wage es, diesen Übergang wirklich zu finden und zu durchschreiten. Denn alles, was wirklich wahr ist und uns neue Kraft und neue Erkenntnisse schöpfen lässt, kann man im eigenen Herzen finden.«

Anders gesagt: Ein Tropfen reinen Bewusstseins bringt schon die Unterstützung. Aus eurer Herzverbindung kommt die Unterstützung aus höheren Existenzebenen. Wenn man die richtige Frequenz halten kann, wird das ganze Feld zu dieser Frequenz. Mutter Teresa sagte einmal: »Ein reines Herz ist ein Tropfen auf dem heißen Stein. Und dieser Tropfen kann den gesamten Ozean verändern.«

Und ich lade dich jetzt ein, dieser eine reine Tropfen in der Welt zu sein. Indem du *dein* Bewusstsein änderst, kannst du Menschen helfen, sich mehr aus ihren Ängsten und Konditionierungen herauszuhalten, damit sie immer mehr in ihr eigenes Wesen, in ihre eigene Kraft, in wahre Unterstützung eintreten können. Dies wird in ihrem Leben die wahre Veränderung mit sich bringen. Du kannst dieser eine reine Tropfen für Menschen in Syrien sein, in Palästina, im Kongo oder an anderen Orten der Erde – wenn es das ist, was sich deine Seele wünscht, und wenn es das ist, was du bewusst wählst.

Mich berührt das, was du sagst. Ehrlich. Ich spüre, dass das Kraft hat, worauf du uns aufmerksam machst. Aber aus politischer Sicht gibt es so viele Probleme, die nur durch praktisches Handeln gelöst werden können. Das weißt du doch!

Wir Menschen haben perfekt gelernt, uns auf die Zerstörung, auf die Negativität zu konzentrieren. Gute Gedanken und wirksame Konzepte lassen wir oft fallen wie eine heiße Kartoffel. An schlechten Dingen hingegen scheinen wir gern schier endlos festzuhalten. Ein negatives Glaubenssystem ein und für alle Mal freizugeben, ist für uns immer noch schwierig. Aber ich bin sicher, du bräuchtest nur ein paar Sekunden, um ein schönes Erlebnis sofort zu vergessen.

…

Wenn wir endlich zu dem Punkt gelangen, an dem wir uns wirklich entscheiden, etwas gegen die Dunkelheit in dieser Welt zu unternehmen, wollen wir dies auch tun. Aber wir wollen oft sofort Ergebnisse sehen und diese für uns auskosten. Sehr oft kommt der dringende Wunsch nach möglichst schneller Veränderung aus einer inneren Unsicherheit heraus, aus einem Unbehagen. Das macht uns ungeduldig, und wir sind schnell frustriert, enttäuscht oder sogar bald ausgebrannt. Schon vielen politischen Aktivisten ist es so ergangen.

…

Wir können jeden Fortschritt nur in unserer eigenen Zeit schaffen. Und jeder Prozess benötigt bestimmte Komponenten, damit er überhaupt stattfinden kann. Wenn Strom fließen soll, braucht es zwei entgegengesetzte Kräfte: die positive und die negative, um einen Stromfluss zu erzeugen. Du brauchst also immer erst einmal scheinbar gegensätzliche Energien, um einen Prozess überhaupt ins Laufen zu bringen. Benutze auch deine Ängste, deine Ungeduld, die Verzweiflung, die du in der Welt sehen magst – was auch immer –, um zuerst dich selbst besser zu verstehen und dann zu handeln. Du kannst diese Energien nur verwenden und von ihnen lernen, wenn du sie zuallererst erst einmal überhaupt nicht mehr verdrängst, verleugnest, unterdrückst, sondern stattdessen immer wieder dich selbst überprüfst: Wo ist die Angst – oder das Gefühl der Trennung, der Dichte – in mir selbst aktiv? Wo kontrolliert es mich möglicherweise immer noch und verzerrt meine Gefühle und damit meine Entscheidungen? Was gibt es, das ich mir noch nicht bewusst gemacht habe, das mich von einem möglicherweise besseren und effektiveren Kurs abbringt? Angst, ja sogar Bitterkeit oder Verzweiflung werden immer von inneren Faktoren angetrieben. Äußere Gründe kommen später noch hinzu. Also: Gibt es immer noch Programme in mir, die mein Verhalten bestimmen? Falls ja – dann kannst du davon ausgehen, dass du unangenehme innere Gefühle, die von diesen Programmen immer noch ausgelöst werden, möglichst schnell nach außen projizieren willst. Auf einen anderen, einen angenommenen Gegner, vielleicht auf die Gesellschaft. Auf jeden Fall auf die Situation an sich, die du jetzt für deine Gefühle verantwortlich machen kannst. Wenn du das tust, wirst du aus der Situation nichts lernen. Wir sind also immer dafür verantwortlich, unsere eigenen Gefühls- und Verhaltensmuster zuerst im Inneren zu heilen. So können wir dann später auch heilen, was sich daraus im Außen über Jahre entwickelt hat. Aber erst nachdem wir es zuerst in uns selbst fühlen, verstehen, akzeptieren und verwandeln konnten. Also stell dir am besten zuerst selbst die Frage: Bin ich überhaupt schon in der Lage, meiner Familie, meinen Liebsten und anderen Menschen Frieden zu bringen? Wo arbeitet der Schmerzkörper in diesem Moment immer noch in mir? Kann ich immerhin das schon fühlen? Bin ich in der Lage, mir dessen sogar bewusst zu werden? Und wo steckt die Angst in mir – immer noch verborgen? Was stellt das Problem, das ich im Außen wahrnehme, mit meinen aktuellen Gefühlen an? Was spürst du also, was geht hier wirklich vor sich, wenn du dich über etwas aufregst? Lerne, dich wieder mit der zellulären Intelligenz in deinem Körper auf einer noch viel klareren Ebene zu verbinden. Mit der Zeit wirst du erste, konkrete Ergebnisse in deinem Leben beobachten, die sich ergeben, wenn du dich zuerst einmal selbst unter die Lupe nimmst und konsequent die Veränderung von innen heraus zulässt.

Mir ist zumindest eines im Gespräch klar geworden: Ganz sicher kann ich noch nicht so viel fühlen wie du. Wie soll ich zum Beispiel erspüren können, was du »zelluläre Intelligenz« genannt hast? Was soll das denn bitte sein? (Beide lachen.)

Das notwendige Körperbewusstsein wird sich einstellen: Die deinem Körper eigene Intelligenz wird den Dialog mit dir aufnehmen, und dir wird im Alltag mehr und mehr Neues auffallen. Es kann ein wenig dauern, und es wird Übung brauchen. Aber wenn du weiterhin nur im Außen nach Lösungen suchst, wirst du diese dort nicht finden. Wir sind lange darauf trainiert worden, unsere Wahrnehmung nach innen zu blockieren und dafür nur im Außen nach Lösungen zu suchen. Das ist im Kern das wirkliche Problem – auch jetzt in diesem Moment. Lass uns deshalb noch einmal einen Schritt zurückgehen. Lasst uns alle innerlich sozusagen einen Schritt zurücktreten. Und nach innen gehen, hineinspüren.

…

Tritt innerlich einen Schritt zurück.

Werde langsam in allem, was du gerade tust.

Lass uns alles ganz langsam fühlen, gemächlich in uns aufnehmen. Innehalten – sich Zeit nehmen – beobachten.

Wenn wir das tun, können sich die Sinne wieder öffnen. Du trittst in Sinneskontakt mit deinen Zellen, deinem Herzen, deinem Blut und den Organen. Es findet wieder Kommunikation zwischen dir und deinem Körper statt. Es ist zum Beispiel ganz wunderbar, zu erleben, wie intelligent etwa die Interaktion zwischen dem Blut und dem Herzen doch ist. Wie intelligent unser Blut agiert. Wie intelligent unser Körper ist. Das ist nur ein Vorgeschmack auf all das, was man sonst noch erleben kann. Sei geduldig mit dir selbst. Ändere zuerst deinen Lebenskurs und lerne, nach innen zu gehen. Nach innen. Einige Zeit später wirst du, während du schon mitten drin bist in deinem sich neu entfaltenden Leben, verstehen, was mit »innen« überhaupt gemeint ist. Was du daraus lernen und ins Handeln mitnehmen wirst.

Atme einfach ein. Und geh nach innen.
Atmen – tief in deine Zellen hinein. Langsam, ganz langsam ... und atmen.
Atme.
Ohne Erwartungen. Aber mit Bewusstsein für das, was du gerade tust.
Atme in die Zellen verschiedener Körperteile hinein.
Beobachte und entspanne dich.

...

Wenn du all dies in dir transformierst, wenn du dir erlaubst, den Raum im Inneren zu halten, wird genau das Transformation mit sich bringen. Nicht auf die Weise, wie es sich dein Verstand vorgestellt hat, sondern so, wie es von einer höheren, weiseren Perspektive her sein soll: Die Dinge entfalten sich und nehmen eine natürliche Entwicklung. Dafür müssen wir uns aber unseren tieferen Widerständen stellen. Was also wartet in dir immer noch darauf, von dir gesehen zu werden? Sei dir gegenüber offen, um es dir genauer anzusehen. Dies ist der Kern solider geistiger Arbeit: Offen hinsehen und immer hinspüren, was wirklich ist: Vor welchen Aspekten meines Lebens laufe ich noch weg? Nun können sich die richtigen Dinge für dich in Bewegung setzen. Im Innen und im Außen. Dein Leben wird sich verändern. Wenn du interagierst, wirst du feststellen, dass sich dein Umgang mit den Menschen verändert, dass du neue Ergebnisse erhältst. Du wirst ermächtigt, besser, liebevoller, effektiver zu agieren – aber nur, wenn du den Raum für dich und für deine inneren Kinder halten kannst. Wenn du ihn endlich auch für andere halten kannst. Ohne Urteile zu fällen!

Wo genau liegt der schmale Grat zwischen wahrnehmen, was ist, und ver-
urteilen? Wenn ich mich zum Beispiel dafür entscheide, wahrzunehmen, dass
irgendetwas mit einer anderen Person einfach nicht zu stimmen scheint. Dass
sie aus meiner Sicht sogar »gestört« wirkt. Ist das schon verurteilen?

Eine gute Frage, die du dir immer selbst stellen kannst, lautet: Mit
wem spreche ich da gerade? Es ist zum Beispiel möglich, dass du
gerade mit dem erwachsenen Anteil von jemandem sprichst und
im Gegenüber ein waches elfjähriges inneres Kind vor dir sitzt,
das präsent ist und dir zuhört. Jetzt kannst du mit ganzem Herzen
mit diesem Elfjährigen sprechen. Achtsam, sanft. Du erklärst die
Dinge dem Kind auf eine Weise, dass es gut annehmen kann, was
du zu sagen hast. Du sprichst überhaupt voller Herzensgüte zu
ihm. Ein Wort wie »Störung« taucht gar nicht mehr in deinem
Kopf auf. Du sprichst aus dem Herzen heraus, und du bist gegenwärtig. Und schon wird gegenseitiges Vertrauen aufgebaut. Die
Situation wird sich ändern, sie wird lösbar und kann sich auflösen.
Also, überlege es dir und fühle: Mit wem spreche ich da eigentlich
gerade?

Dadurch verändert sich jede Situation für dich. Weil der
schmale Grat – diese wirklich feine Art der Wahrnehmung – für
dich immer schon da ist. Hier gibt es keinen Raum mehr für Urteile, für ein Verurteilen im Geist. Wenn du lernst, aus deinem inneren Raum heraus zu sprechen und zu handeln, wirst du mit den
richtigen Worten sprechen, die der Situation angemessen sind.
Du wirst mit deiner Körpersprache die richtigen Signale geben.
Du wirst dabei fühlen, dass der Flow dich schon wieder führt. Es
gibt keinen Raum mehr für bloßes Urteilen in deinem Kopf und in
deinem Erleben geben. Dein Gegenüber wird den Respekt spüren
und was du da — den Raum haltend –, im Raum erschaffst: eine
Weite, die du vom Platz deiner eigenen Wahrheit aus gezielt aufbaust. Und das tust du von ganzem Herzen.

…

Vor einigen Jahren habe ich viel mit Muslimen und Palästinensern zusammengearbeitet. Bei dieser Heilarbeit war es mir sehr wichtig, alle Systeme zu ehren, die im Feld waren und darauf einwirken, was im Nahen Osten geschieht – zum Beispiel verschiedene Glaubenssysteme –, dabei aber stets im Raum meiner eigenen Wahrheit zu bleiben. Ich habe mich oft selbst gefragt: Von woher spreche ich, wenn ich mit jemandem spreche? Möchte ich mich durch meine Aussagen gerade ins richtige Licht rücken und mich beweisen? Spricht hier mein verwundetes Kind oder meine Seele? Ist da ein Glaubenssystem in mir wirksam, das ich gerade anzapfe, und das mich von der Herz-zu-Herz-Beziehung in der Gruppe trennt?

Wenn du Menschen verurteilst, wird das, was du sagst oder denkst, dich von der Person trennen, und das Feld wird zusammenbrechen. Wenn das, was du sagst, deine innere Wahrheit als Mensch aufzeigt, könnt ihr beide miteinander verbunden bleiben. So kannst du überprüfen, ob du gerade im Urteilen bist oder nicht. Es wird dich verblüffen, was du alles schaffst. Wenn du auf authentische, kluge, bewusste Art länger im Vertrauen bleiben kannst, werden sich selbst knifflige Situationen auf verblüffende Weise auflösen. Jede Situation wird dich zum jeweils höchsten, bestmöglichen Ergebnis führen. Effektiv. Wenn du in diesem Raum des Vertrauens bleibst. Neue Worte kommen zu dir, du sprichst manchmal sogar in einer anderen Tonlage. Du wirst immer spüren, an welchem Punkt du gerade stehst und wo die andere Person steht.

Dennoch, ich muss darauf bestehen: Wenn ich an aktuelle Konfliktzonen denke ...

Ich sage nicht, dass alle sofort ihre Waffen niederlegen werden, aber wenn du es schaffst, zunächst deine eigene Frequenz zu ändern, und erst in die Interaktion, in den Austausch gehst, wirst du Unterstützung bringen. Du bringst Sicherheit in das Feld für andere. Wenn das schon einem oder zwei helfen kann, ihr eigenes Leben zu verändern, irgendwann sogar ihre Waffen niederzulegen, hast du bereits begonnen, etwas zu bewirken.

Das ist der Weg der Liebe:
Liebe ist eine intelligente Schwingung. Sie ist eine Energiekraft.
Liebe geht in jedes System hinein.
Liebe geht durch jedes System hindurch.
Liebe kann jede Mauer, jede Situation verändern.
Die Liebe kann jede Seele berühren – und wenn du dich in diesem Wirkbereich tiefer Liebe aufhältst, kann keine noch so solide Mauer etwas gegen diese Liebe bewirken. Nichts kann euch mehr davon abhalten, für die tiefe Liebe einzustehen.
Und Schritt für Schritt geschieht die Transformation.

Jetzt bin ich bereit, dir eine spezielle Frage zu stellen, an die ich schon länger denke, und ich stelle sie dir voller Respekt angesichts dessen, was du mir und uns hier lehrst.

Danke.

Also: Was bedeutet es für dich, geistig aufzuwachen? Im Leben spirituell zu werden? Anders gefragt: Was verbirgt sich für dich hinter dem Modewort von der »Achtsamkeit«?

In der Lage zu sein, zu erkennen, dass die göttliche Intelligenz ständig auf viele unglaubliche Weisen in uns schon aktiv ist. Wenn wir der göttlichen Intelligenz wirklich vertrauen, wird sich alles verändern. Aber wenn wir die Kontrolle haben wollen, indem wir weiter unseren Überzeugungen aus der Vergangenheit folgen – also nicht vertrauen –, stoppen wir die göttlichen Frequenzen in ihrer Bewegung, uns zu erreichen. Dann löst sich unser Emotionalkörper (alle unsere Gefühle, bewusste wie unbewusste) von der Weisheit des inneren Kindes, von seinen Fähigkeiten los. Sonst bleiben wir gespalten und getrennt. Wir könnten nicht im Vertrauen noch weiter loslassen und all das Neue, Verspielte einladen, das uns vielleicht noch gar nicht bewusst ist, aber mit uns in Kontakt treten will. Wir schneiden uns von dem ab, was wirklich geschieht, von all dem Frischen, Unerwarteten, das eigentlich bereits in unser Leben kommt. In jedem Moment. Wenn wir das nicht wahrnehmen und ihm nicht mit Aufmerksamkeit begegnen, verpassen wir nur den Moment.

Tritt einfach wieder in den Fluss des Lebens.
Bewusst atmen.
Fühlen.
Weiter fühlen.
Spüre bewusst. Atme bewusst. Beobachte.
Fühle und ergib dich dem Fluss.

Ich bin, der ich bin.

ICH BIN, DER ICH BIN.
…

Hingabe.
Ich gebe mich hin.
Ich gebe mich dem göttlichen Fluss hin.
…

Ich kenne einen jüdischen Orthodoxen, der bei einem Angriff auf Israel leider alle seine Kinder verloren hatte. Als die Schreckensnachricht eintraf, war ich vor Ort, und wir erschufen sofort gemeinsam mit anderen Freunden ein riesiges Feld voller Mitgefühl, Liebe und Einheitsbewusstsein. Und dieser unglaublich inspirierende Mensch klinkte sich trotz seines Schmerzes sofort in dieses Feld mit ein. An der Beisetzung seiner Kinder einige Tage später nahmen die Führer beider Seiten teil, Israelis und Palästinenser. Die Präsenz dieses Mannes und die Rede, die er hielt, waren dermaßen kraftvoll und inspirierend für jeden, weil er ganz klar sagte: »Das Einzige, was wir tun können, ist, uns dem Leben zu ergeben. Uns hinzugeben.«

Alles, was wir tun können, ist Hingabe.
Ergib dich der Liebe.
Ergib dich dem Schmerz.
Ergib dich. Gib dich hin.

Später kamen Führer verschiedener Religionen zusammen, um ihre besondere Verbundenheit mit diesem Mann zu teilen. Sie fanden zusammen, weil die Worte dieses einen Mannes die Herzen der Menschen auf der ganzen Welt berührten und so viele Schmerzkörper verwandelten – nicht nur in den USA, in Israel und Palästina. Das Herz dieses Menschen, der niemals resignierte, hat so viele Seelen angesprochen, die ebenfalls ihre Liebsten verloren haben. Mit seiner Liebe berührte und verwandelte er so viele! Als er sich seinem Schmerz hingab, hat er die Wände eingerissen, die wir so lange um uns gezogen haben. Tatsächlich können wir jeden Tag neue Samen im Bewusstsein legen, die die Kraft haben, jeden denkbaren Lebensaspekt zu verändern. Kennst du zum Beispiel die Social-Media-Gruppen, in denen Iraner und Israelis offen zeigen, dass sie Freunde sind, dass sie sich sogar lieben? Stell dir vor: Iraner lieben Israelis, und Israelis lieben Iraner! Solche Aktionen reinigen die kollektiven Gefühlsfelder. Vertraue nicht immer den üblichen Infoschleifen in den Medien, die oft genug nur Negatives transportieren. Viele Medien scheinen förmlich davon abhängig zu sein, nur über Negatives zu berichten. Aber sogar aus Kriegsgebieten dringt sehr Berührendes bis zu uns:

Berichte über Menschen, die mit Erfolg ihr Bestes geben und alle Hindernisse überwinden, um etwas zu verändern. Solche News werden meist gar nicht gezeigt. Tritt aus Nachrichten, die nur Angst und Verzweiflung erzeugen, bewusst heraus. Komm zurück, genau hierher, in diesen Moment, in dein eigenes Leben! Täglich 15 Minuten nach innen blicken kann langfristig etwas bewirken. Auch für andere. Überall auf der Erde haben Menschen aus allen Generationen längst damit begonnen, genau diese Arbeit zu leisten: Sie schärfen ihr Bewusstsein. Sie erhöhen ihre Frequenz. Sie leben bewusst. Indem sie gemeinsam oder für sich ihr innerstes Sein und die Stille, die sich daraus ergibt, noch etwas mehr zusammen genießen. Die schöpferische Kraft und der Mut zur Veränderung, der sich aus diesem Erleben ergibt.

…

So, Timur, und jetzt habe ich eine esoterische Insiderinformation für dich parat, was bestimmte Kriegszonen betrifft.

So wie ich es erlebe, gibt es bestimmte energetische »Hotspots« auf der Erde, an denen eine bestimmte Kraft versucht, die Menschen in den Verstand, in die Angst, in viel mehr Dichte und Schwere hineinzuziehen. Solche Phänomene gibt es zurzeit in mehreren Regionen der Erde. Besser gesagt: Es gibt sie noch. Wir brauchen dafür aber nicht den Verstand endlos in Details wühlen lassen. Das lenkt nur ab. Wenn genug Menschen sich einfach nur bewusst machen, dass es solche Einflüsse gibt, und gleichzeitig bewusst angstfrei und bewusst ihren Fokus auf Liebe, Schöpferkraft und Verbundenheit halten – und das ist mit Raum halten gemeint –, egal was in der Welt passiert, löst das die alten Kräfte auf. Einfach so. Wenn wir bewusst spüren, was geschieht, ohne in Angst, Abwehr, Ablehnung zu gehen, sondern auf die höhere Wirklichkeit ausgerichtet bleiben.

Einfach so? Und das soll es gewesen sein?

Das genügt. Denn die reine Liebe verwandelt alle Systeme. Besonders wenn sie von vielen gemeinsam erzeugt wird, verwandelt sie auch die Menschen, die sich noch im Widerstand befinden. Reine Liebe. Gegen jeden Widerstand. Diese Arbeit beginnt schon, wenn man aufhört, sich sinnlos zu sorgen, und stattdessen zum Meister seines eigenen Bewusstseins wird. Und indem ihr euer Bewusstsein zeigt. Zeigt euer Licht, indem ihr die wirklich guten Neuigkeiten schafft und verbreitet. Das schafft Kraft für jede Form von Transformation, die jetzt ansteht. Es gibt in der Welt keine Mauern, die dick genug wären, die reine Liebe aufzuhalten.

Ich nehme an, das alles hat zur Konsequenz, dass wir uns ständig weiterentwickeln dürfen – für den Rest unseres Lebens. Ja, dass wir uns sogar weiterentwickeln müssen!?

Ja.

O – mein – Gott!
(Beide lachen.)

Tiefer ins 21. Jahrhundert hinein

Damien, für viele meiner Freunde waren die Jahre 2016 bis 2019 sehr hart. Es kam ja einiges zusammen: wirtschaftliche Herausforderungen, politische Auseinandersetzungen, die Folgen des Klimawandels, die Sorge um die Natur und ob wir als Menschheit überhaupt überleben können und natürlich persönliche Lebensthemen. Und jetzt denken alle, dass die kommenden Jahre noch schwerer werden. Einige befürchten sogar, dass das alles überhaupt nicht mehr aufhört.

In den letzten Jahren haben sehr viele wahrgenommen, dass sie nicht mehr einfach so mit ihren unerledigten Themen weiterleben können. In unserer Zeit kommen sprichwörtlich die Leichen aus dem Keller und klingeln frech an der Haustür. Du machst die Tür auf und …

Alle unerlösten Themen, die wir mit uns herumschleppen – mit Freunden, mit Familienmitgliedern oder mit der Bank – lassen sich nicht mehr verdrängen, sondern wollen endlich erlöst werden. Das ist ein Ausdruck der aktuellen Zeitqualität: Was wir früher noch einigermaßen wegsperren konnten, möchte jetzt angesehen werden. Wir können »Altes« nicht mehr so leicht vernachlässigen. Die alten Gespenster rasseln direkt im Schlafzimmerschrank mit ihren Ketten. Wir können sie nicht mehr so leicht überhören wie früher.

Das passt gut dazu, dass viele ihr Leben schneller und verdichteter wahrnehmen.

Die Intensität steigert sich, damit wir uns endlich mit dem beschäftigen, was wirklich in uns wichtig ist, wo wir endlich hinschauen müssen – bis wir alle unsere Themen vollendet haben. Bis wir sie endlich verwandelt haben.

Du glaubst, dass wir das alles ganz einfach und spielerisch erleben könnten? Dass wir auf diesen stürmischen Wellen sozusagen auch ganz entspannt surfen könnten?

Ja, klar, wenn du bereit bist, wirklich zu handeln und alle deine Themen zu lösen und zu einem guten Abschluss zu bringen. Dies ist die Zeit eines großen Übergangs, und wir haben alle jetzt die Aufgabe, im eigenen Leben das wirklich Wichtigste anzusehen, zu erspüren, zu verstehen, umzuwandeln und abzuschließen. Andernfalls würde langfristig unser eigenes, inneres (Lebens-)Fundament sogar in Stücke zerfallen. Wir könnten gar nicht mehr mitgehen, weil sich die Erde gerade so schnell verändert. Weil sich die globale Gesellschaft so schnell verändert. Weil alle Probleme, die wir gemeinsam verursacht haben, jetzt sichtbar werden, müssen wir zusammen geistig wachsen. Es geht darum, die eigenen Potenziale und Fähigkeiten wieder zu aktivieren. Denn es ist ein großer Umbruch, der in den nächsten Jahrzehnten auf uns zukommt: Wir werden nichts mehr verleugnen können. Einfach gar nichts mehr. Kannst du dir das vorstellen? Deswegen wird alles, was nicht schon in dir vollständig heil geworden ist, jetzt aufgerührt und aufgeschreckt. Wenn du dich dagegen wehrst oder um dich schlägst, wird die Welle trotzdem früher oder später über dich hereinbrechen. Dein Widerstand wird daran nichts ändern. Bis du handeln kannst, also genau das akzeptierst und dich dadurch veränderst. Ich habe es bei einigen Bekannten erlebt: Weil sie Veränderung nur so akzeptieren konnten, wie sie es sich vorgestellt und gewünscht haben, wollten sie sich nicht im Kern verändern. So funktioniert Veränderung aber einfach nicht mehr! Eine solche Lebensvorstellung wird angesichts des Geburtsvorgangs, der jetzt kommt, zerbrechen. Du selbst wirst dich verändern müssen. Du wirst ändern müssen, was dringend in dir verändert werden soll. Wenn du so etwas Lebenswichtiges weiter ignorierst, wird es immer tiefer und tiefer in dich eindringen, alles in deinem System aufbrechen, alles ans Licht bringen. Wir können den Prozess durchaus mit einem Erdbeben vergleichen: Die Energien, die im kollektiven Feld aktiv sind, spalten die fest gefügten Dinge förmlich auf: Energie wird freigesetzt, alles splittert, bricht auf und transformiert sich. Dies ist der Geburtsvorgang, der im Moment in uns abläuft.

Und, ja, er kann schmerzhaft sein.

Doch es muss gar nicht so ablaufen, sondern viel einfacher, spontaner und freudvoller: einfach nur aufregend, spontan, voller Bewegung und Spaß. Aber dafür müsstest du selbst zum ersten Beweger werden, zu einem Element, das den Prozess in Gang bringt: Du musst aktiv werden und dein Handeln gut beenden.

Das sind harte Nachrichten, denn es gibt immer etwas im Leben, das wir gerade nicht verändern wollen. Wir werden aus unserer Komfortzone geworfen, in einen neuen Veränderungszustand mit hineingezogen. Alles läuft immer noch schneller ab. Wie gesagt, das kann sich sehr positiv für uns auswirken! Denn mit der neuen Zeit ist es ein wenig so wie mit dem Internet: Du denkst über ein Thema nach, und in Sekundenschnelle kannst du nachschlagen und findest die Antwort auf deine Frage innerhalb von wenigen Augenblicken. Du kannst blitzschnell darauf reagieren, daraus lernen, etwas Neues dazulernen, deinen Kurs verändern. Es besteht immer die Möglichkeit, zu lernen und sehr schnell zu wachsen. Aber es liegt an dir. Wir erhalten jetzt gerade die Mittel, uns so schnell auszubilden wie noch nie vorher, aber es liegt an uns, ob wir die neuen geistigen Möglichkeiten nutzen und mit welcher Absicht wir es tun.

Ich weiß jetzt zum Beispiel, dass ich mir über viele Themen, die ich bisher vernachlässigt habe, mehr Gedanken machen müsste. Empfiehlst du mir zum Beispiel, zu meditieren, damit ich mein Bewusstsein besser kontrollieren kann?

Lebe dein Leben ruhig genau weiter so, wie du es kennst – aber werde dir bewusst, was dabei gerade geschieht. Dafür brauchst du nicht unbedingt eine spirituelle Übungsform. Es kommt auf dich an: Wenn du bewusst in dein Büro gehst, stellst du dich in diesem Moment vielleicht schon deinen größten Ängsten. Bleib dann einfach weiter bewusst. Es werden Momente kommen, in denen du dich in deinem alltäglichen Leben deinen größten Ängsten und Irritationen stellen wirst. Bleib auch dann möglichst bewusst. Wenn du dich dazu aufraffen kannst, trotz aller möglichen Irritationen bewusst zu bleiben, ist genau das dein Training. Bring diesen Satz in dein Bewusstsein: *Ich bin, der ich bin.* Diese sehr alte Aussage ist eine sehr gute Erinnerung: Was auch immer passiert, ich bleibe stets mit meinem eigenen Selbst in Verbindung. Ich werde mich nicht in einer Situation verlieren. Ich bleibe im Vertrauen, in der Liebe, im Einheitsbewusstsein. Ich bleibe dem Gefühl treu, dass ich mit einer höheren Ordnung verbunden bin, die mich unterstützt. Einige Wörter haben diese Kraft, uns an Dinge zu erinnern, die in uns allen noch verborgen liegen. Also lass es uns gemeinsam sagen, lass es uns gemeinsam denken, lass es uns gemeinsam bewusst werden:

ICH BIN, DER ICH BIN.
Ich bin, der ich bin.
Und atmen.

...

Die Situation, in der du dich scheinbar befindest, verändert sich schon wieder. Die Situation verändert sich wieder. Und von dort aus tun wir den nächsten Schritt. Bewusst. Aktiv. Aber indem wir fühlen, indem wir verbunden bleiben.

Ich bin, der ich bin.

Und allein schon bei einer Begegnung mit dem Nachbarn am Zaun kannst du lernen, richtig zu handeln, deinen Gefühlen dabei weiter treu zu bleiben und gleichzeitig Gutes zu bewirken. Du kannst lernen, andere auf ganz neue Art zu verstehen. Du kannst lernen, in jeder Minute aufzuwachen. Indem du spürst, was wirklich in dir und in den Menschen vor sich geht, mit denen du interagierst, kannst du einem Geisteszustand erreichen, den auch bestimmte Meditationstechniken anstreben. Hierzu genügt es schon, zum Beispiel die TV-Nachrichten wirklich voll und ganz bewusst anzuschauen – voll und ganz körperlich präsent, ganz im Zentrum deines eigenen klaren Bewusstseins ruhend. Ohne auf irgendetwas automatisiert zu reagieren, ohne zu urteilen. Teste dich also ab jetzt ab und zu selbst: Bin ich wirklich schon fähig, das zu tun? Überprüfe dich heute, überprüfe dich morgen. Nutze jede Gelegenheit. Du brauchst kein spektakuläres Ereignis im Leben mehr, keinen schweren Unfall (wie einst bei mir geschehen), damit »Bewusstsein« in dir wieder seinen richtigen Platz findet und sich einrichten kann. Denn dich lehrt jede einzelne Situation.

...

Angenommen, du hast zurzeit Angst vor einer bestimmten Krankheit, und läufst auf der Straße an einem Plakat vorbei, das genau auf diese Krankheit anspielt. Allein das kann schon ausreichen, damit das Feld die Frequenz dieser Krankheit für dich eröffnet und dir dazu etwas beibringt, was du wissen willst. Du wirst vielleicht nur durch einen kurzen Blick auf das Plakat intuitiv genau das herausfinden, was du über dieses Thema wissen möchtest. So etwas geschieht oft. Und was machst du dann? Du fühlst es bewusst und atmest es bewusst durch. Du verwandelst deine Emotionen. Bewusst. Damit transformierst du die Frequenz in dir. Und jetzt lässt du alles los. Für deinen Verstand ist das vielleicht weiterhin nur eine Plakatwand. Aber wenn du bewusst wirst, kannst du neue Lebenssituationen nicht mehr auf alte Art beurteilen. Sondern du nutzt jedes Hilfsmittel, das in dein Leben kommt, um das Neue zu lernen: Du hast vor einigen Augenblicken ein Plakat gesehen, und das hat etwas ausgelöst. Du bist weitergegangen und hast innerhalb von Sekunden spontane, neue Einfälle erhalten, hast gespürt, welche Gefühle auftauchen, hast die neuen Gefühle und Gedanken dabei beobachtet, wie sie sich wieder verwandeln und ... gut ist. Es kann Sekunden gedauert haben. Doch die neuen Inspirationen sind integriert.

...

Und schon ein Gang zum Supermarkt kann wieder ganz neue Themen aufrühren, zum Beispiel, wenn du die vielen unterschiedlichen Gefühle der Menschen dort intuitiv erspüren kannst. Was macht das mit deinen eigenen Gefühlen? Und was hat das, was du an anderen erspürst, eventuell mit dir selbst zu tun? Und du beobachtest es einfach entspannt, ohne dem etwas hinzuzufügen. Die Frage lautet also immer: Stellst du dich schon bewusst deinen eigenen Gefühlen und vernachlässigst du auch nicht mehr, was im täglichen Leben mit dir geschieht? Egal was passiert, du bleibst jetzt einfach wachsam, voller Selbstachtung und Geduld dir selbst gegenüber. Lass das zu deiner Meditation werden. Nimm dir etwas Zeit, und du wirst immer besser lernen, jede Situation gut zu nutzen. Und wofür? Um noch bewusster zu werden.

Und wie wichtig ist deiner Meinung nach das Üben von »echter« Meditation?

Meditation, so wie sie von Religionen gelehrt wird, ist ein großartiges Werkzeug, aber viele Aktivitäten sind für mich ebenso wichtig: Sport treiben, Spaß haben. Spaß zu haben ist so wichtig. Wirklich. Frag dein inneres Kind jeden Tag: »Was bringen echte Freude und Leidenschaft in unseren Alltag?« Dann tu genau das, und wenn du dabei Gutes erlebst und Freude daran hast, wirst du noch mehr Motivation entwickeln, auch wirklich gegenwärtig zu sein. Einfach in jedem Moment das Beste aus deinem Leben zu machen. Für mich ist das einfach die beste Art zu leben. Für mich wäre es grundfalsch, dabei einen Unterschied zwischen meiner spirituellen Praxis – egal ob Yoga, Tai-Chi, Meditation – und dem täglichen Leben zu machen. Etwa zu sagen: »Das ist meine Yogastunde in der Woche, und alles Übrige ist mein alltägliches Verhalten in der Gesellschaft.« Beides ist für mich das Gleiche. Denn meine wahre alltägliche Übung besteht darin, stets bewusst zu werden und zu bleiben. Alles, was du tust, wird bereits Ausdruck deines geistigen Wachstums. Alles, was du siehst, hörst und spürst, ist schon eine weitere Möglichkeit, dein Bewusstsein weiter zu schärfen und dabei in jedem Moment eine größere, schönere

Version von dir selbst zu entdecken und zu entwickeln. Auch wenn du gleichzeitig deine Toilette putzen und dabei deinem Kind in die Socken helfen musst, geht es immer zuerst und vor allem darum, dass du in diesem Moment dich selbst spürst, deinen inneren Raum, und dabei anerkennst, wie du wahrnimmst und fühlst. Wie es dabei deinem inneren Kind geht, wie dein Bewusstsein gerade Gefühle und Gedanken neu erschafft und koordiniert. Und aus diesem inneren Raum heraus beobachtest du und fühlst, während du weiter putzt, telefonierst und deinem Kind liebevoll behilflich bist.

…

Überprüfe dich selbst noch einmal: Bist du wirklich schon bereit, im Außen gut zu handeln? Kannst du im Jetzt mit liebevollem Herzen stets offenbleiben und mit Klarheit und Liebe sprechen, dabei auch handeln? Sogar wenn immer neue Schwierigkeiten und Konflikte aufkommen sollten? Hältst du den Gefühlssturm aus? Kannst du ihn sogar genießen? Denn nur das schafft wirklich Sicherheit im Feld. Für dich und für alle anderen. So hältst du den Raum sogar in schwierigen Situationen. Und wenn ich mich selbst wirklich kennenlerne, meine Themen verwandle, in mir meine wahren Potenziale weiter erschließe, bin ich bereit, im Außen gut zu handeln.

Spüre die Wahrheit hinter diesen Worten: *Ich bin, der ich bin.* Das ist ein göttlicher Code zur Aktivierung dessen in dir, was du wirklich bist. Das »Ich« im Satz steht für den Kern in dir, der mit dem unterstützenden höheren System schon verbunden ist – ein universelles System, das sich ständig verändert und weiterentwickelt. Dieses »Ich« ist nicht etwa das »Ich«, das vom Ego erzeugt wird. Es ist nicht das »Ich«, das die persönliche Identität festschreibt, eine fragmentierte Persönlichkeit, die uns nur Anteile von uns zeigt und nicht das, was wir in unserem Kern wirklich sind.

Wie kommen wir diesem »inneren Kern« in uns näher? Ich habe noch keine Ahnung, wo in mir eine Art »höheres Selbst« oder »Seele« als Kern von mir vorhanden sein soll.

Das wird sich noch zeigen. Geduld. Untersuchen wir zuerst noch etwas tiefer, was uns womöglich immer noch mit beeinflusst, ohne dass wir es bemerken. Ich meine den Einfluss unserer Familienlinien auf unser Erleben. Lass uns im nächsten Schritt erkunden, wie sich einige deiner Vorfahren gefühlt haben mögen, welche Themen in ihrem Leben unvollständig geblieben sind. Denn auch das kann dein Leben weiterhin beeinflussen. Und solange das kollektive Gedächtnis unserer Herkunftsfamilie unbewusst auf uns einwirkt, können wir noch nicht zu unserem Wesenskern vordringen.

Wir klären unsere Ahnenlinien

Auch wenn Vorfahren, die für uns eine wichtige Rolle spielten, nicht mehr am Leben sein sollten, sind ihre Informationen immer noch im Familiensystem aktiv. Und wir bleiben per Seelenverbindung mit ihnen verbunden.

Ich möchte dir hierzu eine Geschichte aus meinem Leben erzählen, die mir unter den Nägeln brennt. 2003, während des zweiten Golfkrieges, saß ich mit den Großeltern meiner damaligen Partnerin nächtelang vorm Fernseher. Wir haben uns die Nachrichten reingezogen: die nächtlichen Bombenangriffe auf Bagdad und auf Kuwait, die verbrannten Leichen der irakischen Soldaten auf der Rückzugstraße, das Leid der vielen Zivilisten. Im Zweiten Weltkrieg kämpfte der Großvater meiner Freundin viele Jahre als Soldat. Er und seine Frau verloren in den letzten Kriegsmonaten auf der Flucht vor den Russen 1945 eines ihrer Kinder und beide ihre Eltern. Als wir nun alle gemeinsam am TV-Bildschirm die schweren Kämpfe miterlebten, fühlte sich das für mich wie eine einzige Wiederholung an. Ich konnte die ganze Zeit

starkes Mitgefühl mit allen Soldaten und Zivilisten empfinden, die, egal
auf welcher Seite, in den letzten Jahrhunderten Krieg erleben und erleiden
mussten.

Viele Menschen haben Ähnliches erlebt: Sie sehen sich die Fern-
sehnachrichten an oder eine politische Dokumentation und –
Bang! – läuft in ihnen ein Gefühlssturm ab, wie ein inneres Feuer-
werk. Meistens kann sich der Verstand kein Bild davon machen,
was eigentlich passiert, deswegen verdrängen Menschen so ein
Erlebnis schnell, oft in Sekundenschnelle. Worum geht es hier?
Die Frage könnte lauten: Was würde mit dir geschehen, wenn
du mit den Ängsten, Schocks und Qualen in Berührung kommen
würdest, die deine Urgroßeltern oder Großeltern zum Beispiel
während des Ersten und Zweiten Weltkriegs erlebt haben müssen? Was müssen sie beispielsweise während der Zeit der großen
Bombenangriffe auf die Städte gefühlt haben? Waren einige von
ihnen in Gräueltaten verwickelt? Und so weiter. Wie hat sich das
alles auf die Familien und Kinder deiner Urgroßeltern und Großeltern, später auf dein eigenes Familiensystem ausgewirkt? Denn
es kann durchaus sein, dass du – oder deine Familienmitglieder –
alte Gefühle, Ängste, Lebensthemen und Probleme früherer Generationen reaktivierst. Dies geschieht meist unbewusst. Wenn
der richtige Auslöser aktiviert wird, setzt es die alten Erinnerungsfelder frei. Gefühle schießen hoch, fast so stark wie Schockwellen,
auch wenn du die darunter verborgenen ursprünglichen Gründe
gar nicht verstehen kannst. Dies passiert nicht nur, wenn besonders drastische Themen wie Krieg, Vertreibung, Hungersnot und
so weiter reaktiviert werden. Als Reaktion aktivierst du vielleicht
neue Ängste in dir und projiziert sie in deine Zukunft? Oder vielleicht versuchst du einfach nur, durch Ablenkung all dem inneren
Druck zu entkommen? Vielleicht versuchst du dich zu entspannen, indem du »Unterhaltungsfilme« konsumierst, in denen eine
Menge Kämpfe, Kriege, Morde oder auch Vergewaltigungen vor-

kommen? Falls wirklich tiefe Wunden aus alter Zeit weiter in dir aktiv sein sollten, du dir aber keinen Reim darauf machen kannst, woher es stammt und was es mit dir zu tun haben soll, kann das zu manisch-depressiven Verhaltensmustern führen. Es können sich Burn-out-Tendenzen ins Leben schleichen. Die Erfahrung zeigt, dass sich dahinter noch ungeklärte Themen aus deinen zwei Familienlinien verbergen können, eben Vorfahreninformationen. Wichtige, noch nicht geklärte Familienkonstellationen könnten sich durch eine aktuelle Lebenssituation zeigen: Zum Beispiel, wenn deine Mutter krank wird und du dir deswegen viele Sorgen machst. Solltest du dich zu sehr reinsteigern, kann es passieren, dass du irgendwann so handelst und sogar so fühlst, als wäre deine Mutter dein Kind – nicht deine Mutter. Dann hast du in deinem Familiensystem sozusagen deine Mutter auf den Platz des Kindes gestellt, nicht auf ihren wirklichen Platz. Dafür setzt du dich auf den genetischen Platz deiner Mutter, was zu Irritationen im Familienfeld führen kann. Familienmitglieder könnten wütend auf dich sein – ohne den eigentlichen Grund für ihre neuen Gefühle überhaupt zu kennen. Und das führt zu noch mehr Verwirrung.

Es gibt also eine Art Ordnung im Familiensystem!?

Ja, an jedem einzelnen »Platz« sind die persönlichen Informationen und Themen derjenigen Person gespeichert, zu der dieser Platz (oder Sitz) passt. Wir alle brauchen unsere eigenen Themen und einzigartigen Erfahrungen im Leben, damit wir an ihnen wachsen können. Und genau diese könnten wir verpassen, wenn wir uns im Familiensystem nicht an unserem eigenen Platz befinden. Du als Kind und deine Mutter habt auf geistiger Ebene zugestimmt, dass ihr in diesem Leben gemeinsam einige Erfahrungen erschaffen und miteinander teilen werdet. Meistens ist das eine gute, sinnvolle Sache. Aber nur, wenn die Ordnung stimmt: Denn nur du kannst deine eigenen Lebensthemen und die damit verbundenen Herausforderungen lösen. Und nur deine Mutter kann ihre Herausforderungen und ihre Themen auf ihre Weise angehen und in ihrem Leben lösen. Deine auf dich zugeschnittenen, für dich typischen Lebensthemen sind in dein Leben getreten, um dich auf eine für dich sinnvolle Weise zu reizen, zu fordern, auf den Lernweg zu schicken, der dich hoffentlich auf gute Weise weiterbringt. Die Lebenserfahrungen, Themen und Herausforderungen deiner Mutter – die sind für sie gedacht. Deine Mutter braucht also ihre eigenen authentischen Erfahrungen, um sich weiter verwandeln zu können: damit sich ihr Geist weiterentwickeln und wachsen kann. Das kann ihr niemand abnehmen. Und das gilt natürlich für alle Familienmitglieder. Doch wir versuchen sehr oft, die Lebensthemen von Verwandten zu übernehmen und diese für sie zu lösen.

Willst du damit sagen, dass es mir egal sein sollte, wenn meine Eltern oder andere Familienmitglieder in Schwierigkeiten geraten? Sollte ich ihnen in wichtigen Lebensphasen nicht beistehen?

Natürlich sollte man sich stets liebevoll und verlässlich um seine Mutter kümmern, wenn es angebracht ist. Aber wie wird dabei dein innerer Fokus sein? Kannst du dir bewusst machen und das aufrechterhalten, dass du immer noch du selbst bist und sie sie selbst ist? Anders gefragt: Bist du dir stets darüber im Klaren darüber, dass jede Generation ihr eigenes Schicksal hat? Oder wirst du versuchen, deiner Mutter etwas abzunehmen, was du ihr im Prinzip nicht abnehmen kannst? Wie wirst du es auffassen, wenn sie zum Beispiel immer mehr Bedürftigkeit als Frequenz ausstrahlt? In dir könnten gemischte Gefühle und Gedanken aufkeimen, die dich in einen Zwiespalt bringen, weil du schon damit begonnen hast, Themen und Gefühle deiner Mutter zu übernehmen, damit sie es leichter hat. Dadurch setzt du dich – energetisch gesehen – auf den Platz deiner Mutter und verdrängst sie schon zum

Teil von ihrem Platz. Vielleicht hast du ihr gegenüber intensive neue Gefühle. Gefühle, die du nicht verstehen kannst – aber der Verstand wird seine Urteile fällen und die Gefühle gegebenenfalls falsch interpretieren. Und vielleicht wirst du aus heiterem Himmel wütend auf deine Mutter. Als Folge wird eure Beziehung holpriger, der Austausch zäher, die Interaktionen irgendwie schwieriger. Denn jetzt blockieren sich beide Systeme gegenseitig in ihrer jeweiligen Expansion. Die Energien, die eigentlich im Familien-Feld harmonisch zwischen euch fließen sollten, werden blockiert. Vielleicht werden auch Geschwister dadurch irritiert: Denn die Störung im Familienfeld wird sie frustrieren, ohne dass sie es verstehen. Das alles kann weiteres diffuses Unbehagen in der ganzen Familie provozieren. Damit kann wiederum der Verstand der Beteiligten gar nichts anfangen. So werden unausgereifte Emotionen in Urteile gegossen und wiederum ins bereits gestörte Feld rausgegeben. Damit kommen weitere Vorwürfe in das Feld, die meist nur oberflächlich diskutiert werden, und das kann noch mehr Irritationen hervorrufen. Das Gleiche geschieht, wenn du zum Beispiel unbewusst Glaubenssysteme deines Vaters oder deiner Großmutter übernimmst. All das verursacht immer neue Störungen im Familienfeld.

Die meisten Familienthemen haben ihre Wurzeln darin, dass jemand den genetischen Platz eines anderen eingenommen hat. Wer nicht mehr seinen eigenen Platz einnimmt, verliert an Erdung, an Orientierung. Das hat ganz konkrete körperliche Folgen, kann aber auch auf andere Weise deine Lebensausrichtung beeinflussen. Vielleicht bist du in diesem Leben ein Arzt. Vielleicht wollte früher schon mal jemand aus deiner Familie Arzt werden, ein Großvater oder ein Cousin, aber er konnte oder durfte seinen Wunsch nicht ausleben. Wenn der Mensch nach seinem Tod nicht in vollständigem Frieden mit seinem Schicksal hinübergegangen ist, kann es sein, dass die Energie, die er im Feld zurücklässt, seine nicht ausgelebten Gefühle, zum Beispiel an dir und deinem Schicksal andockt, weil du jetzt ein Teil seines Familiensystems bist. Du wirst von seinen Informationen beeinflusst. Es kann sein, dass du nicht aus vollem innerem Antrieb als Arzt lebst und arbeitest, sondern von Beweggründen, Absichten und Hoffnungen deines Vorfahren mit beeinflusst wirst. So etwas ist durchaus möglich! Wenn du also mit deinem Arbeitsleben nicht glücklich und entspannt sein solltest, vielleicht deshalb, weil du diese Arbeit für jemand anderen erledigst. Das kann zu verschiedensten irrationalen Gefühlen führen: zu Frustration oder zu Zwangsgedanken, die dich verfolgen, obwohl sie gar nicht von deinem Kern kommen. Bis du dich eventuell in einem Burn-out oder einer Krankheit wiederfindest. Weil Informationen in deinem Gefühlsbereich wirken, die nicht zu dir gehören, sondern zu verstorbenen Familienmitgliedern.

Das erinnert mich an die Vorstellungen alter Kulturen, dass unsere Vorfahren nach dem Tod mit uns verbunden bleiben und uns in vielerlei Hinsicht weiter beeinflussen.

Alles im Universum hat seinen Platz. Seinen richtigen Ort. Und von hier aus kann die Energie, die Information, gut fließen. Aber wenn zum Beispiel ein wenig von der Energie meines Vaters an meinem Platz »festhängen« sollte, wenn also ein Teil der Seelenenergie meines Vaters auf meinem Platz sitzt und von dort aus wirkt, fließt die Energie im Feld nicht mehr optimal, und es kommt zu Stauungen. Vielleicht halten wir dann im Leben Dinge zurück oder tragen fremdartige Gedanken und Gefühle, die nicht in unser Feld gehören, mit uns herum. Dann wirst du nicht nur deine eigenen Seelenlektionen im Leben anziehen, sondern auch die Seelenlektionen von Vorfahren. Aber das kannst du auf Dauer nicht halten. Es wird dich unglücklich machen. Deswegen ist es so wichtig, dass jeder an seinen eigenen Platz im Familiensystem zurückkehrt. Von dort aus können wir alle Energien und Infor-

mationen an ihren richtigen Ort im Familiensystem zurückschi-
cken. Von hier verbinden wir uns mit allen »richtigen«, den für
uns stimmigen Energieflüssen, die dazu bestimmt sind, mit uns zu
arbeiten. Die also wirklich zu uns gehören.

Kürzlich habe ich das Thema Tod in meinem System geklärt.
Hierzu musste ich beispielsweise herausfinden, warum ich mich in
jungen Jahren zu einem frühen Tod hingezogen fühlte und mich
ständig gefährlichen Situationen aussetzte:

Vor sieben Generationen hat eine Frau aus der Familie meine
Mutter ihr eigenes Kind getötet. Seitdem hatten alle Vorfahren
dieser Familienlinie den Hang zu einem frühen Tod. Dieses Thema war in mir aktiv, aber nicht in meinem eigentlichen Kern. Es
handelte sich ja um Informationen, die zu jemand anderem gehör-
ten. Das heißt also: Unsere Vorfahren geben unerlöste Themen
an uns weiter, und diese wirken wie Codes, die sich zu gegebener
Zeit in uns aktivieren. Im Familiensystem. Die Energie wird in
mir lebendig, und ich fange an, mich ähnlich zu verhalten wie
zum Beispiel eine Urgroßmutter, die einst eine dominante Rolle
in der Familie innehatte. So kann die Urgroßmutter ihre Energie
und ihre Themen weiter in die Familie hineingeben. Dadurch bestimmt sie mit, was in der heutigen Familie geschieht. So gesehen,
sitzt die Urgroßmutter energetisch auf den Plätzen der heutigen
Familienmitglieder im Familiensystem.

Nur wenn die Energie unserer Vorfahren an ihren eigenen Platz
zurückkehren kann, können sich die Energien im Familiensystem
verwandeln und gehen. Jetzt treiben uns diese (übrigens hologra-
fischen) Informationen nicht mehr an. Wir können also unsere
authentischen Emotionen stärker spüren, ohne weiter von alten
Geschichten und unerfüllten Schicksalen beeinflusst zu werden.
Hierfür ist es wichtig, dass wir unseren eigenen Platz im Familiensystem fest verankern und ihn wirklich einnehmen, ihn »besitzen«. Wenn du zum Beispiel deiner Herkunftsfamilie den Rücken
kehrst, den Kontakt abbrichst und dir eine Art spirituelle Ersatz-

familie suchst, kann es schnell passieren, dass du beispielsweise deinen spirituellen Lehrern oder älteren Freunden den Platz deiner Eltern zuweist. Das würde weitere Disharmonie in dein Leben bringen.

Ich öffne nun einen Raum, in den ich dich einladen und mitnehmen möchte, damit du deinen genetischen Raum wieder vollständig in Besitz nehmen kannst.

(Lange) Übung zur Klärung der Familienlinien

Es wäre optimal für dich, zu Beginn der Übung zu stehen. So zeigst du deinem Körper, dass du von nun an für dich und dein Schicksal einstehst. Dazu gehört, deinen eigenen ehrenwerten Platz im Familiensystem wieder einzunehmen. Du kannst dir diesen Schritt auch vorstellen, aber besser wäre es, du gehst ihn. Wir stehen jetzt also gemeinsam auf und treten einen Schritt nach vorn. Du machst einen Schritt und nimmst damit im Geist deinen Platz im Familiensystem wieder ein. Spüre, wie es ist, einen Schritt nach vorn zu machen und auf deinem Platz im System zu sitzen. Mach dir bewusst: All deine Familienmitglieder stehen jetzt hinter dir und sehen dir dabei zu.

Die stärksten Worte, um dir aufzuzeigen, wer du bist, und dich spüren zu lassen, was nicht mehr zu deinem genetischen System und Platz passt, sind:

ICH BIN, DER ICH BIN (Sag den Satz laut oder still in dir – wie es sich in diesem Moment für dich richtig anfühlt).

Du machst diese Aussage jetzt gegenüber dem Universum. Du sagst es zu jedem. In jede Zelle hinein:

ICH BIN, DER ICH BIN.

Ich lade dich jetzt ein, Mutter Erde – Gaia – in dein Herz zu lassen, sie bewusst in dein Herz einzuladen. Wir werden dies nun gemeinsam tun.

Dazu öffnen wir zuerst unsere energetischen Wurzeln: Stell dir vor, aus deinen Füßen wachsen Energieströme, die wie Wurzeln tiefer in die Erde ausschlagen, immer tiefer in Mutter Erde hineinwachsen. Wir atmen von unseren Füßen aus tief in die Erde, zu Mutter Erde hin und fühlen, wie diese Wurzeln immer tiefer gehen:

Und diese Wurzeln gehen tiefer, noch tiefer – es sind lebendige, vibrierende Wurzeln … lebendige Wurzeln. Energetische Wurzeln. In Licht gefasste Verwurzelung.

Stell dir vor, wie die Energie zwischen deinen Füßen und der Erde in Form einer liegenden Acht fließt. Die liegende Acht steht für einen zeitlich endlosen Fluss der Energie.

Atme tiefer in deinen Bauch.

Und nun visualisiere, wie du dieses Unendlichkeitssymbol, die liegende Acht, hinunter in Mutter Erde schickst. Du atmest die liegende Acht durch deine energetischen Wurzeln aus Licht, die aus den Füßen heraus in die Erde gehen – und durch diese Wurzeln aus Licht tief zur Mutter Erde. Zum lebendigen Phänomen, das die Erde ist, zum Bewusstsein der Erde – zum Gaia-Bewusstsein der Erde, dem lebendigen Wesen Erde.

Und atme hoch zu deinem Herzen. Mach dir bewusst:
ICH BIN, DER ICH BIN.
ICH BIN, DER ICH BIN
Atme in Spiralen hinunter in das Herz von Mutter Erde. Und atme hoch in dein Herz.
ICH BIN, DER ICH BIN.

Ich bin in meinem familiären genetischen System verwurzelt.

Ich bin in diesem biologischen Lebenssystem verwurzelt. In meiner biologischen Familie. In diesem gegenwärtigen Lebenssystem.

Nun bring die Zahl 108 hinunter zu deinen energetischen Wurzeln.

108 ist eine heilige Zahl. Sie hilft uns, Bewegung zu erzeugen, wo vorher Widerstand war. Du kannst sie in deinen Herzensraum schicken, überall dorthin, wo einst Angst oder sogar Hass in dir vorherrschten, denn die 108 erzeugt stets eine ganz neue Bewegung, sie erzeugt das Strömen, den unendlichen Fluss des Lebens (Flow). Dieses Strömen verwandelt die Dinge zurück in ihre ursprüngliche Form, und zwar durch unser Herz hindurch. Diese Zahl hält uns als Lebenssystem in Bewegung. Der Flow, den die 108 in deinem Geist erzeugt, verwandelt und vervollständigt alles, was die Seele sich zum Vervollständigen im Leben ausgewählt hat.

Und du bringst die 108 jetzt zu deinem genetischen Ort im Familiensystem. Wo du jetzt sitzt – oder stehst, wie es dir gerade passt. Spüre das. Du musst dir überhaupt nichts vorstellen, was du nur durch Willenskraft erzwingen könntest! Spüre einfach nur, wie es sich anfühlt, wenn es geschieht, was hier beschrieben wird.

Und jetzt ein tiefer Atemzug in alle Zellen deines Körpers. Ein- und Ausatmen.

ICH BIN, DER ICH BIN.

Falls sich noch Verwandte an meinem genetischen Ort, in meinem eigenen Feld aufhalten sollten, lade ich sie im Geiste ein, sich zu ihren eigenen Plätzen zu begeben. Du kannst es laut aussprechen – in Liebe –, denn diese Energien wissen stets, wer gemeint ist, »wer sie sind« und welchen Platz im Familiensystem sie haben. Hier gibt es also nichts weiter zu tun. Es gibt nichts zu beurteilen. Es gibt nur etwas zu bezeugen: wie die Klarheit deines Bewusstseins jetzt einer oder mehreren Vorfahrenenergie(n) hilft, sich zu verwandeln und an ihren stimmigen Platz zu gelangen.

Und alle bewegen sich an ihre eigenen Plätze.

Fühle es einfach. Lass es einfach zu.
Dein System weiß, was zu tun ist.

Deine Vorfahren sind nun am richtigen Ort. Auf ihren genetischen Plätzen.

Und ich sitze auf meinem genetischen Platz.

Hinter dir sitzen deine ehrwürdigen Vorfahren auf ihren Plätzen. Jetzt stellen wir uns vor, dass wir uns zu ihnen umdrehen und uns ihnen zuwenden: Nun kannst du ihnen all die Schlüssel zurückgeben, die sie an deinem Platz zurückgelassen hatten. Die »Schlüssel« sind Themen, Aspekte, Gefühle, die zum Leben der Vorfahren gehören, nicht zu deinem. Das kannst du dir zum Beispiel als Schmuck vorstellen, als eine geschlossene Schmuckkiste, die du zurückgibst. So wie du es dir spontan vorstellen kannst.

Du nimmst von »ihnen« alle Schlüssel zurück, die zu dir gehören. Von jedem in deinem Familiensystem. Du erhältst alle Schlüssel zurück, die du einst deinen Eltern, Geschwistern oder den Großeltern gegeben hast, damit sie sie für dich halten oder tragen.

Ich nehme mir all das zurück, was immer zu mir gehörte, seit ich auf diesem genetischen Platz in diesem Familiensystem sitze:

Ich nehme meinen freien Willen zurück und meine Sicherheit.

Ich nehme mir meine Freiheit zurück.

Verwurzelt, vollständig im eigenen genetischen System.
Ich bin in meinem Familiensystem. Vollständig,

333: Die Zahl 333 ist eine weitere heilige Codierung. Ihre Bedeutung: Eine Änderung ist erfolgt. Der Schritt nach vorn ist erfolgt. Lass auch diese Zahl in dein System hinein. Du kannst fühlen oder gleichzeitig visualisieren, wie die Zahl 333 in deinen Körper eindringt und sich in deinem Körper gegen den Uhrzeigersinn dreht. Die 333 hilft dir, diese Veränderung im Inneren zu spüren ... und schon bewegen wir uns auf eine noch höhere Frequenz zu. Die 333 steht für unser eigentliches Schöpferwesen, für unser Potenzial, ein (Co-)Schöpfer zu sein. Diese Schöpferkraft in dir kann sich nur vorwärtsbewegen, sie kann sich nicht von deinem höchsten Potenzial abwenden. Die Zahl 333 bringt dir den Mut und die Kraft, all das zu leben.

Und jetzt findest du in deinem inneren Bild neben deinem eigenen Platz den deines Partners. Wir haben stets einen Partnersitz aktiv im Feld, egal ob wir aktuell einen Partner im Leben haben oder nicht. Für Männer ist dieser Beziehungsplatz auf der linken Seite, für Frauen auf der rechten Seite. Für Menschen mit gleichgeschlechtlichen Beziehungen gilt, dass du intuitiv die für dich stimmige Seite für deinen Partnersitz erkennen wirst, entweder rechts oder links.

Jetzt fühle hinein und überzeuge dich selbst: Ist der Platz deines Partners frei? Oder sitzt dort schon jemand?

Fühle also, ob jemand auf deinem Beziehungsplatz sitzt. Wenn ja – wer ist er oder sie? Dein aktueller Partner (falls du einen hast)? Falls ja – fühlst du dich wohl damit? Wenn du eine Energiepräsenz auf dem Platz deines Partners spüren solltest, die nicht von deinem Partner stammt, kannst du diese jetzt dazu einladen, aus diesem Sitz zu steigen, alle ihre Gefühls- und Glaubenssysteme mitzunehmen und zurück zu ihrem eigenen Platz zu gehen. Auch deine Freunde und Bekannten haben in deinem Beziehungssystem ihre eigenen Plätze, möglicherweise rechts und links von dir im weiteren Abstand zum Platz deines Partners und zu den Plätzen deiner Geschwister.

Auch falls dein Partnersitz leer sein sollte oder wenn dein aktueller Partner dort bereits Platz genommen hat, sondiere, was sich für dich noch neu und ungewohnt anfühlen mag. Fühlen … denn vielleicht gibt es hier etwas mehr zu verstehen und zu spüren? Falls ja, kannst du nun zum Beispiel deinen Kopf zum Platz deines Partners drehen (mit offenen oder geschlossenen Augen). Und weiter fühlen … vielleicht möchtest du deinen Partner anlächeln. Vielleicht lächelt sie oder er zurück? Was passiert nun? Melden sich Sätze in deinem Kopf, die ausgedrückt und ausgetauscht werden wollen? Spüre einfach in diese und ähnliche Effekte hinein. Nimm dir überhaupt nach jeder Bewegung im Familiensystem, nach jedem Schritt, Zeit zu integrieren. Reagiere möglichst spontan und bewusst. Übernimm Verantwortung für das, was geschieht, und lerne von allen Informationen, die deine Gefühle dir in diesem Prozess gerade vermitteln.

Und jetzt kannst du das Symbol für Unendlichkeit – die liegende Acht – zwischen deinem Platz und dem deines Partners laufen lassen. Diesmal vertikal, nicht horizontal.

Und nun lass die Nummer 108 zwischen deinem Platz und dem Platz deines Partners wirken. Fühle, was sich verändert, und lass dir etwas Zeit dafür. Falls auf deinem Beziehungsplatz (d)ein Partner sitzen sollte, blickt ihr beide in dieselbe Richtung: nach vorn.

In die Zukunft – und die Zukunft ist immer makellos. Ihr beide sitzt da mit Gelassenheit, Bewusstsein, Würde. Alle Gefühle, die schon da sind und sich zeigen, dürfen weiter gefühlt und angesehen werden. Um bezeugt zu werden. Um geehrt zu werden.

Nun möchte ich alle deine Vorfahren noch einmal einladen, wieder ihren Platz in deinem genetischen System einzunehmen. Wie gesagt: Dein Partner befindet sich auf dem Partnersitz neben dir – bei Männern auf der rechten Seite, bei Frauen auf der linken Seite. Und jetzt kannst du deine Brüder und Schwestern neben dir sitzen spüren, sie sind auf der jeweils anderen Seite von deinem Partnersitz zu finden. Spüre, was dieses Bild mit dir macht. Hier sitzen (oder stehen) auch die Brüder und Schwestern, von deren Existenz du vielleicht nichts weißt. Alle Geschwister wissen, wer sie sind und wo sich ihr richtiger Platz befindet. Wer in deinem geistigen Bild noch stehen sollte, darf von dir jetzt eingeladen werden, mit Liebe, mit Hochachtung langsam wieder seinen eigenen Platz in Besitz zu nehmen. In deinem genetischen Familiensystem. Ihr seht alle in Würde nach vorn. In die Zukunft.

Und jetzt sitzen in deinem inneren Bild deine Kinder. Sie sitzen vor dir, und sie freuen sich auf die Zukunft. Darunter befinden sich auch alle deine Kinder, die du vielleicht gar nicht bewusst kennen magst – es sind die Kinder, die sich nur für einige Tage oder Wochen im Mutterleib aufhielten.

Und nun konzentrieren wir uns auf Vater und Mutter: Wie alle Verwandten und Vorfahren im Bild treten sie mit ihrer wahrhaftigen Seelenenergie in dieses Bild ein – ohne die persönlichen Geschichten, die biografischen Dramen, also nicht, wie sie als Persönlichkeit in diesem Leben sind (oder wie wir sie zu kennen glauben), sondern als ihre reine Seelengegenwärtigkeit. Vater und Mutter stellen sich hinter dich als diejenigen, die sie wirklich sind.

Und deine Eltern stehen hinter dir.

Atme in dein Herz.

Dein Vater sitzt oder steht hinter dir auf der rechten Seite. Deine Mutter sitzt oder steht hinter dir auf der linken Seite. Wie ein Dreieck: Deine Mutter steht hinter dir zu deiner Linken, dein Vater zu deiner Rechten.

Jetzt treten deine Großeltern und Urgroßeltern in das Bild: Hinter deiner Mutter finden sich ihre Eltern ein und hinter deinem Vater dessen Eltern.

Hinter deinen Großeltern wiederum sitzen deren Eltern, deine Urgroßeltern und so weiter. Spüre, wie sich immer mehr Vorfahrenlinien weiter in die Vergangenheit erstrecken und sich dabei immer weiter auffächern. Sie alle blicken in die gleiche Richtung: zu dir und in die Zukunft. Sie unterstützen dich alle mit ihrem Bewusstsein. Sie alle blicken mit dir in Richtung Zukunft: in die gleiche Richtung, in die du blickst.

Und ich möchte jetzt alle Menschen in das Bild einladen, die von deiner Familie einst vergessen worden sind, die aber dazugehören. Ich möchte alle Kinder einladen, die unbekannt geblieben sind. Und unerkannt. Und ich möchte Verwandte einladen, die mit Absicht »vergessen« worden sind, ich möchte nun deine ganze genetische Familie einladen. Deine Seele weiß bereits, um wen es sich hier handelt, und wird dir die passenden Gefühle (und manchmal Bilder) zeigen. Du brauchst dich nicht um die biografischen Details zu kümmern. Spüre einfach nur in dich hinein und fühle, wo sich deren genetische Plätze in deinem System befinden. Sie alle nehmen ihre Plätze ein.

Lass in deinem Körper die Unendlichkeits-Acht ablaufen. Sie dreht sich in deinem Körper, während sich deine Vorfahren weiter auf ihre Plätze begeben ... und sich mehr und mehr auf ihren Plätzen einfinden. Spüre, was dabei geschieht, halte das Bild fest. Lass die Acht durch dieses Bild fließen, das Unendlichkeitssymbol dreht sich durch dein gesamtes genetisches Feld.

Überprüfe, ob es sich für dich bereits stimmig anfühlt, dass alle Frauen auf der linken Seite sitzen, auf dem weiblichen Sitz, und alle Männer auf der rechten Seite.

Bei vielen ist es manchmal anders. Manchmal fühlt es sich zum Beispiel sogar so an, als ob zwei Vorfahren praktisch aufeinandersitzen würden oder ineinander verkeilt wären. Oft hat das damit zu tun, dass vor Generationen die Männer in den Krieg zogen oder Haus und Land verlassen mussten. Sie gaben der Frau ihre Rolle, energetisch gesehen gaben sie ihnen damit ihren Sitz. Und als sie zurückkamen, zum Beispiel vom Krieg, von Sklaverei, Ausbeutung, von was auch immer gebrochen, erhielten sie ihren Platz nicht mehr vollständig zurück. Energetisch bedeutet das: Die Männer haben Teile ihrer Seelenkraft abgegeben und verloren. So ein Ungleichgewicht macht sich oft bis heute als eine Überlastung in der weiblichen Familienlinie bemerkbar. Falls so etwas oder Vergleichbares stattgefunden hat, wurde dieses Ungleichgewicht als Energie und Information oft an unsere Generation weitergegeben. Und so entstehen – energetisch gesehen – eigene Familienthemen.

Verweile nun mit dem inneren Bild deines Familiensystems in deinem Kopf: Alle sitzen auf ihren Plätzen, auch du. Jetzt möchte ich alle Frauen in deinem System dazu einladen, an ihre ehrenwerten Sitze zurückzukehren und ihre eigenen Überzeugungen und Erfahrungen mit auf ihren ehrenwerten Platz auf der linken Seite zu bringen. Die Männer geben die Plätze auf der linken Seite frei und den Frauen zurück. Die Frauen geben den Männern ihre Plätze auf der rechten Seite zurück. Falls es nötig sein sollte, stellst du dir zuerst vor, wie du selbst zuerst auf die rechte Seite (als Mann) oder auf die linke Seite (als Frau) wechselst. Jetzt gehen die übrigen Frauen und Männer im System auf die jeweils linke und rechte Seite.

Du sitzt also jetzt auf deinem eigenen Platz. Du sitzt auf deinem eigenen Stuhl, auf deinem genetischen Platz.

ICH BIN, DER ICH BIN.

Du kommst jetzt ganz in deinen physischen Aspekt als Mensch in diesem Leben zurück. Du lässt jede Co-Abhängigkeit aus der Vergangenheit mit deinen lieben Verwandten los. Du bist im Begriff, das alles jetzt gehen zu lassen, auch deine (einst) Liebsten frei ihren Weg gehen zu lassen.

Jetzt stehen alle deine Brüder und Schwestern neben dir auf deiner rechten Seite. Sie wechseln ihre Plätze – je nach ihrem Alter und so, wie du es fühlst … und du bist an deinem einzigartigen Platz. Mit genügend freiem Raum für dich selbst.

Fokussiere dich nun im Bild auf den Raum vor dir: Hier sitzen ja schon deine heutigen Kinder und deine zukünftigen Kinder. Sie sitzen alle vor dir. Alle deine genetischen Kinder stehen vor dir. Wie gesagt, kannst du in deinem Familiensystem auch Kinder haben, von denen du gar nichts weißt: Vielleicht, weil sie wegen einer Fehlgeburt oder einer Abtreibung wieder gingen. Selbst wenn sie nur für einen Tag oder zwei Tage in der Gebärmutter der Mutter waren, sind sie jetzt Teil deines genetischen Systems. Und egal, was geschehen ist: Es ist immer in Ordnung, wie es gekommen ist. Die beteiligten Seelen wissen immer, warum sie hierhergekommen sind und wofür ihre Erfahrung gut war. Deswegen ist es so wichtig, dass sie alle jetzt an ihre richtigen genetischen Plätze gelangen.

Fühle es einfach: Deine Kinder stehen auf ihrem Platz und blicken mit dir in die gleiche Richtung: in die Zukunft. Zwischen dir und ihnen ist Raum. Denk daran, wir verbinden uns immer nur mit der Herzfrequenz – mithilfe der Frequenz unserer Seele.

Jetzt zoomen wir in deine Mutter-Verbindung rein: Wie wir schon wissen, steht sie hinter dir auf der linken Seite – zu ihrer Rechten ist ihr Beziehungssitz. Der Platz ihres Partners. Auf ihrem Beziehungssitz finden sich alle Informationen deiner Mutter bezüglich Intimität, Sexualität, religiöser Glaubenssysteme, Scham, Schuld, Angst. Alle die alten Wunden. Auch alte Inzest- und Missbrauchsinformationen vergangener Generationen gehören oft dazu.

Stell dir nun vor, du steigst aus dem Beziehungssitz deiner Mutter aus und trittst vor zu deinem eigenen Sitz. Du fühlst jetzt noch einmal, dass du auf deinem eigenen Sitz Platz nimmst und wie du das tust: mit welcher Körperbewegung und wie sich das für dich anfühlt.

Wenn du jetzt bereit bist, sagst du laut zu dir selbst:
»Mutter, ich gebe dir 100 Prozent deiner Verantwortung zurück, meine genetische Mutter zu sein.«
»Ich gebe dir deine Schlüssel zurück.«
»Ich gebe dir deinen Raum zurück.«
»Ich gebe dir jede Art von Traurigkeit zurück – das sind Schlüssel und Erfahrungen, die du jetzt vervollständigen kannst.«
»Ich gebe dir alle Schlüssel mit niedrigem Selbstwertgefühl zurück.«
»Ich gebe dir alle Schlüssel für Depressionen zurück – das sind Schlüssel und Erfahrungen, die du jetzt vervollständigen kannst.«
»Ich gebe dir deine Schlüssel zu deinen Wünschen, deinen Sehnsüchten zurück.«

Und bringe das Unendlichkeitssymbol mit hinein, die liegende Acht. Sie fließt jetzt zwischen dir und deiner Mutter.

Mit Ehre und Würde.

Und ich gebe allen meinen Vorfahren ihre Ehre zurück.

Und du kannst nun dies laut sagen (oder für dich selbst), und zwar an alle in deinem System: »Es ist für mich ab jetzt nur noch Herzensverbindung mit euch möglich. Alles andere passt nicht mehr zu meiner eigenen Entwicklung.«

Du kannst diese Botschaft an alle deine Vorfahren senden und an alle geliebten Menschen in deinem Leben.

Wir können stets nur unsere eigenen Informationen verändern. Nicht die von irgendjemanden sonst. Sag laut für dich: »In Zeit und Raum bin ich über meine eigenen Glaubenssysteme und die meiner Vorfahren hinausgewachsen.«

ICH BIN, DER ICH BIN.

Gut.

Jetzt zur Verbindung mit deinem Vater: Ich möchte dich einladen, auch hier ein neues inneres Bild aufzubauen. Dabei machst du einen Schritt nach vorn und trittst vor den Platz deines Vaters – wo er sich mit seinen eigenen Informationen aufhält. Und dann trittst du – oder setzt du dich – auf deinen eigenen Platz.

Man kann seine Füße nicht in zwei unterschiedliche Boote stellen, die beide auf dem Meer treiben. Man muss sich entscheiden. Steige aus dem Boot deines Vaters aus, und steige bewusst in dein eigenes ein. Begib dich auf deinen eigenen Platz. Und setze deinen Kurs.

Du kannst jetzt die Sätze sprechen:

»Ich bin zu 100 Prozent das genetische Kind meines genetischen Vaters.«

»Ich trete aus dem Platz meines Vaters heraus, und ich bin zu 100 Prozent sein genetisches Kind.«

»Ich bin das genetische Kind meines Vaters.« Und ich akzeptiere das vollständig. (Falls du adoptiert wurdest: Dein Vater/deine Mutter, die dich erzogen haben, werden von dir geehrt. Zugleich weiß deine Seele immer, wer deine genetischen Eltern sind. Bei dieser Arbeit geht es immer um die Informationen, die deine genetischen Herkunfts- und Familienlinien als Geschenke und Schlüssel hinein in dein Wesen gebracht haben. Du machst die Arbeit jetzt also vor allem erst einmal mit deinem genetischen Vater und deiner genetischen Mutter.)

Jetzt steht dein Vater hinter dir auf der rechten Seite. Er lebt sein eigenes, einzigartiges Leben. Deine Eltern stehen jetzt hinter dir, links und rechts, sie beide haben ihren eigenen Raum.

Kannst du spüren, wie klar es in deinem Raum wird?

Atme noch einmal in dein Herz, in den neuen Raum, es fühlt sich an, als ob du nach Hause kämst. Beobachte deine Gefühle: Die Energien, die jetzt in dir fließen, sind zu Informationen deines Systems geworden, die du jetzt in dir fühlen kannst. Dank dieser Arbeit können Veränderungen im Leben schnell geschehen.

Jetzt werden wir alle Vorfahren deines Vaters rufen. Sie kommen nach vorn und gehen auf ihre Plätze. Wir bitten sie, sich allen Themen, die sie noch mit sich herumtragen mögen, zu öffnen. Wir bitten sie, ihre Themen in ihrem jeweiligen System zu öffnen, damit du im Bild klar ausmachen kannst, welches Thema eigentlich zu wem gehört.

Wie gesagt: Wir tragen oft Themen unserer Vorfahren – für sie. Zum Beispiel, wenn ein Vorfahre seine Lebenswünsche nicht vollständig ausgelebt hat, sich nicht seinen eigenen Inspirationen und Zielen auf der Seelenebene widmen konnte – wenn du diese Themen übernimmst und trägst, erhältst du früher oder später einen freundlichen Schub aus dem Universum, der dich wieder auf deine eigene Bahn bringen soll: Dies könnte sogar in Form einer Krankheit kommen oder als eine andere herausfordernde Situation, auf jeden Fall etwas, das dich in deine eigene volle Kraft und in deine wirklichen Lebensthemen zurückbringen soll.

Es könnte auch sein, dass eine Frau fühlt und sogar (zu sich selbst) sagt: »Ich schaffe es in diesem Leben einfach nicht mehr, diese Hürde zu nehmen.« Und ein wenig später macht sie tatsächlich den Übergang (der Geist verlässt den Körper und die physische Ebene). Sie gibt dann ihre Lebensthemen sehr wahrscheinlich an ihre Kinder weiter. Und diese könnten sie an ihre eigenen Kinder weitergeben. Die ungelöste Kerninformation bleibt somit im Familiensystem erhalten. Deshalb ist es möglich, dass jemand aus unserer Generation das Schicksal eines Menschen aus früheren Generationen übernimmt. Vielleicht trägst du etwas von jemandem aus deiner Ahnenreihe in dir, der nicht gesehen, nicht auserwählt oder aus seinem System verstoßen wurde? Oder ein Kind hat plötzlich ganz ähnliche Gefühle wie der Mensch damals: Es fühlt sich vernachlässigt, depressiv, wie weggeworfen. Es fühlt auf ähnliche Weise, denn die Energie ist immer noch im System und will gesehen werden. Sie will erkannt und angesprochen werden, damit sie sich endlich umwandeln kann. Wir respektieren das alles. Wir respektieren alles, was früher geschehen ist. Wir respektieren das gesamte Vorfahrensystem. Wir respektieren ihr Schicksal, ihre Geschichte, ihre Tragödien und Siege. Jede Generation hatte ihre eigene Weisheit, ihre eigenen Themen und Tragödien und Siege. Es sind alles Lektionen. Alle Lektionen sind Schlüssel für Transformation. Aber die Schlüssel unserer Vorfahren gehören immer unseren Vorfahren.

Durch deinen Vater geben wir nun die Schlüssel seiner Vorfahren zurück. Wir geben sie ihnen zurück. Du kannst dir nun also vorstellen, deinem Vater diese Schlüssel zurückzugeben: Du drehst dich zu deinem Platz um und gibst ihm die Schlüssel zurück, mit Demut, Gelassenheit und Respekt. Jetzt kann dein Vater sie zu sich nehmen.

Fühle, was passiert. Dein Vater nimmt seine Schlüssel zurück. Wie fühlt es sich an? Wie fühlst du dich? Wie fühlt er sich? Hier ist vieles möglich. Vielleicht lächelt er, vielleicht lächelt er dir zu. Vielleicht gibt er dir ein Geschenk und bedankt sich. Was nicht zu ihm gehört, kann er nun an seinen Vater zurückgeben und so weiter.

Jetzt zu allen Informationen, die du vielleicht noch zum Thema Krankheiten in deinem System hast. Sie stammen von Vorfahren, die ihre Hausaufgaben nicht gemacht haben. Falls sie durch deinen Vater hereinkamen, gilt der Satz: »Ich bin bereit, sie jetzt meinem Vater zurückzugeben.« Und zu allem, was durch deine Mutter kam: »Ich bin bereit, sie jetzt meiner Mutter zurückzugeben.« Und du drehst dich um und gibst sie ihnen zurück: Alle Informationen über Krebs und so weiter, Informationen, die deine Lebenskraft nicht unterstützen, die dich belasten, dich zurückhalten. »Ich gebe sie dir zurück« – von meiner DNS, von meinem Blut, meinem Knochenmark, von meinen Zellen, meinen Organen, vom Gehirn, meinem Nervensystem, von den Speichersystemen in den Flüssigkeiten meines Körpers ...

ICH BIN, DER ICH BIN.

»Ich habe mich verändert.«
»Meine genetische Information hat sich jetzt geändert.«
»Mein Glaubenssystem hat sich verändert.«
Atme durch dein Herz und lass es gehen ...

Und jetzt kommen die zukünftigen Kinder stärker in dein System herein. Atme weiter in dein Herz. Erweitere dein Herz.

Und überprüfe dich selbst: Wie fühlst du dich?

Dank dieser Arbeit kannst du dir klarmachen: Du bist das Ergebnis der Liebe vieler. Du bist das Resultat der Liebe von Tausenden, und die Energien und das Wissen vieler Generationen möchten dich immer unterstützen. Und jetzt kannst du noch tiefer gehen und die Liebe und Unterstützung spüren, die Weisheit, die von der Seelenebene deiner Vorfahren stammt, die von ihrem wahren Sein – ihrer Herzflamme – zu deinem wahren Sein – deiner Herzflamme – strömt.

Vollständig geerdet kannst du spüren, wie tiefes Vertrauen in dich selbst aufkommt, weil du dir klarmachst, dass alle deine Vorfahren bei dir sind und dich unterstützen. Kraft dieses Gefühls bringst du all deine Aspekte in das Jetzt und in deine Zellen. Durch das Erleben deines Vorfahrenfeldes kannst du mehr darüber lernen, präsent zu bleiben, dich im Körper sogar extrem wohlzufühlen, höhere Frequenzen in deinem Leben zu erreichen. Du kannst dadurch sogar befähigt werden, Einheitsbewusstsein zu verwirklichen – zwischen dir und allem um dich herum.

In den Gruppensitzungen gehen wir zurück bis zum allerersten Leben, zurück zum allerersten Missbrauch, den die Seele erfahren hat – was im Geist die erste Fragmentierung verursachte, die erste Vorstellung von Trennung. Wir gehen durch alle Leben, in denen diese Fragmentierungen stattfanden, und reinigen alle Felder mit alten Energien, um den Geist vollständig zu aktivieren. In solchen Prozessen ist es wichtig, unsere Unschuld, unser Urvertrauen, alle unsere ursprünglichen Emotionen zurückzufordern. Wenn du dich deiner Herzflamme öffnest und dich mit deinen Vorfahren verbindest, werden die Energien, die diese Vorfahren repräsentieren, dich in deinem System unterstützen. Deswegen ist es so wichtig, dass du während der Sitzung stets an deinem eigenen Platz sitzt.

Und jetzt, um die Mutterverbindung absolut klarzustellen, und weil du dich bereits verändert hast: Stell dir noch einmal vor und fühle, wie du in dein eigenes Sein (nach vorn) trittst. Als Kind deiner Mutter entstammst du dem genetischen Platz deiner Mutter. Stell dir vor, du machst jetzt einen Schritt nach vorn. Du sitzt nicht mehr auf dem genetischen Platz deiner Mutter. Du sitzt jetzt auf deinem eigenen Platz. Deine Mutter sitzt hinter dir zu deiner Linken, mit Klarheit und Würde, denn sie hat ihren eigenen Platz, der einzigartig ist.

Timur … was fühlst du jetzt?

Auf der Seite des Vaters fühlte es sich kurz an, als ob es dort Widerstand gäbe.

Was ich beobachte: Hier geht es mehr um deine eigenen Glaubenssysteme. Ich kann sehen, dass deine Eltern ihren Einfluss bereits zurückgenommen haben, aber in dir ist noch das Thema Vertrauen aktiv, das hast du noch nicht wirklich gelöst. Nimm einfach die Lehren an, die dir »Vertrauen« im Leben vermitteln können. Integriere sie in dein Herz. Integriere das Glaubenssystem »Vertrauen« in dein Herz. Vertrauen. Nur deine eigenen Lehren werden in dir aktiv bleiben. Du kannst nur das zurückgeben, was dir nicht gehört.

Und jetzt für alle: Lasst uns erspüren, was gerade jetzt in diesem Moment einfach gefühlt werden muss.

Atme von deinem Kopf bis hinunter zu deinem Herzen.
Und entspanne dich.
Es sind deine eigenen Lehren, die du jetzt erlebst.

(Damien spricht laut.) »In dieser Zeit, in diesem Raum habe ich meine Glaubenssysteme und die Glaubenssysteme meiner Familie überwunden.«

Atme in dein Herz. Und fühle.

Spüre die Emotionen in deinem Herzen: »Ich bin dankbar für meine Vorfahren. Ich bin dankbar für die zukünftigen Kinder.«

Entspanne dich.

Es ist vollbracht …

Ich bin dankbar. Dankbarkeit ist das Gefühl, das uns hilft, uns zu entwickeln.

Erhöht eure Frequenzen, mehr Freude in euren Zellen.

Es ist vollbracht.

Es ist vollständig.

»Und von allen meinen Vorfahren nehme ich das Wissen und die Gaben an, die mir von ihnen weitergegeben wurden.«

»Ich bin jetzt dankbar.«

Indem du die Gaben deiner Vorfahren angenommen hast, hast du Würde in dein Familiensystem gebracht.

Verankere all dein höheres Wissen jetzt in deinem Herzen.

Alle deine Verbindungen zur Quelle. Mit dem Göttlichen. Und mit Mutter Erde im Herzen.

Und jetzt lade ich dich ein, das ganze Universum in dir anzunehmen. Und ausatmen.

Du akzeptierst alles das an dir selbst. In dir. Die Seele in dir. Du bist dir selbst dankbar, deinen Vorfahren, allen, die mit dir diesen Weg gehen, welcher Leben genannt wird.

Und ausatmen …

Dies wird eine Weile weiter in dir arbeiten. Betrachte dich dabei selbst als Energie, beobachte die fließenden Energien, nimm alles von innen heraus wahr. Fühle alles,

Dies war ein Einblick in meine Arbeitsweise. Im Kern geht es hauptsächlich darum, mit Liebe zu entdecken. Zu entdecken, was Liebe ist. Herauszufinden, wer man wirklich ist, ohne Rückstände aus der Vergangenheit. Arbeite dich auf diese Weise mehrmals durch deine eigenen Familienkonstellationen, und du kannst viele Dinge über dich selbst erlernen. Zum Beispiel bemerkte ich an meinem eigenen Partnerplatz, dass sich dort die Präsenz meiner Mutter oder meines Vaters hineinmischte. Es kann sogar so weit gehen, dass in einer Sitzung die Stimme der Mutter ganz bewusst verkündet: »Ich lasse meinen Sohn nicht aus diesem Sitz heraus« – aus dem Platz ihres Partners. Es kommt oft vor, dass – energetisch gesehen – einer der Elternteile den Sitz des Partners eingenommen hat. Ich habe in vielen Workshops in verschiedenen Ländern mit Familienlinien gearbeitet – und was ich wirklich oft als sehr aktiv im Feld sehen konnte, war die Mutter, die den Sohn als Partner vereinnahmte! Ich spreche hier vom relativ heiklen Unterschied zwischen »das ist mein Kind« und »das ist mein Kerl«. Ich fühle diese Thematik im gesamten kollektiven Feld. Wirklich erstaunlich! Dadurch können im Feld der Vorfahren praktisch alle Plätze durcheinandergewirbelt werden.

An diesem Thema musste ich selbst eine Weile arbeiten. Wenn ein potenzieller Partner in dein Leben kommt, kann er oder sie das Gefühl haben, dass es gar keinen Platz mehr für ihn (oder sie) gibt, weil er spürt, dass der Platz deines Partners ja bereits besetzt ist und dass damit die Energie zwischen euch nicht fließen kann. Wir sollten die Familiensitze mehrmals klären, das Ganze mehrmals durchgehen, bis alles wirklich in der richtigen Reihenfolge ist. Manchmal erfordert so eine Thematik also mehrere Sitzungen – nicht nur eine.

Woche 5

WAS HÄLT UNS ZURÜCK?
(TEIL 2)

Krankheiten sind ein Signal

Was passiert energetisch mit uns, wenn wir die Erfahrung von Krankheit oder Depression machen und in unser Leben ziehen?

Krankheiten kommen in dein Leben, wenn du dich noch nicht mit deinen wahren Talenten und Aufgaben verbunden hast. Mit dem, was du wirklich bist. Wofür du hier bist. Wofür du wirklich einstehst. Wenn du dich an angenommene Zwänge und Umstände fesselst oder Gefühle wie Schuld, Hass, Frustration in deinem System zulässt – oder für zu lange Zeit zu unterdrücken versuchst –, kann das Krankheit verursachen. Auch wenn du Kritik als Gewohnheit in dir zulässt, dich und andere viel zu sehr kritisierst, wird diese Energie dein Nervensystem, dein Blut, sogar deine DNS beeinträchtigen. Auch wenn du im Leben noch nicht realisierst, was Liebe ist und welche Rolle sie in deinem Leben wirklich spielen kann, vor allem aber, wenn du deine wahren Potenziale nicht abrufst und durch Erfahrungen integrierst, kann dich das krank machen. Es ist so wichtig, uns für alle unsere Gaben im Leben zu öffnen, für unsere wirklichen Potenziale, die immer auf uns warten.

Krankheit ist ein sehr ernsthafter Weckruf des Lebens. In dem Augenblick, in dem du dich für diesen öffnest, kann sich deine Persönlichkeit wandeln. Die Informationen, die »Krankheit« mit hereinbringt, werden dich auf jeden Fall verändern. Viele Menschen, die Krankheiten in ihr Leben ziehen, leben noch nicht aus, was sie wirklich sind. Sollten sich ihre Talente und Potenziale einmal doch melden, erschrecken sie oder der richtige Zeitpunkt ist einfach noch nicht für sie gekommen, weil sie ihre alten Identitätsvorstellungen noch nicht loslassen können. In diesem Fall

»brauchen« Menschen manchmal die Erfahrung einer Krankheit. Sie gibt ihnen die Chance, sich so tief greifend wie möglich zu verwandeln. Damit sie wieder echte Verantwortung für ihr Leben übernehmen können.

Du hattest schon erwähnt, dass energetische Prozesse im Körper Krankheiten auslösen können. Wie nimmst du das wahr?

Ein Beispiel: Ich habe vor Jahren in Istanbul einen Workshop gegeben. Eine Freundin fuhr mich zum Seminar. Wir waren fast da, als ein Anruf von der Schule ihrer Tochter kam. Die Leute am Telefon machten ihr auf sehr dramatische Weise klar, dass es ihrer Tochter überhaupt nicht gut gehe und dass sie sofort aus der Schule abgeholt werden müsse. Ich habe zu ihr gesagt: »Entspanne dich, ruhe dich aus – tu das wenigstens für einen Moment.« Und: »Ruf deine Mutter an, sie wohnt doch ganz in der Nähe und kann deine Tochter bestimmt problemlos abholen.« Also hielt die Freundin das Auto an und versuchte, sich ein wenig zu entspannen. In ihr stieg Angst auf, Panik, intensive Gefühle von Schuld und Scham, weil sie nicht sofort auf den Anruf reagierte …

… wie man es von einer »guten Mutter« eben erwartet.

Sie tat im Auto ihr Bestes, sich zuallererst zu entspannen und wild laufende Schuldgefühle zu beruhigen und zu überwinden. Sie stellte sich ihren Gefühlen und mit etwas Unterstützung konnte sie aus diesen Programmen – wie sie angeblich als Mutter zu reagieren hat – bewusst heraustreten. Wir saßen also immer noch im Auto, und schon rief die Schule ein zweites Mal an. Diesmal mit der Meldung, dass es ihrer Tochter gut geht. Das Ganze hatte nur eine Minute gedauert.

*Was ist hier aus deiner Sicht passiert? Und was sind das für »Programme«,
wie du sie nennst?*

Ich nenne sie »Matrizen«. Diese Programme schleichen sich
in das Nervensystem hinein, es sind dynamische, intelligente
Angst- und Schockprogramme, die unser Nervensystem regel-
recht übernehmen können, indem sie unsere Gehirnchemie und
Neurologie verändern. Sie können dabei Teile unserer neuronalen
Netze auf neue Weise verknüpfen. Diese Matrizen wollen nur in
uns überleben. Hierfür kapern sie regelrecht neuronale Kreisläu-
fe im Gehirn und im ganzen Nervensystem. Die Stimulierungen,
die sie uns dabei geben können, verändern unsere Gefühle und
Verhaltensweisen, und dies kann sich sogar von Generation zu
Generation fortsetzen. Matrizen wirken in uns als dynamische
Frequenzen, sie handeln quasi aktiv von selbst und können die
versteckten Gründe für anhaltende Themen im Leben sein – wie
Angst, Schuld oder Scham. Diese intelligenten Programme können ganze Familienlinien über Jahrzehnte und länger beeinflussen. All das arbeitet dabei ähnlich wie komplexe Software, die auf
uns einwirkt. All diese Einflüsse zusammen können ebenfalls zu
Krankheiten in uns führen.

Das ist für mich nur schwer zu verstehen.

Ich gebe dir ein weiteres Beispiel: Wenn es in deiner Familie zum
Beispiel schon eine aktive Missbrauchsfrequenz gibt, weil in der
Geschichte deiner Familie einst etwas Gewalttätiges geschah,
kann es sein, dass du heute noch für ähnliche Frequenzen offen
bist. Eine dazu passende Frequenz – über ein neues Ereignis, das
du mit »Missbrauch« assoziierst – kann dein Nervensystem angreifen und anzapfen: Eine bestimmte Frequenz schleicht sich ein
und entfaltet sich in dir, ähnlich wie ein intelligentes Programm.
Das kann weitere Familienmitglieder beeinflussen und anziehen.

So können in deiner jetzigen Familienlinie eine oder mehrere Personen für Themen wie Missbrauch oder Gewalt offen und verwundbar werden. Und diese in ihr Leben ziehen. Als Täter, als Opfer oder beides. Es ist eine Folge dieses Einflusses: Unsere Gefühle und unser Denken haben sich meist schon verändert, aber wir haben es noch nicht richtig mitbekommen. Jetzt fangen wir an, Erfahrungen zu sammeln, die zu diesen neuen Gefühlen und Gedanken passen. Und schon bald werden wir akzeptieren, dass alle diese neuen Erfahrungen, »Missbrauch« oder eben »Krankheit«, irgendwie zu uns gehören.

Damien, jetzt klingt das alles für mich noch viel gruseliger.

Wir können uns diese Frequenzen immer als negative Gefühle und Gedanken bewusst machen. Aber das eigentlich Fremdartige an der ganzen Erfahrung fällt im Kern meist nicht weiter auf. Vor allem, wenn wir längst schon zu viele Gewohnheiten und Glaubenssysteme übernommen haben, die zu den »schweren Frequenzen«, die wir nun in uns mittragen, passen. Solange wir uns all dessen nicht bewusst sind, was in uns geschieht, können sich diese Matrizen oder Programme immer wieder neu aktivieren.

Ich gebe dir ein Beispiel: Du bist gerade am Flughafen angekommen und denkst plötzlich nur für einen Moment, dass du deinen Pass oder dein Ticket vergessen hast oder dass du deine Brieftasche verloren hast. Und sofort, augenblicklich, aktivieren sich Angst, Schock, Panik, sogar Schuldgefühle in dir.

Diese Reaktion ist doch nachvollziehbar, oder?

Meinst du? Angstschübe, Schübe der Selbstkritik, Selbstbeschuldigungen und so weiter sollten unsere Reaktionen eigentlich nie bestimmen. Dass innerhalb weniger Sekunden deine ganze Biochemie von negativen Gefühlen förmlich überflutet werden muss – ist das »normal«? Es kann so empfunden werden, wenn wir uns schon lange vorher an solche Programme gewöhnt hatten, eben gerade, weil sie seit langer Zeit in uns laufen und ihre Wirkung entfalten. Was liefern dir diese Programme, wenn der neuronale Schaltkreis erst einmal geschlossen ist? Sie drängen dich förmlich dazu, unbewusst zu reagieren – als ob du quasi verrückt geworden wärst. Sie drängen dich zum Beispiel dazu, in Angst zu baden, in Trauer, in Scham, in Selbstvorwürfen, sogar in Hass oder Wut. Das alles kann den Körper schocken, ihn schwach machen und auf Dauer krank werden lassen. Es sind diese programmierten, automatisierten Reaktionen, die uns oft krank machen.

...

Solange diese Programme selbstständig in uns ablaufen und Stress, Wut und Angstgefühle im Körper freisetzen, werden wir neue Schübe von Angst, Vorwürfen und Schuld als eigene, authentische, sogar intuitive Impulse fehlinterpretieren. Bei vielen kommt es vor, dass sie solche Gefühlsprogramme, die viel zu oft in ihnen ablaufen, mit ihrer Intuition verwechseln! Und wir könnten ein Leben lang in diesen Systemen gefangen und außerhalb unseres eigentlichen authentischen Wesens bleiben, weil ein Teil unserer Lebensenergie nicht mehr natürlich fließt, sondern einem künstlichen Nervenschaltkreis hinzugefügt wurde.

Sei dir bewusst: Diese Matrizen in dir müssen mit immer mehr Angst, mehr Kritik, Schuld, mit noch mehr Selbstkontrolle gefüttert werden. Wenn ganze Cluster von Neuronen konditioniert sind, bei einem entsprechenden Trigger innerhalb weniger Sekunden ständig neue Signale für mehr Selbstkritik, Schuldgefühle, Wut oder Scham freizusetzen, werden irgendwann sogar die eigenen Kampf-oder-Flucht-Hormone regelmäßig den Körper überfluten. Das erzeugt auf lange Sicht unglaublichen Stress im Körper. Eines Tages kann unsere eigene Biochemie sogar das körpereigene Immunsystem angreifen.

Wenn ich mich mit Menschen verbinde, spüre ich oft, dass in ihnen viele alte Energiefrequenzen gespeichert sind, zum Beispiel in den Nieren, in der Lunge, in der Blase, im Herzen oder in der Leber. Es sind fast immer kontrahierende, zusammenziehende Muster. All das kann dazu führen, dass irgendwann die Schwingung in den Zellen abfällt, sodass du im Körper »schwerer« wirst. So fühlt sich bald alles irgendwie »schwerer« an im Leben. Dadurch kommt das natürliche Körperbewusstsein – unsere eigentliche Verbindung zum Körper – abhanden. Wir verlieren also unsere Verbindung zu uns selbst, zu unserem Körper, zur Lebendigkeit des Körpers. Dadurch koppeln wir uns ab von der natürlichen Fähigkeit, uns zu verbinden. Es ist kein weiter Weg, bis wir uns von der inneren Haltung entkoppeln, mit unserem inneren Kind in Selbstliebe verbunden zu bleiben. Wir gelangen nur noch mehr in den Kopf und identifizieren uns mit noch mehr Gedankenformen der Kontrolle und der Angst. All das kann es uns noch schwerer machen, bewusst zu bleiben. Alles zusammen kann einen auf die Dauer ganz klar physisch – grobstofflich – krank machen.

Was also tun?

Okay: Du hast also deine Schlüssel oder deine Brieftasche verloren, und schon setzt das Panikprogramm ein. In diesem Moment kannst du dich nach innen wenden, dir beispielsweise selbstbestimmt im Geist bewusst machen, dass dein Herz auch eine Rückseite besitzt. Aha. Und da kannst du bewusst hinschauen. Du führst also schon eine bewusste Handlung mit deinem Geist aus, ganz eigenmächtig, und schon entzieht das dem Panikprogramm Energie. Die sich in dir abspulende Matrix irreführender Informationen verliert schon allein dadurch Energie, dass du gerade eine bewusste Wahl getroffen hast: Als du dich mit der Rückseite deines Herzens verbunden hast, hast du eine bewusste Aktion in dir ausgeführt und damit dem Panikprogramm Energie entzogen, indem du dich aktiv beobachtest hast: Was fühle ich an dieser Stelle denn wirklich? Sondiere im Körper: Was kann ich außer der Panik noch im Körper fühlen? In meinem Körperzentrum etwa, im Torso unterhalb der Brust? Und so weiter. Auf diese Weise kommst du wieder zu Sinnen, und schon entziehst du der Panik weitere Energie. Mit diesem nun neu entfachten Selbst-Bewusstsein begibst du dich körperlich immer tiefer in die Situation hinein: Die Brieftasche ist ja immer noch weg. In dir läuft immer noch wie eigenständig Angst (Panik) ab, und dabei versucht diese Frequenz, noch tiefer in deinen Körper einzudringen. Statt dich dem voll und ganz auszuliefern, fühlst du jetzt beide Frequenzen gleichzeitig: (immer noch) den Einfluss des Panikprogramms, aber auch das, was du ganz selbstständig bewusst in dir wahrnimmst. Zum Beispiel, dass du dich jetzt auf den Rücken deines Herzens konzentrierst und dabei bewusst atmest. Siehst du? Dadurch erschaffst du einen neuen Fokus für dein Bewusstsein. Du kannst zum Beispiel zu deiner Wirbelsäule gehen, geistig einen Blick auf die Rückseite deines Körpers werfen, bewusst in verschiedene Regionen hineinatmen. Und gleichzeitig erspürst du mit deinem erstarkten Selbst-Bewusstsein die Panikfrequenz. Aha, sie versucht noch, die Kontrolle zu übernehmen. Aha, sie bewegt sich gerade durch dieses oder jenes Körperorgan und … sie wird schon schwächer. Sei so kreativ und spontan mit dir selbst, wie du kannst – bis die Kraft des Panikprogramms aufgebraucht ist. Du kannst deine Aufmerksamkeit zum Beispiel bis zum Hals ausdehnen … bis zum Nacken … zum Hals … bis hoch zum Gehirn, während du nun die Panik erspürst und das eigentliche »Programm« dahinter. Vergiss nie: Spüren heißt, deine Beobachtungen stets mit deinen Herzgefühlen zu verbinden. Und jetzt kommt der Zeitpunkt, an dem dein Gehirn und dein Herz gemeinsam entscheiden, was in der Situation zu tun ist, wie du von ihr ausgehend aktiv und bewusst handelst und möglichst gut weiterkommst. Das Panik- oder Angstprogramm in dir löst sich auf. Während es seine Kraft weiter verliert, brauchst du nicht einmal mehr zuzusehen, wie es sich auflöst. Du kannst einfach loslassen. Und weißt du was? Jetzt kann es sein, dass du noch einmal nachschaust, in der Jackentasche, in der Reisetasche … ganz ohne Panik schaust du nach, da sind keine fahrigen Bewegungen mehr und auch keine chaotischen Gedankenmuster – und plötzlich findet sich das Portemonnaie wieder.

Können diese Programme zurückkehren – ihre Macht über mich sozusagen wiederaufladen –, zum Beispiel, wenn ich mich zu lange darauf konzentriere, dass sie sich endlich auflösen sollen?

Nicht, wenn du weiter bewusst bleibst – vor allem der Tatsache gegenüber, dass du immer der Schöpfer deiner eigenen Erfahrungen bist. Wenn wir uns hingegen im Fühlen und Erleben unbewusst in »dichtes Zeug hineinfallen lassen«, weil es sich längst im Körper breitgemacht hat, wir also nicht mehr in der bewussten Herzfrequenz sind und zulassen, dass Körper und Geist auf schlechte Weise beeinflusst werden, wird unser System immer schwächer und irgendwann krank.

Wenn du also eine Krankheit »hast«, mach dir bewusst, wie das System dieser Krankheit gerade in dir arbeitet und wie und wo es in dir aktiv ist. Schau nicht weg. Verbinde dich mit deinem Körper und beobachte intensiv. Mach dir dabei auch bewusst, was die Gesellschaft über diese Krankheit denkt, wie die Glaubenssysteme deines Kollektivs auf die Krankheit reagieren. Wenn wir uns zum Beispiel das Wort »Krebs« ansehen – wie schon dieses eine Wort fast jeden auf sehr direkte Weise beeinflusst. Kannst du das beobachten? Heutzutage funktioniert doch schon die bloße Wirkung des Wortes wie eine Art Todeszauber. »Krebs« – wenn man das Wort nur ausspricht und fügt noch »ich habe« dazu, erzeugt das bei vielen sofort intensive Emotionen von Angst und Hilflosigkeit. So stark ist die Kraft der Programmierung! Tritt bewusst aus den vielen kollektiven Glaubens- und Verhaltensmustern aus.

Nimm wahr, dass sie existieren, und tritt bewusst immer wieder aus ihnen heraus. Wenn es zum Beispiel für dich dienlich und notwendig sein sollte, vergiss einfach den Namen einer bestimmten Krankheit. Gib ihr einen neuen Namen. Am besten einen, der dich zum Lachen bringt. Damit dir dein eigener aktiver Prozess bei der ganzen Sache bewusst werden kann, und das bedeutet: fühlen, was in deinem eigenen Körper abläuft. Verlasse den Platz des Opfers, so oft du kannst. Wähle deine eigene Identität als Schöpfer, als jemand, der durch eigene Kraft ständig Neues erschaffen und transformieren kann. Auch wenn du gerade »krank« sein solltest, werde vor allem bewusst: Fühle und erschaffe bewusst.

Und tritt aus dem System der Krankheit heraus. Du bist für die Art, wie du innerlich empfindest, stets selbst verantwortlich. Nicht die Krankheit und nicht die Ärzte. Ich würde jeden Tag mit einem frischen Gefühl aus dem Zentrum meines Selbst heraus neu in mich hineinspüren: Brauche ich diese Medizin wirklich? Brauche ich sie immer noch? Vielleicht nehme ich die Medizin heute ein, vielleicht auch am nächsten Tag – weil es sich weiterhin richtig anfühlt. Vielleicht meldet sich beim Erspüren eine neue Inspiration, etwas, das mich begleitend unterstützen könnte? Vielleicht gibt es eine weitere Medizin, die ich benötige, und ich kann das bereits spüren? Vielleicht kommt mir ein neuer Gedanke in den Sinn, ein ganz neuer Ansatz, der mich in der kommenden Woche unterstützen wird! Aber ich werde diese Alternative nicht auf unbestimmte Zeit einnehmen. Ich werde von keinem Heiler und von keinem Arzt für den Rest meines Lebens Unterstützung annehmen und mich nicht von Systemen abhängig machen. Ich werde mich nicht von Identitäten wie »Krankheit«, »Heilung« und so weiter programmieren lassen. Ich bleibe lebendig: Ich bin in jedem Moment kreativ, selbstverantwortlich, selbstbewusst. Ich werde die Verbindung mit mir selbst, mit meinem Körper, mit meiner eigenen Intuition, mit meinen Gefühlen aufrechterhalten und weiter erspüren: Was brauchen meine Zellen in diesem

Augenblick wirklich? Was spüre ich denn? Was verbessert jetzt mein Leben, meine Lebensfreude? Was hilft mir, mich besser zu fühlen? Timur, spürst du den Unterschied?

Ja.

Ich kenne eine Menge großartiger Ärzte und arbeite mit einigen von ihnen zusammen. Ich ehre alle guten Wege der Medizin, einschließlich wirklich erstaunlicher neuer Technologien wie der Stammzelltherapie. Das medizinische System unternimmt weiterhin sehr viel, um viele Menschen zu unterstützen. Aber ich werde meine Verantwortung für mein Leben nie an Dritte abgeben, sondern ich bleibe für neue Möglichkeiten und alternative Informationen offen. Ich bleibe überhaupt reaktionsfähig und geschmeidig im Geist. Mit anderen Worten: Ich werde mich stets im Jetzt befinden, nicht am Platz des Opfers (einem »Opferplatz«).

Es gibt so viele Menschen, von denen ich lernen konnte. An deren Wissen ich teilhaben konnte. Von deren Lebenserfahrung ich lernen durfte. Nicht nur zu Themen wie Gesundheit und Krankheit. Oft haben Freunde zu mir gesagt: »Bist du verrückt? Warum gibst du dich mit dem und dem Typen ab?«

Nun, ich tat es, weil es eben genau meiner eigenen Schwingung entsprach. So lebe ich mein Leben: Ich tausche Schlüssel und Geschenke aus – zum Beispiel mit einem Chirurgen, mit einem Heiler, einem Mönch, einem Lkw-Fahrer, einem Obdachlosen oder einem Multimillionär. Wenn ich mich auf diese Art im Leben führen lasse, treffe ich immer auf gerade die Schwingung, die gerade zu mir passt. Jeder Einzelne, den ich bewusst im Leben traf, gab mir genau das Geschenk, das ich brauchte, damit ich mich richtig weiterentwickeln konnte. So, wie es genau passend war für mich. Und das, was ich dabei erlebte, konnte mir immer auf meinem Weg weiterhelfen. Auch, um im Leben Heilung zu finden: eine bessere Version von mir selbst zu erfinden. So ist die Reise, und so lebe ich: Ich bleibe offen, egal in welcher Situation. Ob ich mich dabei gerade »gesund« oder »krank« fühle, ist einerlei. Ich bleibe für das Leben offen. So führt mich das Leben mitunter zu Menschen, mit denen ich normalerweise nie von mir aus ein Wort wechseln würde. Und gerade daraus entwickeln sich oft die besten Dinge, die mir Kraft und Inspiration verleihen, auf eine noch bessere, klügere, bewusstere Weise im Leben weiterzumachen.

Wie kannst du zum Beispiel Medikamente einnehmen und dabei selbstverant-
wortlich bleiben? Ohne deine Macht an ein System im Außen abzugeben?

Wenn ich beispielsweise zu einem Arzt gehe, verbinde ich mich immer mit dem Höchsten in seiner (oder ihrer) Seele und mit dem Höchsten in mir. Ich verbinde mich mit dem höheren Selbst des Systems, das ich betrete: etwa der Praxis oder einer Klinik. Ich bin dankbar für all das Wissen, das Engagement, die technische Unterstützung, für all die Menschen und Systeme, die sich in diesen Heilungsprozess einbringen. Überhaupt kann ich nur dankbar sein. Wie gesagt: Ich habe wunderbare Ärzte, Zahnärzte und Spezialisten erlebt, die mit viel Engagement, Liebe und Unterstützung arbeiten. Und wie immer werde ich das medizinische System als das wahrnehmen, was es ist – mit all seinen Vor- und Nachteilen, seinen Fähigkeiten und Schwächen, seinen Absichten und blinden Flecken –, und ich bleibe dankbar. Genau von hier aus kann ich bewusst mit diesem System arbeiten. Bewusst!

...

Verbinde dich jeden Tag auf frische Weise mit dem, was sich dir stellt: mit den Medikamenten, die du nehmen sollst, mit ihrer Wirkung. Fühle bewusst, was mit dir geschieht, wenn du sie einnimmst. Sei dankbar für den Kontakt zur Quelle, den auch eine vom Arzt verschriebene Pille dir stets anbietet. Fühle und akzeptiere die ursprüngliche Güte der Quelle, die in einer Pille enthalten ist. Dann nimmst du nicht einfach ein Medikament ein. Auch in diesem Beispiel für selbst-bewusstes Handeln bleibst du eigenverantwortlich und stets offen für Veränderung. Ich werde mir immer bewusst sein, dass ich der eigene Schöpfer meiner Krankheitssysteme und meines Wohlbefindens bin.

...

Mach dir bewusst: Welcher Anteil deines inneren Kindes liebt es, immer noch krank zu sein? Benutzt dein inneres Kind vielleicht eine Krankheit, um Drama zu erzeugen? Um mehr Aufmerksamkeit zu erhalten? Bekommt dein inneres Kind dadurch mehr Macht? Will es Rache nehmen für frühere Verletzungen? Möchte es mehr Aufmerksamkeit und Sympathie, etwa von Mama und Papa oder von deinem Partner? Kommuniziere mit deinen inneren Kindern von null bis 16 Jahren und arbeite dich vor allem durch unbewusste Wutthemen, etwa durch deinen Willen, Rache nehmen zu wollen. Arbeite dich durch das Thema Hass durch – durch alle diese Frequenzen. Es kann Spaß machen, dich mit deinen verschiedenen inneren Kindern zu verbinden und zu spüren, in welchem Alter gerade ein bestimmtes Thema aufpoppt. Verbinde dich zwischendurch immer wieder bewusst mit der Liebesfrequenz in deinem Herzen. Mit der Frequenz der Dankbarkeit. Lass dich überhaupt so oft berühren, wie du kannst, und unternimm all dies so oft wie möglich. Tu all das, wie es sich für dich angemessen und notwendig anfühlt.

...

Es ist wichtig, dass sich dein inneres Kind stets genährt und angenommen fühlt. Du kannst das überprüfen, indem du dir folgende Fragen stellst: Möchte ich wirklich leben? Möchte ich jetzt in diesem Körper sein – um in vollen Zügen zu leben? Was wären meine wirklichen Ziele, wenn ich das Leben und alle Möglichkeiten des Lebens jetzt voll akzeptieren würde? Wenn ich keine Angst mehr hätte? Und: Welcher Anteil von mir möchte noch nicht so leben? Und weshalb?

Es braucht einige Zeit, um sich hier aller widersprüchlichen Frequenzen im Inneren bewusst zu werden. Dein höheres Selbst wird dich dabei unterstützen. Nun kann der Moment kommen, an dem du aus dem System »Krankheit« ganz leicht aussteigst. Denn der innere Schalter, der dich energetisch mit diesem Thema verbindet, steht entweder nur auf »an« oder »aus«.

…

Und falls du schon aus all dem bewusst heraustreten kannst, öffnest du dich sofort für neue Geschenke, die jetzt möglich werden. Diese Erfahrung kann viel Spaß machen. An dem Tag, an dem du es schaffst, bewusst aus dem System deiner (jeweiligen) Krankheit herauszutreten, kannst du ganz leicht wiedererkennen: »Oh, jetzt bin ich in dieses Feld reingetappt und ich fühle mich als hilfloses Opfer.« Und jetzt … steigst du einfach aus dem System aus. Bewusst. Mit Leichtigkeit. Du ignorierst also nicht, dass du drin bist, du kämpfst nicht mit Widerstand dagegen an, sondern reagierst einfach nur geschmeidig im Geist auf eine Veränderung. Du bleibst innerlich freundlich. Nun kannst du dich selbst entspannt abfragen: »Welcher Teil von mir hat mich da reingezogen? Aha, mein innerer Sechsjähriger möchte jetzt gesehen werden. Ah, und schon spüre ich die Frequenz von Selbstmitleid.« Jetzt sehe ich mir diesen Teil genauer an und tausche mich mit diesem Anteil liebevoll aus. Alle diese Prozesse sind für mich immer o.k. Vielleicht finde ich in all dem einen bewussten Moment, um einmal mehr aus dem System herauszutreten. Und dann, am nächsten Tag …

… *kann es sein, dass ich wieder drin bin. Kapiert.*

Du hast es. Doch diesmal könnte es ein ganz anderer Grund gewesen sein. Du wirst lernen, das alles immer besser zu unterscheiden, dir immer schneller bewusst zu machen, was hier gerade angesehen und emotional geheilt werden möchte. Du wirst schneller aussteigen können. Das wird dir Spaß machen. Das bedeutet keineswegs, die körperliche Situation »Krankheit«, in der du dich ja noch befinden könntest, zu ignorieren. Du gehst also weiterhin zu deinem Arzt, du lässt dich behandeln. Gleichzeitig wird dir immer klarer, dass du selbst eine entscheidende Rolle spielst. So kann es jederzeit sein, dass du dir klarmachst: Ich erlebe das ja alles bewusst. Ich beobachte dabei meine eigenen Themen, meine Programme, ich untersuche die Angstprogramme, die Konditionierungen zum Thema Krankheit, die mich immer noch beherrschen. Das ist faszinierend, denn letztendlich erlebst du nämlich ...

... dass ich lebendig bin – statt machtlos.

Ganz genau. Du erkennst: Jedes System, jede Situation, hat seine positiven Seiten, auch die vielen Systeme von Krankheit, Angst und Manipulation. Weil sie uns dabei helfen aufzuwachen. Weil sie einen Lernpfad darstellen. Du kannst dir die Frage stellen: Brauche ich das alles wirklich noch, um noch weiter aufzuwachen?

Übung (um noch besser im Körper anzukommen)

Lass uns nun bewusster werden für das, was gerade in uns vor sich geht. Eine gute Methode ist, zuerst mit den Augen etwa im 45-Grad-Winkel nach unten zu blicken – dies schafft an sich schon mehr Körperbewusstsein. Jetzt können wir uns zum Beispiel auf die Mitte der Oberlippe konzentrieren. Wir atmen bewusst durch die Nase aus und erzeugen dabei einen kurzen, ruhigen Atem direkt unter dem Nasenansatz. Spüre, wie deine Aufmerksamkeit mehr in dein Herz geht … das Ausatmen wirkt wie eine Spirale, die sich gemeinsam mit deinem Bewusstsein nach unten in das Herz bewegt. Halte jetzt den Atem kurz an, und konzentriere dich voll auf deine Herzenergie: Dein Herz öffnet sich.

Du tauchst tiefer in dein Herz, und wie in einem Wirbel bewegen sich Spiralen aus Herzenergie. Bewege dich tiefer in dein Herz, in dein Zentrum. Beobachte mit Liebe und Vergebung, was dein Herz bewegt. Hier gibt es nichts zu beurteilen, beobachte einfach alles mit Liebe, was du in dir fühlst. Werde der Bewegungen deines Herzens gewahr. Achte auf dich selbst mit Mitgefühl.

Tiefer, immer tiefer hinein in das Herz hinein bewegend, kommen wir in unser eigentliches Zentrum. Wenn du möchtest, kannst du vom Herzensbewusstsein ausgehend mit der Hand spiralförmige Bewegungen in der Luft machen, deine Hand dreht sich praktisch wie die wirbelnde Herzenergie selbst. Die Spiralen drehen sich – es ist der Tanz des Lebens. Wo es Stagnation gab, entsteht neue Bewegung.

Wenn du dein Herz spürst, kannst du dich jetzt mit deinem Bewusstsein zum Beispiel deinen Nieren zuwenden, dabei deine Herzensenergie bewusst mit deinen Nieren verbinden.

Und die Energie, die du jetzt fühlst, entwirrt alles, was noch nicht in den Nieren in der Herzfrequenz schwingt, alle Matrizen in den Nieren. Gegen den Uhrzeigersinn spiralförmig, fließende Energie wickelt alles heraus aus den Nieren, was in diesen beiden Organen noch keine reine Liebe ist. Blicke dabei im 45-Grad-Winkel nach unten – das hilft dir, um sich auf dein Inneres zu konzentrieren.

Wir atmen weiter in die Nieren, in das Herz: Das alte Netz des Schmerzes in den Nieren und in deiner Energiematrix wird durch die Bewegung aufgelöst. Gegen den Uhrzeigersinn. Allein schon dadurch, dass du beobachtest, wie sich die Energie bewegt.

Vielleicht kannst du jetzt das Bild loslassen und wirst zum Beispiel sofort in den Kopf geführt. Auch hier entwirrt sich das Netz verknoteter Energien wie von selbst. Gegen den Uhrzeigersinn. Fühle es einfach ...

Nun kann dein Fokus, dein Bewusstsein, zum Beispiel auf die Rückseite deiner Wirbelsäule gehen oder in das Nervensystem – bis zum Steiß am Ende der Wirbelsäule und von dort aus hoch zu verschiedenen Organen. Oder du wirst in einer weiteren Sitzung mit dir selbst an weiteren Organen arbeiten. Lass dich intuitiv führen. Durch das Gefühl. Möglicherweise gibt es noch Angst zu spüren ... fühle sie einfach. Sie entwirrt sich ständig weiter und löst sich auf.

ICH BIN, DER ICH BIN.

Und nun gehen wir zu den Energiefeldern im Körper in der Nähe unserer Hüften und Geschlechtsorgane – die Fäden entwirren sich gegen den Uhrzeigersinn ... und reinigen sich dort. Es kann sein, dass du während dieses Ablaufs dort noch etwas Wut fühlst, Angst oder andere Gefühle.

Lass uns einfach weiter bewusst atmen ... scanne mit Leichtigkeit, mit einem sanften Gefühl, weiter deine verschiedenen Körperteile und Organe. Und es kommt ein Punkt, an dem du hier alles loslassen wirst.

Erinnere dich daran, wer du bist.

Erinnere dich daran, warum du überhaupt hierhergekommen bist.

Erinnere dich daran, wer du bist, mit den Augen der Liebe und des tiefen Mitgefühls.

Verbinde dich wieder mit der Quelle

Wenn wir all das tun, reinigen wir nicht nur uns selbst, sondern haben schon Anteil am Werk, die Erde von ihrem höchsten Potenzial her zu reinigen. Weil die Erde nicht nur Materie ist. Sie ist eher wie ein Organismus. In meiner Wahrnehmung ist die Erde ein Cluster aus intelligenten, lebendigen Feldern. Sie ist das, was wir durchaus Gaia – die spirituelle Dimension der Erde – nennen können.

Sie ist schon »die neue Erde«, so nenne ich sie. Wir haben alle an diesem intelligenten Wesen, das sich ständig weiter verändert, unseren Anteil. Dieser bewusste Organismus ist bereit, sich weiterzuentwickeln, geistig zu wachsen, aufzusteigen. Wie das geschieht und was das für uns bedeuten mag, hängt davon ab, wie viel Angst oder Hass wir Menschen noch weiter in uns manifestieren. Oder ob wir uns genau davon befreien können. Denn das, was wir getan haben (und noch tun), vergiftet nicht nur uns selbst, sondern auch den Planeten. Ich meine damit »nicht nur« die ökologischen Zerstörungen, sondern eine Vergiftung auf tieferer, emotionaler Ebene. Gaia wird sich von allen diesen Negativitäten befreien müssen, die wir, auf welche Weise auch immer, in ihrem System produzieren. Auf ihre Art. Tatsächlich tut sie das schon. Auch deswegen wird es jetzt notwendig, dass wir uns in Verstand und Geist von allen negativen Einflüssen befreien. Weil wir mit all unserem Sein, einschließlich unserer Gefühle, ein Teil dieses höheren Phänomens sind, das wir Gaia nennen können – Mutter Erde. Ja, wir bestehen als Materie aus dieser Erde, und alles, was wir tun und fühlen, unsere geistigen Aktivitäten, auch die Frequenzen unserer Gefühle, sind Teil der Erde als höherem Energiesystem. Auf lange Sicht werden wir uns entscheiden müssen, ob wir auf Gaia weiter wandeln wollen, jetzt wo sie sich weiterentwickelt. Wenn wir auch in den nächsten Jahrhunderten auf diesem Planeten bleiben wollen, wird es notwendig werden, unsere Technologien auf eine sehr viel heiligere – sehr achtsame – Weise zu nutzen.

…

Unsere Welt verändert sich jetzt, und genau das macht unser Leben so dynamisch. Jetzt kann sich unser Bewusstsein so schnell für Neues öffnen, damit wir uns von alten Fehlern befreien. Dies kann mühelos geschehen. Denn reines Bewusstsein ist schon reine Freiheit und wirkt als Expansion, und genau das wirkt jetzt auf das gesamte System ein, das hier auf Erden tätig und wirksam ist. Mutter Erde als selbst-bewusstes Wesen auf dieser sehr hohen Ebene zu erfahren, bedeutet, zu erfahren, was Gaia eigentlich ständig tut, um uns am Leben zu erhalten.

…

Lasst uns also vor allem damit fortfahren, unseren Körper wieder in Besitz zu nehmen, unser System »Körper« zu resetten – ihn praktisch neu zu starten. Wir tun dies, indem wir auch mit den Knochen arbeiten, denn gerade in unseren Knochen sind viele relevante Informationen gespeichert. Wenn ich Menschen betrachte, kann ich sehen, dass oft wichtige Mineralien in ihren Knochen fehlen. Ohne diese Mineralien (wie zum Beispiel Kalzium) können unsere Knochen nicht richtig funktionieren – auch nicht in ihrer Funktion als Speicher und Verteiler wichtiger Informationen für Körper und Geist.

Übung

Lass uns nun einen Reset durchführen: Wir atmen mit einem kräftigen Atemzug alle Erinnerungsfelder aus unseren Knochen aus … wir atmen kräftig aus *(beim Ausatmen erzeugt Damien einen Klang etwa wie »schhh«)*. Wir atmen alle alten Informationen aus. Und aus der neuen Erde atmen wir Mineralien in unsere Knochen ein. Wir atmen alle alten Gedächtnisfelder aus dem Nervensystem aus. Und von der neuen Erde aus atmen wir Mineralien in das Nervensystem hinein …

Und entspannen.

Jetzt atmen wir die alten Erinnerungsfelder aus dem Gehirn aus. Wir atmen stark aus … schhh … und beim Einatmen ziehen wir Mineralien und das Element Wasser von der neuen Erde in das Gehirn.

Und entspanne dich.

Jetzt atmen wir alte Erinnerungsfelder aus der Leber und der Gallenblase aus.

Und wir atmen neue Mineralien und das Element Holz in die Leber und in die Gallenblase. Und entspannen …

Wir atmen die alten Erinnerungsfelder aus der Milz und aus dem Magen aus … und beim Einatmen bringen wir neue Mineralien und das Element Erde in die Milz und in den Magen hinein. Und wir verbinden unsere Milz und den Magen mit den Mineralien der neuen Erde.

Jetzt atmen wir alte Erinnerungsfelder aus der Blase aus.

Und wir atmen neue Mineralien in die Blase …

… und entspannen uns.

Jetzt atmen wir alte Erinnerungsfelder aus der Wirbelsäule aus … und wir atmen neue Mineralien und das Element Wasser in die Wirbelsäule hinein.

Und entspannen.

Du kannst diesen körperlichen Reset nach jeder Übung ausführen. So lässt du alte Informationen los, und die neue Veränderung, die Transformation, die die jeweilige Übung ermöglicht, wird geerdet.

Ich erlebe, wie mächtige Herzfrequenzen alles um meinen ganzen Körper herum neu eröffnen und dabei schon alle Schichten meines Emotionalkörpers auf unglaublich intelligente Weise neu durchdringen – zum Beispiel können wir von unserem Herzen aus alle möglichen Dinge in und außerhalb des Körpers erspüren. Aber weil wir meistens schon früh in unserer Kindheit damit aufhörten, unserer Herzintelligenz zu vertrauen, gingen wir über viele Jahre so stark in die Augen und in die Ohren, um nur noch außerhalb unseres Bewusstseins nach Wahrheit zu suchen – (nur noch) im Außen nach Sicherheit und Zufriedenheit zu suchen. Wir hatten einen wahren Schatz im Inneren vergessen: die Herzintelligenz, die in uns liegt. Dank des Herzensbewusstseins können wir uns nun selbst wieder mehr vertrauen und damit unserer wahren Intuition, einer Fähigkeit, die uns mit allen lebendigen und natürlichen Systemen in der Welt wieder verbinden und uns heilen kann.

Damien, mir kommt gerade ein Gedanke: In deinen Seminaren sprichst du oft von »Gott« oder von der »Quelle«. Könnte man auch von einer Art höherer Bewusstheit sprechen, die tieferes Glück und Verständnis in mein Bewusstsein trägt?

Sozusagen. *(Er schmunzelt.)*

Was die Existenz einer »höheren Welt« betrifft, streiten sich die Menschen doch seit Hunderten von Jahren. Und heutzutage können viele sich nicht mehr vorstellen, dass es eine »höhere« Welt geben soll. Geschweige denn, dass diese voller Mitgefühl, Wissen und Weisheit mit uns in Kontakt tritt, uns aktiv unterstützt. Um eine weitere Sicht auf dieses Thema reinzubringen: Der Philosoph Baruch de Spinoza schrieb im 17. Jahrhundert: »Gott ist keine äußere Erscheinung, sondern alles, was ist.« Wie ist dein Standpunkt?

Für mich ist das höchste Wesen vor allem die Erfahrung sich ständig weiterentwickelnder Frequenzen. Wenn ich mich mit dem Christus-Bewusstsein oder der Buddha-Natur verbinde, erlebe ich, dass die Quelle ständige Schöpfung in Harmonie ist und dass sich das »Höchste« permanent weiterentwickelt. Alles, was ich erlebe, ist für mich eine Ausdrucksform dieses höchsten universalen Bewusstseins, das man Gott nennen kann. Aber hier handelt es sich um kein festgesetztes System. Je stärker du Teile des Ganzen erkennst, desto mehr realisierst du, dass wir im Prinzip nichts wissen, weil es in den »höheren« Systemen so viele sich weiterentwickelnde Schichten und Formen gibt. In unserem Kosmos besteht alles aus einer noch höheren Harmonie und wird von dieser durchdrungen. Es wirkt auf mich wie eine Zwiebel mit ihren vielen verschiedenen Schichten, stets offen für ständige Veränderung, für die endlose Erfahrung weiterer Entwicklungen. Jedes Mal, wenn ich mich mit einer Form von kosmischer Ordnung verbinde, verbinde ich mich mit einer noch höheren, sich schon wieder weiterentwickelnden Frequenz. In dieser kosmischen Ordnung sind alle Partikel, die sich in den vielen verschiedenen Feldern befinden, stets miteinander verbunden, sie alle entstammen dem gleichen Ursprung. Alles ist mit allem verbunden, und deswegen liegt die gesamte Information von allem auch in mir selbst verschlüsselt vor. Sogar in jedem einzelnen Partikel von mir findet sich die Information von allem. Alles, was ist, ist also auch in mir angelegt und ist zugleich auch außerhalb von mir zu finden. Was innen ist, ist außen. Was außen ist, ist innen. Mit diesem Verständnis konzentriere ich mich in jedem bestimmten Moment stets darauf, mich zuerst mit der Quelle zu verbinden. Mit dem Höchsten, das all das, wovon ich gerade gesprochen habe, bewirkt. Von dort aus werde ich genau zu dem geführt, was ich in einem bestimmten Moment erleben soll. Also verbinde ich mich nur von diesem Punkt aus – von meiner Verbindung mit der Quelle aus – mit hereinkommenden Eindrücken und richte mich an ihnen achtsam neu aus. Das ist sehr wichtig.

. . .

Und deine Seele kennt all diese Informationen bereits.

Bei unserer Arbeit geht es jetzt vor allem darum, die wahren Informationen deiner Seele zu erinnern. Spüre einfach, was bei dir hereinkommt, wenn du die letzten Zeilen im Text noch einmal liest und dann die nächsten Zeilen:

Seelenebene
Seelenaktivierung

Seelenebene
Seelenaktivierung.

Seelenebene
Seelenaktivierung
Und deine Seele kennt schon all diese Informationen.

Jetzt meldet sich doch mein Verstand zu Wort, es kommen irgendwie diffuse Gedanken rein, etwa: »Die ganze Sache ist so groß« und Das ist doch alles subjektiv« und »Was wir entdecken können, ist nur ... «

(*Damien unterbricht sofort.*) Timur, hier geht es darum, dass du dich dem Prozess vollständig hingibst. Und das gilt natürlich für uns alle. Immer wieder:
Ergib dich.
Gib dich hin.
Dem gesamten Prozess.
Deinem Prozess.
Gib dich deinen Seeleninformationen hin und spüre.
Gib dich hin.

Kannst du es jetzt spüren?

Es fühlt sich jetzt leichter an, es ist wie ein Gefühl von immenser Leichtigkeit.

Ja. Dieses Gefühl bringt stets eine Wahl mit sich. Es fühlt sich für mich ungefähr so an: Was passiert, wenn ich eine wirklich neue Entscheidung von größerer Tragweite treffe? Denn das Göttliche kommt als ein sanfter Impuls herein, wie eine Brise, als Inspiration. Das Höhere in dir wird dich niemals zu etwas zwingen. Seine Inspiration (das lateinische Wort »inspirare« bedeutet »einhauchen«) wird dich stets auf eine neue Reise schicken – wenn du sie fühlen und dich dafür öffnen kannst. Die Reise geht zu dem Teil in dir, der nie stirbt.

Jeder ist hier auf seine persönliche Seelenreise geschickt worden …

Persönliche Seelenreise …

Diese Wörter wirken wie Codierungen. Und du kannst sie fühlen.

Und fühle.
Entspanne dich und erspüre, wie sich das anfühlt.
Fühlen bringt uns zurück in die Freiheit.
Es befreit von veralteten Verstandeskonzepten.
Fühlen trägt dich zu den Potenzialen der Seele zurück. Den Potenzialen der Liebe. Deiner Liebe.

Während du dies liest, kehren Anteile deiner Seele in dein physisches Feld zurück, zurück in deinen Körper.

Entspanne dich und atme. Bleib dir deines Körpers bewusst und deiner verschiedenen Körperteile. Entspanne dich und atme bewusst …

Wir kehren zurück auf die Seelenebene und befinden uns damit schon auf dem Weg zurück zur Einheit. Zum inneren Einheitsbewusstsein.

Individuelle Seelenerfahrung ...
Individuelles Seelengedächtnis ...

ICH BIN, DER ICH BIN.

Entspanne dich.

Während eines Workshops lud ich die Energie Gottes in die Gruppe ein, und einige Leute flippten regelrecht aus, weil sie das Gefühl hatten (und dachten), dass unheilige, unreine Energien reinkämen: Konkret spürten sie ein Gefühl tiefer Zufriedenheit und Wohlgefühls in ihrem Becken und in ihren Geschlechtsorganen, das tief in jede Zelle reinging. Ein Gefühl tiefen Genährtseins des Körpers in der Region um die Hüften.

Einige fragten: »Wie kann es sein, dass das passiert, wenn man sich mit Gott verbindet?« Nun, die Antwort ist: Das Quellbewusstsein macht zwischen »hoch«, oder »tief«, zwischen »rein« und »profan« keinen Unterschied. Die Quelle ist in allem und in jedem. Sie wohnt immer in dir, und sie bewohnt ganz natürlich alle Teile deines Körpers. Die Essenz der Quelle, ihre Kraft, findet sich in allem, und es handelt sich dabei um eine sich ständig entwickelnde Frequenz. Die Quelle ist natürlich Teil der Erde. Sie ist hier. Man kann also durchaus sagen: »Gott weilt hier bei uns auf dem Planeten Erde.« Und »Gott« entwickelt sich mit uns zusammen weiter, einfach weil es Spaß macht, sich zu entwickeln und sich weiter in der Erfahrung auszudehnen.

Deutest du hier an, dass die Quelle oder Gott oder das Universum — wie auch immer — es möchte, ja uns sogar dazu einlädt, dass wir Spaß am Leben haben?

Aber natürlich. Das Quellbewusstsein urteilt nie. Weil die Quelle bereits alles verstanden hat. Sie hat alles bereits bezeugt und dabei alles verstanden. Er/Sie/Es versteht dich und versteht alles, was gerade geschieht. Deswegen (immer) auch die Vergebung.

…

Überprüfe also: Was fühlst du in diesem Moment und während dieser fantastischen Reise »Leben« wirklich? Es geht nicht darum, sich in Details zu verlieren. Fühle es einfach.

…

Du merkst schon (denn es ist eine Frequenz im Raum): Wir Menschen waren es, die das Beurteilen erfunden hatten. Wir verurteilen ständig weiter – jedenfalls solange wir noch nicht verstehen. Wir haben auf so viele Arten das Konzept von Trennung in unser Denken und Fühlen eingeladen: Wir trennen zwischen »niedrig« und »hoch«, zwischen dem Verspielten, dem Heiligen, dem Schmerzhaften, dem Schändlichen. Dadurch haben wir uns immer weiter darauf trainiert und spezialisiert, permanent Situationen zu beurteilen. Wir haben durch diesen Fokus unsere Hauptverbindung zur Quelle unterbrochen. Aber auf der höchsten Ebene des Bewusstseins ist sich das Einheitsbewusstsein der Quelle immer bewusst – auch in scheinbar »schlimmsten« Situationen –, was sich im Hintergrund abspielt, weil es alle Hintergründe und Vorgeschichten kennt! Mit diesem Phänomen eine lebendige Verbindung einzugehen bedeutet für mich, stets offen zu sein, alles im Leben stets zu transformieren, Urteile loszulassen, wenn sie sich melden sollten. Und bei all dem Spaß zu haben und diesen wilden Ritt auf der Erde einfach zu genießen. Es wird zu einer Art ständiger Glückseligkeit.

…

Also … lass uns verbinden … und den Frieden genießen, der aus dieser Verbindung entsteht. Den Frieden zwischen dem Herz und der Quelle. Und jetzt lass uns einfach für eine Weile still zusammensitzen …

Und jetzt brechen wir
aus dem Kopf aus

Können wir sagen, dass die Erde, die ganze Schöpfung, eine Art Spielfeld für Geister (Spirits) ist, um sich weiterzuentwickeln? Wie haben wir es dann geschafft, uns nicht mehr mit dem zu verbinden, was wirklich für uns gedacht war und immer noch stimmig und heilsam sein kann?

Wir haben viel zu oft unsere Verbindungen zwischen dem Herzen und sogenannten »niedrigeren« Frequenzen gekappt. Anders gesagt: Wir haben viel zu oft geurteilt und dabei (auch uns selbst) verurteilt. Indem wir genau das irgendwann als normales Denken und Fühlen ansahen, stoppten wir die Verbindung zu uns selbst, zur eigenen Seelenebene und zum Göttlichen in uns. Denn das Göttliche urteilt nicht. Weil es schon alles versteht und begreift.

Je mehr du dich im Leben an deine eigene Verbindung zur Quelle erinnerst, desto mehr erkennst du, dass du gar nichts mehr im Leben abschließend (ver-)beurteilen kannst. Du erlebst ja schon ein Stück, um wie viel umfassender, intelligenter und komplexer die Dinge insgesamt zusammengefügt sind. Im lebendigen Kontakt mit der Quelle verstehen wir noch etwas mehr darüber, wie viel wir eigentlich wissen müssten, um überhaupt etwas adäquat zu verstehen. Welche Tiefe jedes einzelne Ding hat. In den lebendigen Kontakten mit der Quelle kannst du vor allem erspüren, wie viel mehr sich in diesem und im nächsten Moment alles schon weiterentwickelt. Es macht Spaß, auf diese Art in lebendigen, echten Kontakt zu kommen. Es macht Spaß, wieder mit der Quelle in Kontakt zu sein. Es ist das, wofür wir gemacht sind.

Ich glaube, viele können sich das immer noch nicht vorstellen, dass das die Wirklichkeit sein soll.

Das liegt vor allem daran, weil wir als Kinder gelernt haben, Teile des Körpers, unseres lebendigen Energiesystems, zu blockieren. Die meisten von uns sind förmlich darauf trainiert worden, alle Körperteile, die einem Freude bereiten, wichtige Energiezentren, die zum Beispiel mit unserer Sexualität verbunden sind, abzulehnen und zu blockieren. Noch heute verdrängen so viele von uns immer noch die Körperregionen um den Anus, um die Hüften und die Geschlechtsorgane. Wir haben uns dadurch selbst beigebracht, lebendige Gefühle wie Lust, Glückseligkeit und Freude zu unterdrücken. Und dadurch haben wir uns vom Körper losgelöst. Wir haben die Verankerung verloren und bewohnten unserem Körper nicht mehr richtig. Man kann fast überall beobachten, dass Menschen ihre Körper und auch ihre Gefühle aktiv blockieren: Sie haben zum Beispiel blockierte Hüften oder sie sprechen oder handeln sehr schnell, ohne dabei zu merken, dass gleichzeitig ihr Energiefluss im Körper an einer oder mehreren Stellen blockiert ist, etwa in der Wirbelsäule oder in den Kieferknochen. Und das hat natürlich Folgen. Heutzutage kann ein geübtes Auge täglich beobachten, wie sich Menschen (und deren Körper) verhalten, die sich in allem, was sie tun, ständig selbst blockieren, beurteilen, ja sogar verurteilen. Und das tun so viele Menschen oft schon seit vielen Jahren.

Aber warum?

Aufgrund der Vorurteile, die unsere Gesellschaft in Bezug auf unsere eigenen Gefühle und Körperfunktionen aufgebaut hat. Das alles haben wir schon als Kinder gelernt. Nicht nur durch Worte, sondern auch durch die Körpersprache unserer Eltern, durch negative Reaktionen unserer Eltern und anderer »Bezugspersonen«. Zum Beispiel, wenn wir als Kinder unsere Genitalien berührten oder uns auf bestimmte Weise »unschicklich« benahmen. Als Erwachsene ist es für uns ganz normal geworden, uns weiterhin selbst als fließende Energie im Körper ständig zu blockieren – zum Beispiel unsere Halsenergie, also unsere Fähigkeit, die eigene Wahrheit angstfrei auszusprechen. Denn authentisches Sprechen bringt Dinge zum Ausdruck, die andere verärgern und zutiefst irritieren können. Irgendwann haben wir beschlossen, unsere Herzenergie zu blockieren, denn sie ist Ausdruck unserer wahren Kraft, unseres vollständigen Potenzials als authentisch liebendes Wesen. Wir haben beschlossen, all dies zu blockieren, und als Folge davon wurden wir aus der Jetzt-Zeit geworfen.

Man könnte auch sagen: »aus dem »Paradies«, nicht wahr?

Weil wir uns von der wahren, tiefen Gemeinschaft mit dem wirklichen Sein getrennt haben. Und das nun schon für so lange Zeit. Unsere gesamte Gesellschaft hat sich davon bestimmen lassen und nennt es heute »normal«. Indem wir dies zuließen, trennten wir uns von feinen Gefühlsanteilen, von Körpergefühlen, die für uns weiterhin wichtige Schlüssel sind. Wir haben im Grunde von uns selbst getrennt. Wir haben uns von den anderen getrennt. Und wir haben uns von Gott getrennt.

Ehrlich gesagt verblüfft mich das schon ein wenig: Wir sprechen über Gott, und du kommst immer wieder auf – nun ja – grundlegende biologische Körperfunktionen zu sprechen.

Wo ist der Unterschied? Beides gehört untrennbar zusammen. Willst du dich mit der grundlegenden schöpferischen Kraft im Leben verbinden, solltest du zuerst mit deinem eigenen Körper klarkommen, dich wieder mit allen Aspekten deines eigenen Tempels rückverbinden. Mit deinen Gefühlen und mit allen Körpergefühlen aussöhnen. Auch mit deiner Sinnlichkeit. Gerade an dieser Stelle greifen noch Systeme der Macht und kollektiven Kontrolle und wirken auf dich ein.

Ich erinnere mich, als ich noch ein Kind war, fühlte ich solche Liebe, Weisheit, Mitgefühl, Vergebung, ich spürte eine Unterstützung von der Quelle, die bedingungslos und unvoreingenommen war. Das alles fühlte sich sauber und heilig an. Ich hatte eine sehr tiefe Verbindung zu meinem Schöpfer. Geboren in Irland, in einem System, das stark mit der katholischen Kirche verbunden ist, konnte ich die grundlegenden Wurzeln der Religion als heilig und klar erspüren. Ich spürte die grundlegende Verbindung, aber ich konnte die vielen Glaubenssysteme spüren, die im Laufe der Zeit hinzugefügt worden waren. All das »Zeugs«, das mich als Kind schon die ursprüngliche Verbindung lösen ließ, weil ich mit Schuld, Scham und Angst programmiert wurde, mit dem Gefühl, nicht gut genug zu sein, um mich mit dem Göttlichen zu verbinden. Es fühlte sich so an, als wäre ich von Gott getrennt, den ich doch aus meiner Kindheit kannte. Als würde ich mein eigenes Schöpferwesen verlieren, meine eigenen Möglichkeiten, mich aktiv zu verändern.

…

All dies trennte mich von meinem wahren Selbst. Später erinnerte ich mich an die Verbindung, ich lernte in dieser Zeit auch, nicht zu urteilen, sondern jede Religion zu ehren. Die meisten Menschen haben eine gute, reine Absicht, wenn sie sich in religiöse Systeme hineinbegeben. Viele Menschen sind rein in ihrem Herzen, wenn sie sich mit diesen Systemen beschäftigen. Von diesem Punkt aus hatte ich kein Problem, mich selbst mit Religionen zu verbinden. Und ich konnte den reinen Geist des Schöpfers in ihnen allen erkennen. Aber ich blieb wachsam. Gleichzeitig sah ich, dass in all diesen alten religiösen Systemen einige Dinge ganz und gar nicht klar sind – für mich. In meiner Wahrnehmung. Aber weiterhin ehre ich jedes dieser Felder, weil sie das Beste taten – und immer noch tun –, was sie konnten. Heute geht es vor allem darum, sich wieder mit dem Kern des eigenen Seins zu verbinden, sich mit der Quelle, die sich in uns allen ebenfalls befindet, wieder zu verbinden. Für mich ist das der Kern lebendiger Spiritualität.

Und was können uns traditionelle Religionen weiterhin lehren?

Die bestehenden Religionen passten sehr gut in ihre jeweilige Zeit. Jede Einzelne von ihnen war wichtig, und es ist für uns wichtig, zu ehren, was sie bewirkten, als sie im kollektiven Feld arbeiteten. Im Augenblick unserer aktuellen Entwicklung ist es für uns sehr wichtig, für ihr Werk dankbar zu sein. Weil sie auf die ehrenhafteste Weise, die jeweils möglich war, ihr Bestes taten. Alle Religionen haben sehr klare, heilige Anteile, aber viele ihrer wahren Lehren wurden irgendwann später abgeschnitten. Die wahre Essenz wurde oft entfernt. Menschen wurden durch Glaubenssysteme programmiert, die mit der Frequenz der Angst codiert waren.

Auch hatten sich einige Religionen zu sehr darauf konzentriert, sich nur auf bestimmte Aspekte der spirituellen Erfahrung zu konzentrieren, zum Beispiel durch Gebet, Fasten, Singen und weitere spirituelle Praktiken. Das ist natürlich im Prinzip alles »gut«. Aber wenn man sich nur auf die sogenannten »höheren Frequenzen« konzentriert, bleibt man sehr leicht in der Vorstellung von trennenden Gegensätzen (Dualität) gefangen: Falls du eine Kirche oder einen Tempel bauen solltest und nur noch dort das Göttliche verehrst, vergisst du schnell, dass der wahre Tempel in dir und überall in der Natur ist, in der Schöpfung. Wenn du nur die Lehren deiner eigenen Heiligen und Lehrer für die »richtigen« halten solltest, legt das schon einen Grundstein, »andere«, eventuell auch sehr gute, Lehren abzulehnen. Du könntest auch in deinem Kopf das Bild von dir selbst erschaffen, durch eine bestimmte Praxis »höher« zu steigen, und dazu brauchst du ein »niederes« Gegenteil, von dem du dich distanzieren kannst. Du erschaffst also ein Gegenteil von dem, was du für gut hältst. Genau das ist – nach meiner Wahrnehmung – in vielen Religionen passiert. Und natürlich ist das eine Falle, falls du dadurch nur eine weitere Identität aufbaust, die Distanz und Abgrenzung nach »außen« benötigt. Wenn du eine neue spirituelle »Persönlichkeit« erschaffst, die du dann nach außen verteidigen musst. Diese Gefahr betrifft etablierte Religionen gleichermaßen wie neue spirituelle Bewegungen. Es kommt auf das richtige Verständnis an: Es geht in der Religion (und in der Spiritualität) um Verbindung, nicht um Trennung. Viele geistige Führer verschiedener Religionen, unter anderem aus den Kirchen, dem Islam, aus verschiedenen Zweigen des Buddhismus, treffen sich regelmäßig, arbeiten zusammen und werden dabei Freunde. Das zeigt das Potenzial, das auch in den traditionellen Religionen existiert und immer noch gehoben werden kann. Aber dazu braucht es das richtige Verständnis.

…

Wenn du dir zum Beispiel einige Textstellen in der Bibel genauer ansiehst, dann enthalten sie eine Menge interessanter, komplexer Informationen. Ändert man darin auch nur ein Wort, verändert das schnell schon die Botschaft, und auf einer tieferen Ebene fügt sich das Ganze nicht mehr stimmig zusammen. Sehen wir uns zum Beispiel die Zehn Gebote an. Es ist ein Unterschied, ob in einer Übersetzung steht: »Du sollst nicht stehlen« oder »Ich bin kein Dieb«. Spürst du den Unterschied in der Schwingung? Die erste Variante hält gewollt oder ungewollt eine Hintertür offen für Frequenzen der Scham und sozialen Kontrolle, die beim Sprechen oder Lesen hereinkommen können. Die zweite Version gibt mehr Raum, um sich selbst auf respektvolle Weise neu auszurichten und sich auf gute, souveräne Weise weiterzuentwickeln. Laut ausgesprochen, reinigt die zweite Version alles in den Zellen, sogar Themen aus früheren Leben. Oder wenn wir uns die Kernaussage ansehen, die sich hinter dem »Ich bin, der ich bin« verbirgt: Kannst du erspüren und authentisch erleben, dass Gott auch in dir ist? Die Wiederverbindung zur Quelle wirklich bewusst in dir erspüren? Denn das ist die beste Möglichkeit, schon in diesem Leben aufzuwachen und spirituell zu wachsen. Die Schwingung des »Ich bin« ist das größte Geschenk, das man jedem Menschen machen kann – wenn man mit dem richtigen Verständnis spüren kann, wie die Aussage des »Ich bin« einen selbst verwandelt. Und wenn wir es schaffen, das Wissen, dass die Quelle in uns wirkt, durch unser Handeln zu bezeugen und mit anderen zu teilen.

…

Das göttliche Feld, das ich von Kindheit auf kannte, hat meine Schwingung stets erhöht. Wenn du weiterhin an Trennung und Kampf glaubst und dieses Konzept von Dualität in deinem täglichen Handeln unterstützt, zum Beispiel, weil du entschlossen bist, unbedingt auf der »richtigen Seite« sein zu müssen, wird diese Haltung deine Schwingungen verringern. Du wirst subtile Nuancen von Stolz erzeugen und Menschen je nach ihren Haltungen oder Eigenschaften einteilen. Irgendwann nimmst du diese Klassifizierungen ernst. Das wird einen Riss in dir erzeugen. Du und deine Zellen – ihr werdet Kontraktion erleben. Und später Angst, zum Beispiel die eigene »höhere« Position zu verlieren. All das ist in vielen Kulturen geschehen, und der Prozess ist nachvollziehbar: Denn in jedem Moment, in dem wir Angst nicht loslassen, erschaffen wir Trennung. So haben wir Trennung in unserer Sexualität erschaffen, in der Art und Weise, wie wir die Gesellschaft wahrnehmen und diese weiter aufbauen, in unserem Blick auf das Höchste und so weiter und so fort. So viele »Programmfehler« sammelten sich über viele Leben und Jahrhunderte im kollektiven Code, durch die Angst, durch das Gefühl der Trennung, durch immer neue Konzepte von Trennung und Kontrolle. Dazu erschaffen wir schlimmstenfalls noch mehr Illusionen, mentale Konzepte, und Menschen können innerhalb der Verwirrung, die all diese Programmierungen in ihnen auslösen, stecken bleiben.

Und wie werden wir diese Programmierungen los?

Lasst uns das Leben frisch im Jetzt leben: indem wir von Moment zu Moment wachsam bleiben. Für jemanden, der genau das schafft, wird es möglich, dass er im Umgang mit anderen überhaupt kein (abwertendes) Gefühl von Trennung mehr erleben muss. Quellenergie ist die Abwesenheit jeder Form von Trennung. Gott ist volle Harmonie in Einheit. Diese Einheit handelt immer in voller Selbstannahme und mit Liebe. Jemand, der das wirklich erfährt, wird Einheit spüren und in der Einheit Gottes leben. Er wird jeder Situation und überhaupt jedem mit Respekt begegnen. Er wird jeder schmerzhaften Lektion mit Demut begegnen. Weil er Nicht-Dualität erlebt – das Kerngefühl, das vorhanden ist, wenn wir jenseits der Schleier der Trennung Leben erleben. Wir erleben, was wir »heilig« nennen können – etwas, das »heil« ist. Diese Fähigkeit, die ganze Wahrheit zu spüren und ein Teil von ihr zu werden, bringt Würde in alles hinein, was wir tun. Wir spüren in jeder Situation Respekt vor dem, was geschieht, weil sich auch hinter »Dramen« die Gegenwart der Einheit zeigt. Du erlangst einfach ein neues Grundverständnis für alles, was geschieht. Aber wenn du zum Beispiel deine Erfahrungen nur als »höher« und »niedriger« bewertest, koppelst du dich vom Göttlichen, vom Christus-Bewusstsein, von Samadhi, von der Buddhaschaft ab. Das blockiert dich, und dein Verstand wird weitere angebliche Trennungen erschaffen. Vielleicht fängst du an, etwas zu denken wie: »Hey, diese Leute essen Fleisch, sie trinken Alkohol, das ist nicht gut« – aber hey, genau das ist eine neue Kluft, die du da erschaffst. Es ist natürlich einfach, sich moralisch überlegen zu fühlen, aber das wird einen neuen Riss zwischen dir und der Welt erschaffen, so wie sie ist. Es wird eine Trennung in dir selbst schaffen. Warum? Weil du und die Welt nicht voneinander getrennt seid.

Ein neues Weltbild

In meinen Ausbildungsgruppen denken und spüren Teilnehmer oft, dass ich an ihnen allen individuell arbeite, aber »in Wirklichkeit« projizieren sie einfach nur gleichzeitig ihre Projektionen, ihre Aufmerksamkeit auf mich. Das ist ganz normal. Und es funktioniert. Denn genau das geschieht ständig zwischen allen Menschen. Das heißt, die ganze Zeit über projizieren wir aufeinander.

Ja, ich glaube, das haben wir schon besprochen: Wir dienen uns gegenseitig als Spiegel, um Aspekte von uns selbst zu erkennen, die wir nur im anderen erkennen (können).

Die entscheidende Frage ist immer: Projizierst du bewusst oder unbewusst? Machst du dir klar, dass du projizierst oder nicht? Falls du bewusst auf andere projizieren kannst – weil du schon achtsam bist und dir das auffällt –, kann dir zum Beispiel klar werden, dass du auf einen anderen – auf einen deiner Spiegel im Leben – unbewusst wütend gewesen bist. Aber jetzt kannst du jederzeit aus diesem Spiel wieder aussteigen. Weil du es dir bewusst machen konntest.

Das ist wichtig, denn somit kann ich mir auch bewusst machen (und verstehen): Ja, wir sind alle eins, und trotzdem bleiben wir gleichzeitig individuell. Und, ja, wir reagieren alle auf unsere Weise auf die vielen Spiele, in denen wir uns voneinander abgrenzen. Und wir können uns mit den vielen Freunden, auf die wir bis jetzt immer nur projiziert hatten, wieder verbinden. Weil wir jetzt erkennen, dass wir alle eins sind – ein lebendiges, sich ständig veränderndes Feld möglicher Interaktionen und hilfreicher Kommunikation. Ich erkenne gerade dabei: Die Einheit Gottes ist schon in jedem von uns. Das heißt auch: Mein Gegenüber ist wirklich mein Bruder/meine Schwester.

Wenn das so ist, dass wir alle aus dem Einheitsbewusstsein kommen, und sowieso alles mit allem verbunden ist, warum mussten wir diese Einheit verlassen? Um die endlos vielen Spiele der Trennung zu spielen? Wozu denn?

Das Spiel der Dualität ist für uns als Seelen sehr wichtig, um uns weiterzuentwickeln. So musst du zum Beispiel alle Parameter kennenlernen, die du in Raum und Zeit brauchst, damit du eigenständig Entscheidungen fällen kannst, etwa deinen nächsten bewussten Schritt. Auf diese Weise lernst du, dir klar zu werden, was du – jetzt – willst. Du kannst dich möglichst bewusst und mit dem Herzen für alle möglichen Erfahrungen entscheiden. Dabei bist du angehalten, beim Erschaffen und Lernen nicht faul zu werden, sondern immer weiter unterschiedliche Erfahrungen zu wählen, um dich weiterzuentwickeln.

…

Gott ist Schöpfung und Gott entscheidet sich stets, zu erschaffen. Man könnte sagen: Die prinzipiell erste Entscheidung der ursprünglichen Energie war es, zu erschaffen und immer weiter zu erschaffen. Und nie mehr stillzustehen. Quelle will alle diese Erfahrungen erleben und weiter aus ihnen herauswachsen. Deshalb hat sich Quellenergie in uns alle »aufgeteilt«. Jetzt gibt es also einen Aspekt von Quelle in uns allen. Anders gesagt: Wir sind alle hier, um weiter zu erschaffen. Und darin stetig besser zu werden. Um in Liebe zu erschaffen. Wir sind hier für weitere Erfahrungen, ein stetig besseres Erschaffen von Expansion. Du als ein Teil der Quelle kannst in alles expandieren, aber es geht natürlich darum, was du dabei erleben und daraus lernen wirst. Und da wir uns alle voneinander unterscheiden, erleben wir unterschiedliche Dinge. Zum Beispiel habe ich in diesem Leben eine Liste von Erfahrungen ausgewählt, an denen ich arbeiten muss. Wenn ich daraus wachse und lerne, kann ich die Ebene wechseln, um neue Frequenzen zu erleben. Es ist ein großer Plan, der sich innerhalb der

Konstruktion einer linearen Zeit für uns entfaltet. Wir brauchen die (Illusion der) Zeiterfahrung, um hier unsere eigenen Erfahrungen zu machen.

Auf Seelenebene haben wir beschlossen, diesem Weg zu folgen, um von diesen Erfahrungen aus eine sehr starke, stabile und saubere Verbindung zuerst ins Herz und von dort zurück zur Einheit, zur Quelle, zu legen. Um dies zu erreichen, brauchen wir zuerst eine sehr starke Verbindung zu unseren reinsten Emotionen und Absichten. Von dort aus wirst du auf dieser Reise geführt. Für weitere, wahre, tiefe Erfahrungen, die Ausdruck deiner Verbindung zur Quelle sein können und diese Verbindung weiter aufbauen. In deinem Herzen.

Die Frage ist jetzt: Bist du schon bereit, zu all dem Ja zu sagen? Denn das Universum als ein sich ständig wandelndes, kreatives, dynamisches Energie- und Informationsfeld wird weitere Veränderungen und Turbulenzen mit sich bringen. Und auch dadurch werden wir weiter erleben und wachsen.

Du hast mehrmals betont, dass es für uns nötig ist, alle unsere Programme und Glaubenssysteme infrage zu stellen. Ich fange an, zu verstehen, was diese Aussage wirklich bedeutet. Denn einiges von dem, was du sagst, kann die Vorstellungen unserer Leser ganz schön herausfordern.

Glaub mir, mich fordert das auch heraus! Manchmal jedenfalls. Und wir sitzen sowieso alle im gleichen Boot. *(Damien grinst jetzt über beide Ohren.)* Ich kann mich noch gut an ein Seminar erinnern, in dem ich die Gruppe mit den Schwingungen Gottes bekannt machte, und für mich selbst war es einfach nur verblüffend, was danach geschah. Nach so vielen Jahren kann ich es immer noch nicht richtig beschreiben. Es war, als würde in meinen Geist die Information eintreten: »Geh höher als die Quelle.« Hm. Wie kann ich so was überhaupt nur aussprechen? Heute noch klingt das für mich sogar irgendwie blasphemisch. Aber in jenem Moment fühlten sich die eingehenden Gottesfrequenzen wie eine direkte Erfahrung dieser ständigen Erweiterung an – die »Gott« »ist«. In diesem Moment war Quelle für mich die Erfahrung einer ständigen Erweiterung ihrer selbst und von allem, was existiert. Die Teilnehmer des Seminars sagten mir später, dass sie die gleichen Informationen erhalten hatten: ein gewisses Gefühl, ein bestimmtes Wissen über sich. Nämlich, »dass ich Gott bin« und »dass du Gott bist« und vor allem, dass wir alle zusammen darin und damit weiterexpandieren. Das ist der Fluss des Lebens.

Die kollektive Erfahrung von uns allen dehnt sich ständig weiter aus: Ich dehne mich aus, die Quelle dehnt sich aus. Und all diese Dynamiken laufen ständig weiter. Das Göttliche erweitert sich mit unseren Erfahrungen. Wir expandieren mit dem Göttlichen zusammen, wir spielen und wir lernen dabei, und es ist wichtig, dass wir aus jeder noch so kleinen Erfahrung heraus wachsen und dazulernen.

Keine Erfahrung ist sinnlos.

Indem wir Erfahrungen möglichst vollständig fühlen und erleben, schicken wir sie zurück an die Quelle. Aber wenn ich meine Erfahrungen zurückhalte, weil ich zum Beispiel sage: »Ich bin nur das Opfer in dieser Erfahrung«, »Ich habe nichts davon« oder »Ich sehe in dieser Welt nur Elend«, wird sich die Quelle in mir nicht weiter ausdehnen. Für mich ist also die Aufgabe, in jedem Augenblick neue Möglichkeiten zu schaffen, mich mit meinem Herzen und mit dem Einheitsbewusstsein zu verbinden. Diese Verbindung kann von Tag zu Tag stärker werden, bis ein Punkt im Leben kommt, an dem du dich nur noch von dem Wissen (und den Kräften) anleiten lässt, die die Quelle uns exakt in diesem Moment anbietet. Und von dort aus werden wir geführt. Sogar ein Gefühl der Kontraktion oder ein Gefühl von tiefem Schmerz kann euch weiter entfalten und ausdehnen, weil ihr im Einheitsbewusstsein bleibt und euch für diese Erfahrung öffnen könnt. Das ist es, was zum Beispiel Heilige herausgefunden haben. Von diesem Punkt des Verstehens aus expandierten sie weiter und lernten aus jeder Erfahrung.

Um dem, wovon du hier sprichst, näherzukommen, konzentrieren wir ausgerechnet auf unsere körperlichen Empfindungen?

Ja. Dein Körper ist dein Tempel. Wenn du deine Verbindung zu deinen Empfindungen und Gefühlen (die vom Körper kommen) verschließt, wirst du wie eingefroren bleiben. Teile deines Körpers werden sich abschalten, und dein Bewusstsein springt in den Kopf. Du könntest noch mehr Körperbewusstsein verlieren und dich dafür tiefer in Glaubenssystemen, Konzepten, mentalen Illusionen verlieren. Du wirst Dinge tun, nur um den Geist zu beschäftigen. Das wirst du ständig mehr tun, und es wird nie befriedigend sein: Denn du wirst nur an dein eigenes Leben denken, nicht an die Geheimnisse des Lebens. Du wirst nicht viele Mysterien des Lebens kennenlernen. Alles, was du erlebst, wird dir irgendwie bekannt vorkommen. Genau diese Art zu leben, treibt große Teile der Gesellschaft an. Du sammelst dabei vielleicht immer mehr »Wissen« an und kannst stolz zu dir sagen: »Ich weiß ja so viele Dinge.« Doch das sind nur Theorien, die von deinem Verstand angetrieben werden. Viele Menschen leben vor allem im Kopf: Sie identifizieren sich mit den Sätzen, die sie die meiste Zeit in ihrem Geist denken und hören.

Und wie kommen wir aus dem Kopf heraus?

Die Menschen pushen andere und sich selbst viel zu sehr im Leben. Sie versuchen, einen Tick zu schnell zu springen. In Richtung Zielerfüllung. Wir wollen uns ständig »entwickeln« und die ganze Zeit über »besser werden«. Aber wenn wir fast nie inneren Frieden dabei erleben, treiben wir uns nur weiter an und versuchen zu kontrollieren, was wir tun. Viele Menschen lassen nie los.

Aber spirituelle Menschen sind anders, oder? Sie sind sich oft ihrer selbst mehr bewusst.

Wenn du immer mehr spirituelle Techniken kennenlernst, andauernd Seminare besuchst, kannst du dir vielleicht auf bestimmte Art über bestimmte Dinge superklar werden, aber es ist nicht gesagt, dass du dadurch aus der Weisheit deiner wahren Gefühle lernst. Das gilt zum Beispiel für die Haltung spirituell Interessierter, immer »positiv« zu bleiben. Und sich zu distanzieren. Andere, die viele spirituelle Ideen und Techniken studiert haben, sammeln das Wissen in ihrem Kopf, spüren es aber nicht in ihren Herzen und Körpern. Das ist eine Art Falle. Denn wenn du so denkst und handelst, bleibst du wahrscheinlich weiter von der Quelle getrennt, auch wenn du glauben magst, »spirituell« zu sein (was immer das im Einzelfall heißen mag). Es geht hier um den schmalen Grat zwischen dem Erreichen klaren Bewusstseins, einer Klarheit darüber, was im Moment wirklich ist, und dem Festhalten an Konzepten, wie das Leben für dich sein sollte.

Einige Leute kennen die Themen, über die wir sprechen, ziemlich gut. Vielleicht sind sie sogar mit noch weit seltsameren »esoterischen« Phänomenen vertraut. Wenn du ihnen gegenüber andeutest, dass sie vielleicht trotzdem immer noch recht kopfgesteuert leben und im Kern überhaupt nicht glücklich sind, werden sie das sofort auf dich zurückprojizieren. Sie werden sofort denken und glauben, dass du es bist, der projiziert. Dass du dieses Thema hast. Das können sie gut, weil sie über Projektionen gut Bescheid wissen. Auf ihre eigene kopfgesteuerte Art. Und dabei sind sie davon überzeugt, dass sie immer recht haben. Weil sie ja »wissen«, dass jeder die ganze Zeit projiziert. Sie beschäftigen sich mit vielen esoterischen Gebieten, und ihr Kopf wird sich dabei immer weiterdrehen, neue Gedanken erzeugen, zum Beispiel: Aus dem und dem Grund fühle ich jetzt gerade das hier. Diese Leute nehmen vieles wahr, aber gleichzeitig versuchen sie ständig, alles zu kontrollieren – vor allem ihre Gefühle. Einige erleben sogar superfeine, »hohe« Frequenzen oder machen viele intensive spirituelle Übungen, aber sie tun das zu sehr aus dem Kopf heraus, nicht aus dem Herzen. Viele haben ihr inneres Kind noch nicht geheilt. Also kommt auch im Erleben die Frequenz des Urteilens mit ins Spiel. Das ist eine gefährliche Mischung!

Ich glaube, zu viel Nachdenken scheint sowieso eines der größten Hindernisse zu sein. Ich ertappe mich selbst oft dabei, dass ich von einer Idee oder einem Thema gedanklich regelrecht besessen bin. Jedenfalls für einige Minuten … oder Stunden.

Wenn du ein bestimmtes Gefühl oder ein Ergebnis zu schnell erreichen willst, fokussierst du dich vielleicht intensiver darauf, als es dir guttut. Und denkst und handelst du nur den Bruchteil einer Sekunde zu schnell, bist du nicht mehr in deiner Herzfrequenz! Du denkst über viele verschiedene Dinge nach und sprichst über sie, ohne im Augenblick wirklich anwesend zu sein. Du bist nicht wirklich präsent und stößt dadurch frische Impulse im Jetzt, die du für deine Entwicklung brauchen könntest, von dir weg. Weil sie nicht zu deinen nach außen projizierten Zielen und zu deinem Selbstbild passen. Auf der einen Seite handelst du zu schnell, auf der anderen denkst du den Dingen hinterher.

Beobachte länger und mit etwas mehr Geduld, was im Moment gerade geschieht, und werde dabei vielleicht für einen Bruchteil der Sekunde einen Herzschlag langsamer. Beobachte einfach deine Gefühle, deine Gedanken und Handlungen etwas länger und werde langsamer dabei. Von da aus kannst du dich wieder mit dem verbinden, was wirklich in dir und mit dem Lebensfluss ist. Von Moment zu Moment kannst du deine vielen Verbindungen zu Gefühlen und Herzensfrequenzen empfinden und beobachten – im gegenwärtigen Moment. Das gibt dir die Grundlage, dich selbst immer besser kennenzulernen und authentisch zu handeln. Vom Herzen aus, von der Herzverbindung.

Timur, ich möchte dich vor allem bitten, die Dinge, die du dir wünschst, nicht auf eine zu harte und zu schnelle Weise erreichen zu wollen! Denn dann wirst du nicht vollständig im Moment sein. Dein System wäre nicht mehr wirklich präsent. Du würdest dich selbst und deinen Körper nicht mehr vollständig spüren können.

Ich nehme an, die Tendenz zu eilen, alle möglichen Erfahrungen und Dinge zu suchen und zu »sammeln«, kommt aus unbewältigter Angst.

Angst entsteht dadurch, dass man noch nicht in der Lage ist, voll und ganz mit den Erfahrungen eins zu sein. Viele Menschen lieben bestimmte Erfahrungen und neigen dazu, sich immer weiter um diese »Ebene von Erfahrung« zu bemühen. Sie wollen zum Beispiel Freude und Glückseligkeit durch Willensanstrengung erreichen, allein durch Konzentration. Ich beobachte, dass sehr viele, die sich selbst zum Beispiel als »Hedonisten«, »Athleten«, »Arbeitstiere« oder sogar als »Transhumanisten« bezeichnen, zu oft genau das tun: Sie konzentrieren sich auf etwas, um gewisse körperliche Effekte zu erzielen und bestimmte Gefühle zu spüren. Und das machen sie wieder und wieder und wieder. Aber was geschieht mit den Menschen, die sich mit allen ihren selbst geschaffenen Erfahrungen ständig mehr identifizieren? Der Verstand will daran festhalten, man will in diesen Räumen bleiben, die Erfahrung festhalten. Sie sind von ihren Erfahrungen wie gefangen und sperren sich dadurch gewissermaßen selbst aus dem Leben aus.

Weil sie sich aus der Erfahrung des Jetzt ausschließen?!

Sicher – wir alle wollen uns gut fühlen, aber das ständige Festhalten an Erfahrungen ist ein Zeichen dafür, dass du nicht mehr wirklich hier bist. Voll und ganz im Moment. Wenn du zum Beispiel auf entspannte und konzentrierte Weise meditierst, bist du mit allem um dich herum verbunden. Wenn du wirklich in deinem Körper bist. Du kannst dies natürlich etwa auch mit Sport, Tantra, Sex, Klettern, mit bewusstem Tanzen realisieren. Aber dafür musst du zuerst mit dir ins Gleichgewicht kommen. In deinem Körper ankommen und ihn bewohnen. Und im Jetzt bleiben, also nicht an »schönen« vergangenen Erlebnissen festhalten (oder sie wieder herbeizwingen). Eine zweite Tendenz: Manchmal denken Menschen, die im Erreichen hoher und »besonderer« Bewusstseinsfrequenzen sehr gut sind, dass sie an sich »gut« sind, weil sie bestimmte Zustände von Glückseligkeit und Gnade erreichen. Gleichzeitig sind manche von ihnen aber eben noch nicht so gut darin, sich in schwierigen Situationen zu entspannen und zu erden und sich darauf zu konzentrieren, wirklich tiefe Themen im Inneren zu heilen. Wenn du nur in die höheren Bereiche gehen möchtest, weil es »so eine schöne Energie ist« und sich diese so klar und heilig anfühlt, willst du mehr und mehr davon – und wirst irgendwann daran festhalten. Das ist nicht das, was ich einen »inneren Gotteszustand« nennen würde. Dies wäre ein Zustand, in dem wir in unserem Bewusstsein Himmel und Erde zusammenfügen und das Himmlische ganz konkret in unser Leben hineinbringen: Das »Niedrigste« und das »Höchste«, das Normale und das Außergewöhnliche kommen dabei zusammen, vollständig und gemeinsam.

...

Bringe alles in dich hinein.

Bringe in Frieden alles in dich hinein.

Und noch einmal: Nimm dir hierfür Zeit. Es gibt nichts zu erreichen. Nur zu erleben, was jetzt ist.

Was du hier vorbringst, erinnert mich an die buddhistische Lehre, zwischen dem, was wir mögen, und dem, was wir ablehnen, stets den mittleren Weg zu finden. Dass wir über »mögen« und »nicht mögen« hinausgehen sollen.

Dazu müssten wir geerdet sein. Wir müssen wirklich zentriert sein, was auch bedeutet, offen zu sein für unser liebevolles Herz, und für alles, was sonst noch hereinkommen mag. In der Lage zu sein, durch all das die vielen Erlebnisse vollständig fühlen und erleben zu können. Sich voll zu entfalten – damit wir mehr Licht, Frieden und Liebe hereinlassen können. Manche Menschen arbeiten nur deshalb geistig, um sich von »unangenehmen Erfahrungen« zu lösen, um nicht anschauen zu müssen, was in uns noch nicht geheilt ist. Wir neigen dann weiter dazu, unsere eigenen ungeklärten Anteile auf andere Menschen zu projizieren, die aus unserer Sicht »negativ« zu sein scheinen. Wenn wir sogar versuchen, diese Menschen oder bestimmte Situationen im Leben zu vermeiden, ist auf unserem spirituellen Weg etwas schiefgelaufen: Auf diese Weise haben wir das Konzept von Dualität auf »spirituelle« Weise neu erschaffen. Und schon findest du eine Reihe neuer Gründe, um Schwieriges, Herausforderndes nicht zu fühlen, diese Gefühle möglichst zu vermeiden und dich abzulenken.

Die Haltung, spirituelles Wissen vor allem zu nutzen, um die eigenen blinden Flecke aufrechtzuerhalten und vor allem die noch unerlösten Themen im Leben weiter auszublenden, wurde von den Psychologen John Weelwood und Robert Augustus Masters »spirituelles Bypassing« genannt.

Das ist eine sehr gute Bezeichnung. Heutzutage sind eben viele vor allem darauf trainiert, Gedanken zu produzieren. Wenn du sie fragst »Was fühlst du?«, werden sie dir mit Konzepten antworten. Und viele können dabei immer die »richtigen Antworten« geben: über das Leben, über Spiritualität, weil sie all das mit dem Verstand studiert haben. Aber wenn du die »Antworten« fühlst, sind es nicht die richtigen Antworten für dich in diesem Moment. Heute erleben einige Menschen, dass sie durch fortgeschrittene esoterische Praktiken »superintelligent« werden. Sie können sich zum Beispiel mit bestimmten Frequenzen – mit ganzen Datenbanken in der geistigen Welt – verbinden, mit Informationen, die zum Beispiel über klares Träumen oder durch bestimmte Formen von Trance erschlossen werden können. Das kann eine Menge »Fortschritte« bringen – auch für deine Finanzen, für deine Karriere, für Geld und Macht. Einige unter uns wissen schon lange, dass es so etwas gibt. Und wie viele wissen, dass diese Art von spirituellen Spielen schnell zu einer Falle werden kann, wenn deine neuen geistigen Fähigkeiten, dein »Erfolg«, dabei nur dein Ego stärkt.

Wenn du spirituelles Wissen klar für Ego-Ziele verwendest, ist das meist ein Zeichen, dass dein inneres Kind immer noch in subtilen Gefühlen der Unsicherheit verwurzelt ist. Du glaubst immer noch, von etwas im Außen abhängig zu sein, und wirst bedürftig bleiben und früher oder später Mangel empfinden. Das ist kein Ausdruck von Einheitsbewusstsein! Das ist kein Ausdruck von Liebe und Fülle, und wir sollten sowieso sehr vorsichtig mit Bewusstseinsräumen sein, in denen wir nicht vor allem auch die Liebe, unsere Herzfrequenz und den Herzensraum erspüren.

Kehre zuerst zu deinem eigenen Tempel zurück, in dein Körperbewusstsein. Mit Demut. Mit Dankbarkeit. Und fühle, was noch in dir gelöst und erlöst werden möchte. Jeden Tag, jede Minute geht es darum, bewusster zu fühlen. Ich weiß, dass es ab und zu nicht einfach ist, zu erspüren, was vielleicht noch darauf wartet, gespürt und verstanden zu werden. Wo du immer noch das Gefühl haben solltest, dass du das Opfer bist, dass alle anderen falsch liegen und so weiter. Wenn du so etwas fühlst, kannst du sicher sein, dass du gerade jetzt genauer hinschauen, beobachten und untersuchen solltest: Was vermeide ich hier? Wo fühle ich etwas Wichtiges in mir nicht mehr? Sollte ich nicht in der Lage sein, den aktuellen Schmerz zu ertragen, der in bestimmten Gefühlen noch in mir verborgen sein mag, und ihn später zu transformieren, werde ich es nur noch denken können, dass ich »glücklich« bin – was nur Ausdruck meiner Fantasie von höheren Frequenzen ist.

Auf diesem Pfad werde ich immer mehr Illusionen erschaffen, und was ich erlebe, wird hauptsächlich mental sein – angeheizt von Erinnerungen an angeblich abgespeicherte, oft nur vorgestellte »Erfahrungen«. Auf diese Weise würden wir nur immer mehr und immer neue Illusionen der Trennung erschaffen und damit neue Gründe für Leid.

Wir müssen uns unseren Gefühlen stellen und diese umarmen. Sie annehmen. Wenn du das kannst, werden deine Zellen die alten Erinnerungen freigeben: Du wirst viele neue Dinge fühlen, du wirst atmen und viel Neues erfühlen. Und ich danke und ehre dabei immer alle Prozesse, die in mir stattfinden.

Wenn ihr in diesen Raum tief in euch selbst hineingeht, kommt ihr in euren Zellen an, in eurem System. Ihr aktiviert mehr von eurer ganzen Intelligenz, von dem in euch, das alles eigenständig weiß. Dann musst du die Dinge im Leben nicht mehr ständig aktiv vorantreiben, dafür wirst du dir umso interessanterer Dinge in dir bewusst.

Und du bist schon da: Die Stille in dir ist da.
Die Stille löst alles auf.

. . .

Wenn man sich erlaubt, diesen Prozess wirklich zu starten, werden auch deine Zellen jünger, das Physische wird jünger. Nun richten sich dein physischer, dein emotionaler Körper und dein Lichtkörper wieder mehr aufeinander aus, synchronisieren sich auf eine gesunde Weise. Wieso das funktioniert? Weil wir das alte Gepäck, die Schwere unserer eigenen Geschichte – unsere endlosen Gedankenspiele über all das, was einst geschehen ist – nicht mehr so sehr in uns festhalten. Und wirkliche Transformation beginnt immer in den Zellen und im physischen Körper.

Woche 6

WIR MANIFESTIEREN, WAS WIR BRAUCHEN

Das Feld ist bereits in dir

Physiker vermuten, dass jenseits von Zeit und Raum ein Informationsfeld existiert, das Wechselwirkungen zwischen Materie und Energie steuert. Diese Vorstellung von einem »Quantenfeld« ist ein mathematisches Konzept, es erinnert mich trotzdem an den Taoismus, eine alte Lehre aus China. Die Taoisten betonten immer schon, dass wir mit einem höchsten, intelligenten Feld verbunden sind (dem Tao). Dieses Feld kann nicht definiert werden, es ist nicht zu greifen, bringt aber alles hervor. Du sprichst oft von »Feldern«. Erspürst du in deiner Weltwahrnehmung ein (umfassendes) Bewusstseinsfeld, das auf uns Einfluss ausübt? Eine tiefer liegende Kontinuität?

Je mehr ich erlebe und Dinge erkennen kann, desto mehr verstehe ich, dass wir kaum etwas darüber wissen, womit wir es da draußen eigentlich wirklich zu tun haben. Fangen wir damit an, uns für unsere wahren Potenziale zu öffnen, können wir die Dinge direkter wahrnehmen. Jetzt könnten wir zum Beispiel wahrnehmen, dass sich im Feld ständig etwas Neues bildet und wieder vergeht. Wenn man das beobachten kann, versteht man besser, dass es in der Tat einen riesigen, endlosen, intelligenten Raum gibt. Dieser Raum ist da draußen und zugleich in uns. Er bildet sich aus sich permanent verändernden Informationen heraus immer neu. Wenn ich mich in diesen Informationsraum in seiner Gesamtheit einklinke, erlebe ich ein dynamisches Feld, das dem klassischen Raum und der linearen Zeit, wie wir sie kennen, übergeordnet ist.

Ist das »Quantenfeld« der Raum, in dem Bewusstsein direkt wirkt?

Lass uns der Sache vorsichtig annähern, ich zeige dir mit einem Beispiel, was ich meine. Also: Vielleicht hast du schon mal erlebt, dass du auf Reisen dein normales Zeitgefühl verloren hast. Dass du dich während eines Flugs oder im Zug so tief in dich selbst versenken konntest, dich so sehr auf deine eigenen Gedanken und Gefühle konzentriert hast, bis du wirklich tief in einen eigenen Bewusstseinsraum eingedrungen bist. Es fühlte sich an, als ob die Zeit anders fließt, gewissermaßen zu deiner eigenen Zeit wird. Du kommst nach einer Stunde am Reiseziel an, und der erste Gedanke ist: »Das hätten jetzt auch ganze Tage sein können.« Du spürst immer noch eine bestimmte Stimmung, etwa wie: »Wo ist die ganze gefühlte Zeit jetzt hin? Wohin hat sie sich eigentlich verflüchtigt?« Wenn du so etwas fühlst, bist du dort gewesen, was ich Quantenfeld nenne. Oder du bist es sogar immer noch – während du jetzt langsam daraus auftauchst. Es ist das Gefühl, in dem sich in der Wahrnehmung die gewohnten Parameter von Zeit und Raum verflüchtigen. Dieses Gefühl begleitet dich, während du im Feld mit dem Feld interagierst.

Alles, was du über dich selbst wissen musst, befindet sich schon im Quantenfeld, und dein höheres Selbst weiß das. Es weiß immer, wie du deine höchsten Potenziale aktivieren kannst, denn das ganze Wissen ist schon da – im Quantenfeld. Zum Beispiel befindet sich im Quantenfeld ein perfektes Abbild deiner körperlichen Blaupause. So wie du »geplant« worden bist. Und von dieser Blaupause aus kann dein höheres Selbst dich führen und dir Impulse geben, die dir helfen, wieder mehr in die höhere Ordnung zu gelangen und dich dabei selbst zu heilen – also ganz zu machen. Um mit all den Möglichkeiten und Phänomenen, die ich hier andeute, arbeiten zu können, muss man sich in jedem Moment stets bewusst sein, welche Entscheidungen man gerade im Leben fällt. Worüber man gerade überhaupt entscheidet! Anders gesagt: Um wirklich wirksam mit dem Quantenfeld in Kontakt zu kommen, musst du dir über deine Lebensentscheidungen bewusst werden. Im Kern bedeutet das, sich in jeden Moment daran erinnern, wer man wirklich ist und sein möchte! Dich wieder daran erinnern, was du jetzt willst – auf Seelenebene. Und das auch zu akzeptieren, sich also tatsächlich daran auszurichten. Damit lädst du automatisch mehr Bewusstsein in dein Leben ein. Aus dem Quantenfeld. Und du akzeptierst, wofür du wirklich hier bist.

…

Sich mit dem Quantenfeld, dem Feld der wahren Schöpfung, zu verbinden, hat viel damit zu tun, sich auf die guten Dinge im Leben zu konzentrieren. Aufzuwachen und im Alltag bewusster zu werden, ist generell herausfordernd: Du wirst viel empfänglicher, du nimmst viel mehr wahr und wirst empfindsamer. Irgendwann kannst du es dir nicht mehr leisten, dich nicht definitiv auf die guten Dinge im Leben zu konzentrieren, auf das, was in deinem Leben vorrangig sein sollte! Hier kommt erneut das Thema Entscheidung ins Spiel. Du solltest üben, dich auf richtige Weise darauf zu fokussieren, was du wirklich möchtest. Und dich supergenau darauf konzentrieren. Weil du deine Wünsche manifestieren kannst. Aber deine Gefühle müssen mit dem, was du dir wirklich – tief in dir drin – erwünschst, in Übereinstimmung sein. Das musst du in deinem eigenen System erspüren können.

Vor zwei Tagen lag ich zu Hause in der Hängematte. Ein paar Tage vorher hatte ich zum ersten Mal gespürt: »Wow, dieser Ort, an dem ich wohne, ist das Paradies.« Ich betrachtete das Zimmer, bis mein Blick auf eine Hibiskuspflanze fiel, die ich eingepflanzt hatte. Auch diese Blume ist für mich wie das Paradies. Und weißt du was? Olivenbäume sind ebenfalls paradiesisch für mich. Und als ich das erste Mal auf Bali war, wurde mir klar: Auch in einer Hängematte zu liegen, ist wie im Paradies. Früher, bevor ich damit begann, die Dinge bewusst zu untersuchen, war manches nur negativ für mich – zum Beispiel an einem grauen Montagmorgen aufzuwachen. Es fühlte sich etwa an wie: Hier bin ich, und, tja, was mich jetzt erwartet, ist wohl ein weiterer grauer Tag … so etwas in der Art.

Aber ein sehr guter Freund sagte immer zu mir: »Pass auf: Das ist ein neuer Tag im Paradies.« Als ich das zum ersten Mal hörte, reagierte sofort etwas in meinem System. Zu dieser Zeit ging ich oft mit meinem Hund in der Stadt spazieren. Nun fing ich an, mich bewusst darauf zu konzentrieren, was ich sah. Ich sah mir die Bäume, die Vögel in den Ästen und die Blumen am Wegesrand bewusst an, ich dachte und fühlte: »Wow, ich bin so dankbar, diese Blume zu sehen. Diese Blume ist so perfekt.« Allmählich wurde mir dann klar: Auch all das ist schon ein Teil des Paradieses. Und das ist in diesem Moment wirklich der Himmel auf Erden – für mich.

Also begann ich, jeden Tag ein wenig Zeit zu finden, die ich nur mit mir verbrachte, um bewusst weitere Beispiele zu finden, die für mich »Paradies« bedeuteten. Natürlich hätte ich mich an manchen Tagen einfach auf die vielen Dinge konzentrieren können, die gerade nicht so schön waren im Leben. Aber ich hatte mir nun mal vorgenommen, ab jetzt jeden Tag das Paradies in meiner Realität zu finden. Zumindest für kurze Momente.

Ich fing an, das gleich morgens zu tun. Und als ich immer mehr Beispiele fand, wurde ich immer dankbarer, das Paradies schon gefunden zu haben. Ich kostete diese Erfahrungen aus und ließ sie wieder los. Ich habe das jeden Morgen gemacht und erst dann wandte ich mich dem Tagesprogramm zu. So konnte ich mir zwei Jahre lang klar machen: Heute ist ein weiterer Tag im Paradies. Denn ich fand im Leben immer mehr Schlüssel, die mir Zugang zu dem verschafften, was »Paradies« für mich bedeuten kann. Irgendwann kam der Tag, an dem ich mit meinem Partner sprach, dem Mann, mit dem ich heute zusammenlebe. Wir besprachen, wie für uns die nächsten Schritte im Leben sein könnten. Zu diesem Zeitpunkt lebten wir seit einigen Jahren in Berlin, und ich spürte, dass die Zeit reif war für eine Veränderung. Ich spürte, wie das System von Berlin mir sagte: »Es ist komplett. Du brauchst nicht mehr in Berlin zu leben.«

So ähnlich wie »alle Aufträge erfüllt, ihr könnt jetzt gehen?«

Ja, genau – also begannen wir, im Internet nach unserem neuen Zuhause zu suchen: einem Ort, an dem wir uns genährt und einfach gut fühlen würden. Für mich war es vor allem wichtig, mich beim Wohnen viel mehr mit der Natur zu verbinden, das Haus oder die Wohnung sollte sich also anfühlen wie »innen ist außen und außen ist innen«. Und schon begann ich, mich auf weitere Details zu konzentrieren. Ich kannte ja schon viele Teile des Bildes, was paradiesisch leben für mich bedeuten würde. Mir war zum Beispiel klar: Wir sollten auf einer schönen Insel leben, mit fantastischer Aussicht auf den Sonnenaufgang, und dann kam der Gedanke auf: »Hey, eigentlich wollen wir auch jeden Tag die Sonnenuntergänge sehen.« *(Lacht.)* Natürlich musste ich mir von Freunden Kommentare anhören wie: »Das ist doch nicht realistisch. Wenn man auf einer Insel leben will, muss man sich für den einen oder den anderen Ausblick entscheiden« und so weiter. Ich hörte nicht darauf, denn in meiner Realität hatte ich es ja schon: Ich konnte es fühlen, das Bild war ganz klar, und allein schon der Gedanke daran war aufregend und voller Freude. So vereinigten sich in meinem Bild vom Paradies: wunderschöne Insel, Sonnenaufgang, Sonnenuntergang. Am Horizont wollte ich weitere schöne Inseln sehen. Das war mir nun alles klar, also visualisierte ich es: Ich wünschte es mir nicht herbei und sehnte mich nicht danach, sondern genoss bereits, was ich da im Geist erschuf. Ich habe mir das alles auch nicht an einem Tag klargemacht. Und ich sprach mit meinem Partner darüber. Wir begannen, unsere Vorstellungen zusammenzufügen, eine gemeinsame Vision aufzubauen – jetzt gab es also zwei Menschen, die sich gemeinsam konzentrierten und sich zusammen dem Gefühl der Freude öffneten.

Ich nehme an, ihr hattet einfach schon Vorfreude.

Nein, wir freuten uns bereits an dem, was wir da taten, und uns war klar bewusst, dass wir dies in der Gegenwart tun und erleben. Wird dir der Unterschied klar? Unsere Freude war von keinem zukünftigen Ergebnis abhängig. In uns entstand eine Vision, und die lebten wir jeden Tag. Eines Tages ging ich dann in Berlin an einer Galerie vorbei und sah ein Gemälde von einem weißen Haus am Meer und einem Segelschiff. Es war genau die Aussicht, wie ich sie in meiner Vision, in meinem inneren Bild, bereits sehen konnte. Natürlich kaufte ich das Bild sofort und brachte es mit nach Hause. Die mediterrane Stimmung, die es ausstrahlte, passte überhaupt nicht in mein urbanes Industrieloft, in dem ich in Berlin lebte. Aber genau deswegen sah ich mir dieses Bild jeden Tag an. Ich fühlte, wie ich schon in diesem wundervollen Haus lebte, den Horizont betrachtete und dabei die weiße Jacht beobachtete, wie sie (auf dem Bild) im Morgenlicht in den Sonnenaufgang segelte.

Ich habe es genossen.

Und ich ließ es wieder los. Gänzlich.

Ich habe sogar zwischendurch total vergessen, dass ich das alles gemacht habe: die Freude an der Vision, das Visualisieren.

Und so habe ich es immer wieder gemacht.

Da war keine Sehnsucht, keine Distanz zwischen Vision und der Realität, nur Freude. Ich fühlte mich wirklich gut bei alldem. Eines Tages kam mein Partner zu mir und sagte: »Du, ich habe das Haus gefunden.« Wir haben es uns im Internet angesehen, und sofort war ich dem Architekten dankbar, der dieses wunderbare »Paradies« erschaffen hatte. Mein Freund meinte: »Wenn wir alles verkaufen, könnten wir es uns sogar leisten.« Wir wurden also noch aufgeregter, und jeden weiteren Tag bewunderte ich dieses Haus im Internet. Eines Tages entschlossen wir uns anzurufen. Beim Gespräch fanden wir schnell heraus, dass dieses Haus inklusive des Grundstücks nicht in unserer Preisklasse lag, aber trotzdem hatte die »Affäre« mit dem Haus uns in die richtige Schwingung gebracht. Wir hielten die Vision in unseren Herzen fest: Wir blieben dankbar und aufgeregt, und das bereicherte unser Leben von da an jeden weiteren Tag.

Und nun, Jahre später, leben mein Partner und ich auf einer griechischen Insel im Superparadies. Jeden Morgen genieße ich den gleichen Blick auf Meer und Inseln wie auf dem Gemälde, das ich einst in Berlin gekauft hatte. Eines Morgens saß ich in unserem schönen neuen Haus auf dem Balkon mit einer Tasse Kaffee in der Hand und konnte kaum glauben, was ich sah: Ein weißes Segelschiff, das wirklich exakt genauso aussah wie das Schiff auf dem Bild, stach gerade ins Meer. Auch das Licht und die Atmosphäre waren natürlich dieselben. Einige Augenblicke später war das Schiff verschwunden. Es war Magie. In diesem Moment wurde mir klar: »Wow, wir haben das wirklich erschaffen.« Jeden einzelnen Bestandteil davon. Detailliert. Die Phase des Kreierens dauerte einige Jahre. Und ohne Spaß am Erschaffen, ohne Spaß am Prozess des Manifestierens selbst hätte das nicht geklappt. Auch nicht ohne Vertrauen.

Siehst du jetzt, wie die Dinge in einem intelligenten Universum funktionieren? Im Quantenfeld?

Es geht darum, wirklich sinnvollen Visionen und Ideen den Weg in dein Leben zu bahnen. Fokussiere dich darauf und hab Spaß daran. Entspanne dich und lass los. Der Trick war, ich musste alles in mir aktiv spüren können, jeden Aspekt, der nötig war, damit sich das wirklich entfalten konnte. Und genau dafür dankbar sein, die neuen Eindrücke im eigenen System aufnehmen. Die Vision also wirklich annehmen und konsequent danach handeln.

Ein anderes Beispiel: Es gab einen Punkt in meinem Leben, an dem ich die Welt bereiste und die manische Angewohnheit entwickelte, ständig Fotos zu machen. Eines Tages habe ich alle Fotos gelöscht. Ich gebe zu, an diesem Tag war ich aufgekratzt, ich fühlte und dachte wohl etwas radikal. Und genau das habe ich zugelassen. Denn an diesem Tag wurde mir klar: Alle Bilder sind sowieso schon in meiner Seele. Meine Seele hat Zugang zu allem, wieso überhaupt davon Fotos machen?

Heute schieße ich Fotos mit dem Geist. Wenn ich reise und etwas Schönes sehe, warte ich kurz ab, bis ich im Körper die passende Resonanz zu dem spüre, was ich gerade sehe. Jetzt passt sich mein Körper dieser Frequenz an: Mein Körpergefühl verändert sich also etwas, das spüre ich mir bewusst und »mache« das Foto von dem, was ich gerade sehe – aber nur im Geist, in der Seele. Ich speichere in mir die visuelle Information und mein Körpergefühl im gleichen Moment ab. Und dabei gebe ich folgende Informationen hinzu: »Ich bin ja so dankbar. Das ist der Himmel auf Erden für mich. Ich bin dem Universum so dankbar. Ich bin Gott so dankbar.« Und so habe ich alles in meinem System gespeichert. Ich brauche es eigentlich nicht mehr im Außen zu erleben oder immer wieder aufs Neue zu manifestieren. Ich bin ja schon in bewusster Resonanz damit. Ich muss nicht mehr danach greifen. Wenn du nicht einmal mehr darüber nachdenkst, kann es dich finden und zu dir kommen.

So hat uns auch das Haus gefunden, in dem wir jetzt leben. Mein Partner und ich waren schon lange mit diesem Haus in Resonanz, ohne die Details zu kennen. Bis das Haus uns fand. Wir jedenfalls hätten es nicht finden können, nicht rational und schon gar nicht mit einem Plan. Aber wir blieben offen für die vielen sinnvollen Zufälle, Synchronizitäten, die wir nicht kontrollieren konnten, die uns aber dieses Haus brachten. So spürte ich schon, als ich zum ersten Mal auf die Insel kam, was geschehen würde, ich empfand so viel Freude. Also sendete ich die Frequenz: »Wenn dies der Ort sein soll, an dem ich ab jetzt leben werde, akzeptiere ich diese Weichenstellung«. Ich stimmte mich also bewusst mit dem Universum ab. Einige Wochen später, praktisch aus dem Nichts, zog mich vor dem *Starbucks* ein Ägypter auf sein Moped und sagte: »Ich muss dir ein Haus zeigen.« Ich kannte ihn nicht, aber er hatte von mir gehört. Er brachte mich zu dem Haus, in dem wir heute leben. Und das war nur einer der vielen, vielen sinnvollen Zufälle, die in der Hochphase unserer Suche andauernd stattfanden und die alle notwendig waren, bis wir das Haus kaufen konnten. Wie hätte ich etwa diesen Ägypter per Verstand finden sollen? In den Gelben Seiten etwa? Ich hätte ihn niemals finden können. Aber die Information, die Blaupause, stand bereits in meiner Seele geschrieben und sendete nach außen eine bestimmte Frequenz: Ich war ja schon jeden Tag dankbar, dass ich das Paradies, mein Paradieshaus, schon gefunden hatte! Und mir war bereits klar, dass alles in mir selbst ist und dass ich im Prinzip gar nichts mehr zu finden brauche. Gleichzeitig blieben mein Partner und ich weiter auf das Ziel konzentriert. Und ließen es los. Und wieder. Und wieder ... während das Feld auf uns reagierte und uns gab, was exakt auf unsere Frequenzen abgestimmt war, weil wir die Informationen und Visualisierungen ständig ins Quantenfeld geschickt hatten.

Timur, du hast erwähnt, dass du und einige Freunde die letzten Jahre als sehr anstrengend erlebt habt. Es gab sehr viele Herausforderungen und ihr musstet euch vielen verschiedenen Dingen stellen. All das geschah praktisch gleichzeitig.

Verstehst du jetzt die Zusammenhänge besser? Ihr hattet nur unscharfe Bruchstücke von dem, was ihr wirklich wollt, ins Quantenfeld geschickt. Vermischt mit anderen Informationen. Und so kamen diese Teile in dein (euer) System(e) zurück. Vereinzelt, so wie ihr sie geschickt habt. Du ziehst genau das in dein Leben, was du ausstrahlst. Wenn du dich nicht konzentrierst, wirst du immer ein wenig von diesem (etwas Positives) und ein wenig von jenem (etwas Negatives) in dein Leben ziehen. Du wirst Widersprüchliches erschaffen und das immer wieder tun und so weiter. Und das wird alles sein, was du aus dem Feld zurückgespiegelt bekommst. Ein weiteres Beispiel: Falls du immer noch Angst haben solltest, finanziell nicht abgesichert zu sein, wirst du diese Informationen in das höhere System schicken und entsprechende Situationen in dein Leben ziehen. Du aktivierst diese Situationen im Feld, weil du diese Informationen überhaupt erst hineingegeben hast. Sei also vorsichtig und achtsam, womit du den göttlichen Computer fütterst. Konzentriere dich mehr darauf, wohin du deine Energie investierst. Achte auf deinen Fokus!

...

Durch das Internet werden wir ständig mit Informationen überfrachtet: Du klickst auf *Facebook*, und schon siehst du 100 verschiedene Themen – darunter Menschenrechtsfragen, Machtmissbrauch, Leute, die über andere tratschen. Du liest schnell noch einen Artikel zu einer politischen Krise und ziehst dir kurz ein Video rein, in dem jemand alles Mögliche kritisiert und alles besser weiß. Mit ziemlicher Sicherheit wird es eine Art Mischmasch sein. Du konzentrierst dich also relativ kurz auf das eine, dann wieder auf das andere, dann auf etwas ganz Neues ... aber du wirst dich dabei konzentrieren, konzentrieren und noch einmal auf etwas konzentrieren. Jedenfalls für Sekunden und Minuten. Du konzentrierst dich für jeweils kurze Augenblicke auf völlig unterschiedliche Dinge, und dabei erzeugst du viele verschiedene Gefühle. Dadurch entsteht in dir eine Art Gefühlspuzzle, dass dich von deinen wahren Gefühlen und Zielen weiter abtrennt. Stattdessen spürst du diese völlig unterschiedlichen Resonanzen in dir, die ja praktisch alle von außen in dein Leben treten. All diese verschiedenen Frequenzen ... und dann schickst du das Ganze auch noch durcheinandergepanscht als Gefühle und Informationen in das Quantenfeld. Weil du dich schon auf sie konzentriert hattest. Von dort aus wirst du dementsprechend sehr unterschiedliche Dinge in deine Realität zurückspiegeln und manifestieren – was auch immer du durch deinen Fokus in dein Feld gezogen hast. *Facebook* ist nur ein Beispiel dafür, wie sich Menschen ständig auf sehr unterschiedliche Dinge konzentrieren und sich dadurch von eigenen Zielen und Werten ablenken. Also verstehst du jetzt besser, wie das Ganze funktioniert? Und ich sage nicht: Versperrt euch gegenüber digitalen News, werdet »blind« für Nachrichten über den Zustand der Welt! Aber filtere jeden Tag ganz bewusst die Zahl und die Intensität der Informationen, die du überhaupt in dein Leben hineinlassen möchtest.

Alles, was du konsumierst, wird zum Teil ebenfalls deine Zeit und Energie konsumieren. Entscheide bewusst, was du davon reinlässt und wie viel davon. Filtere, was du erleben und worauf du dich konzentrieren möchtest. Sonst werden deine Lebenskraft und Aufmerksamkeit über die Jahre zerstreut. Prüfe immer, ob neue Technologien dich eher mit Menschen verbinden oder dich von ihnen trennen, vor allem von den Menschen, mit denen du in deinem Leben wirklich interagieren und zusammenleben willst.

…

So, jetzt kennst du die grundlegenden Werkzeuge und kannst dich entscheiden, dich stets auf die richtige Schwingung zu konzentrieren und das zu fühlen, was du manifestieren willst. Viele versuchen, über ihren Verstand und Willen zu manifestieren, aber sie setzen ihre Gefühle nicht ein. Wir müssen aber vor allem mit dem Körper arbeiten, bis der Körper an das glaubt, was wir tun. Und sei schon jetzt dankbar für alles. In dem Moment, in dem du die Schwingung der Dankbarkeit in dir spürst, ist es bereits im Quantenfeld geschehen.

…

Viele Menschen glauben nicht an die Intelligenz des Körpers. Dein Körper ist aber schon immer mit dem Quantenfeld verbunden, er ist ein Teil davon! Um diese noch tiefere Körperintelligenz zu aktivieren, würde ich verschiedene Werkzeuge einsetzen, damit sich der Körper noch tiefer entspannen kann. Zum Beispiel heilige, wirklich herzensbetonte Klänge, die der Resonanz der höchsten Ebene, die du in dir erreichen kannst, entspricht. Du kannst auch über Musik, Kunst, Gesang, Tanz oder Gartenarbeit das Paradies in dir finden. Und dann fühle es. Wir verstehen im Fühlen irgendwann viel tiefer, wozu Spaß und Freude gut sind: Sie bringen uns zurück an den Punkt, an dem wir uns voll und ganz selbst fühlen und annehmen können.

Übung

Damien spielt auf seinem Laptop entspannte Ambient-Musik.

Die Musik, die Töne, stehen für die Gefühle, und Gefühle sind wichtig, weil sie uns helfen, in das Quantenfeld zu gelangen. Diese Absicht nur per Verstand aufzubauen und zu halten, reicht nicht aus. Lass uns jetzt gemeinsam in diesen Raum gehen, in das Quantenfeld (suche vorher für dich die passende Musik aus), mach es dir bequem, entspanne dich.

Fühle, wie du dich darin auflöst. Ihr alle kennt diesen inneren Raum bereits sehr gut. Dein wahres Selbst ist Raum. Auch in der Mitte jedes deiner Moleküle in deinem Körper befindet sich intelligenter Raum. Diese Frequenzen passen sich an und harmonieren. Weil beide gleich sind:

Raum

Abstand.

Weite.

Raum

Hier geht es um das, was jenseits des Physischen in dir liegt: In diesem gemeinsamen Raum bist du keine physische Form mehr, sondern du kehrst zu deiner Einzigartigkeit zurück. Zurück zur reinen Liebe.

Entspanne dich mehr, geh noch mehr in die Tiefe, in die Leere … und du spürst wie du, wie dieser intelligente Raum implodiert … er löst sich in sich selbst auf und bildet sich wieder neu.

Raum
Leere
Liebe
Schwarzer Raum
Implosion
Und dann wieder von vorn …

Wenn ich zum Beispiel geistig an einem Organ arbeite, kann ich das Organ in diesen heiligen Raum bringen. Ich muss sonst gar nichts tun, um es zu unterstützen, ich lasse es einfach zu: Ich kann mit meinem Geist zum Beispiel meine Leber als Information in den Quantenraum holen, und dort erhält sie ein Update der ursprünglichen Information, was die Leber eigentlich ist – ihr reiner Zustand. Ihre ursprüngliche Blaupause. Das Quantenfeld wird wissen, was zu tun ist, es hat bereits alle Informationen. In diesem Raum weiß alles, was zu tun ist. Wenn ich die Leber in diesen Raum bringe, wird sie sich selbst heilen. Besser gesagt: Sie wird zu der besten Version von sich selbst zurückfinden.

Ich schicke meine bewusste Information, eine Leber zu besitzen, jetzt in diesen Raum … und nach einer Weile spüre ich, wie von dort eine neue Version der Information, die die »Leber« ist, in meinen Körper gelangt, dorthin, wo sich die physische Leber befindet … und jetzt bringe ich diese Information in meine Gefühle hinein, in meinem Körper, in meine physische Leber … und meine Leber hat sich schon verändert. Und ich fühle mich gut damit. Ich werde mich von nun an um meine Leber viel bewusster kümmern. Von nun an werde ich überhaupt die Entscheidungen in meinem Leben immer bewusst treffen.

Denn jetzt – nach einer Reise in den heiligen Raum – ist auch die Zeit gekommen, wo du im Physischen etwas unternehmen solltest. Um das zu materialisieren, was im reinen Raum der Information schon geschehen ist, solltest du jetzt auch neue, aktive Entscheidungen in deinem Leben treffen. Vielleicht werde ich mit meiner Leber eine Entgiftung durchführen, vielleicht weniger Alkohol trinken oder einigen Menschen endlich vergeben. Und ich werde mir selbst vergeben. Dadurch vertraut dir dein höheres Selbst, dass du jetzt deinen Kurs geändert hast. Dass du es ernst meinst. Und dann vergiss die ganze Sache wieder für eine Weile. In der Zwischenzeit kann sich dein gesamtes System neu anpassen. Und so lasse ich das jeweilige Thema also wieder los. Aber ich bin mir immer noch der Veränderungen bewusst, dass die neuen Dinge in mein Leben kommen.

Ich weiß und fühle es: Ich bin neu. Meine Leber ist neu. Ich bin dankbar.

Du hast einer Veränderung zugestimmt. Jetzt arbeitest du jeden Tag an dieser Veränderung. Dein ganzes Sein, deine Schwingung muss davon überzeugt sein, dass du die Veränderung wirklich vornehmen wirst. Und wenn dein System jetzt davon überzeugt ist, dass du tatsächlich weniger trinken wirst, dich mehr um deine Leber kümmern wirst, dass du dir selbst und anderen vergeben hast und loslässt, dann materialisiert sich diese Veränderung in deinem System. Jetzt bist du diese ganz neue Schwingung, und du wirst somit die neue Veränderung noch immer mehr in dein ganzes Leben einbeziehen. Du wirst deine Gesundheit anziehen. Deine DNS verändert sich, und du glaubst es. Sie beginnt bereits, dein neues Ich zu programmieren.

…

Noch einmal: Erspüre den Raum in dir, intelligenter reiner Raum … und dabei öffnest du dein Herz.

Lade deine Seele ein, tief in deinen Herzensraum zu gehen.

Lade dein heiliges inneres Kind ein, dass es tiefer in dein Herz vordringen kann. Lade dein inneres Kind in dein Herz.

Und tritt auch aus der Rolle eines Dieners heraus. Aus der Rolle des Untergebenen. Nimm deinen ehrenwerten Platz in der Genetik deiner Familie ein.

Wir treten bewusst ein in das Göttliche: Weisheit, Gleichgewicht, Harmonie, Liebe.

Wir ziehen alles, was wir fühlen, in das Herz, in das fünfte Herz. (Es gibt fünf Kammern des Herzens. Es genügt völlig, sich direkt über die Gefühle wieder daran zu erinnern.) Und gerade in Herzensangelegenheiten gibt es keinen Grund, irgendetwas zu erzwingen.

Und wir treten bewusst in das Göttliche ein: in das Göttlich-Weibliche, in das Göttlich-Männliche.

Wir aktivieren die edle DNS.

Aktiviere die edle DNS in dir.

Reaktiviere die Merkhaba (dein höheres Selbst weiß bereits, was gemeint ist).

Reaktiviere deine Merkhaba mithilfe heiliger Geometrie (dein höheres Selbst weiß, was gemeint ist. Mach dir einfach nur bewusst, dass es so etwas gibt).

Du kannst nun die folgenden heiligen Zahlen und Manifestationen in deinen Körper und in deinen Geist kommen lassen:

333

Die Zahl 333 bringt in deinem System Prozesse zum Abschluss. Sie schließt und vollendet. Bringe diese Zahl voller Anmut in dein Bewusstsein ein.

Sieben

Diese Zahl steht für Transformation: Bringst du die Sieben in den Körper, kommt das Gefühl einer klaren Wahl herein, das Gefühl für Vervollständigung, für Transformation: verwandeln, transformieren, weitermachen. Die Sieben bringt Dinge, die blockiert sind, wieder in den Fluss und verwandelt sie in die göttliche Ordnung. Ich sehe die Sieben wie eine Schere und kann erkennen, wie sie Themen und körperliche Schwere durchtrennt. Diese Zahlen können verwendet werden, wenn sich jemand durch etwas Schwieriges hindurch verwandelt, wenn das also noch im Feld sein sollte.

108

Sie stellt die göttliche Weisheit dar. Universelles Wissen. Diese Zahl bringt die höchsten Gesetze des Universums hinein.

Tao

Das Wort Tao steht für den Weg. Tao ist, wenn du dich auf deinem authentischen spirituellen Weg befindest. Wenn unsere individuelle Lebensreise und der göttliche Weg zusammenkommen. Wenn du dir dieser Möglichkeit bewusst wirst, aktivierst du diese Kraft. Und die Wahrheit dieses Weges gibt dir schon Kraft.

Tao bedeutet auch: Ich arbeite alle meine Erfahrungen durch mein Lebenszentrum hindurch. Durch das Zentrum meines Seins, das ich in mir finden kann. Der unterstützende Lebensfluss (Flow) aktiviert sich und breitet sich in den unendlichen Fluss des Lebens aus, den du erleben kannst, wenn du auf deinem Weg bist und du in der Mitte deiner Lebenslinie angelangt bist.

333

Prozesse zum Abschluss bringen, sie schließen und zum Abschluss bringen.

ICH BIN, DER ICH BIN – dieser Schlüsselsatz verbindet uns wieder mit unserem wahren ewigen Selbst.

Entspanne dich.

So, das war alles über Entschlossenheit, Fokus. Darüber, dass man sich stets bewusst darüber sein sollte, was man ins Feld schickt, und das jeden Tag.

Das wahre Ausmaß der Schöpfungskräfte

Weißt du, dass ich seit Jahren erlebe, dass sich in dieser stürmischen Zeit gerade auch viele Firmenbesitzer und Unternehmer für ihre spirituellen Potenziale öffnen? Sie wachen auf und machen sich klar, für was alles in ihrem Leben sie tatsächlich verantwortlich sind. In Heilungssitzungen erlebe ich gerade diese Menschen dabei als besonders fokussiert und schon sehr gut verbunden mit ihrer Intuition. Sie machen sich ihre wirklichen neuen Absichten absolut bewusst. Fast immer sind sie entschlossen, an sich selbst zu arbeiten. Und an ihrer neuen Integrität. Weil sie sich wirklich verändern möchten. Viele von ihnen haben bereits zutiefst verstanden, dass ihre ungelösten Themen nicht nur auf sie selbst zurückstrahlen werden, sondern auf ihr Unternehmen, auf das gesamte kollektive Feld, von dem ihre Firma ein Teil ist. Und das möchten sie ändern und dabei das Beste, Neueste, Möglichste für ihre Kunden und für ihre Mitarbeiter erreichen – auch was ihre soziale und ökologische Verantwortung als Unternehmer betrifft. So erlebe ich es: Viele von diesen Leuten kommen mit großer Entschlossenheit auf neue Weise mit sich selbst in Verbindung und bitten mich ganz bewusst um Unterstützung bei der Auflösung ihrer alten Prägungen. Haben sie etwas Wichtiges verinnerlicht und verstanden, handeln sie sofort. Sie setzen es sofort um. Ohne zu zögern. Offensichtlich haben viele erfolgreiche Menschen schon sehr gut verinnerlichen können, wie wichtig es ist, sich der eigenen Intention klar zu werden, diese bewusst zu verändern und sich auf die neue Absicht zu konzentrieren. Ein klarer Satz, ein klares Ziel, das man sich immer wieder klarmacht. Und dann setzen sie es um. Sie springen ganz bewusst ins Unbekannte und setzen das Erkannte sofort um. Möchtest du ein zweites Beispiel, warum mich so vieles Neues, das ich in der Welt beobachten kann, optimistisch stimmt?

Ich arbeite oft mit Schauspielern, einige verkörpern sehr bekannte Superhelden-Rollen in erfolgreichen Kinofilmen und Serien. Nun, wenn ich mit einem Schauspieler eine Sitzung abhalte, darf ich ja ganz offiziell in sein System schauen, und zwar bis tief in die Zellebene hinein. Mein Gefühl auf das, was ich da zum Teil herauslesen kann, ist ungefähr so: »O mein Gott, du kannst das ja wirklich!« Das heißt, der oder die Schauspieler/in hat die Fähigkeiten und Gaben, die Superkräfte, praktisch schon in sein System integriert – weil er/sie sich jeden Tag auf die mit der Rolle verbundenen Identität konzentriert hat. Sie haben über Monate ins Quantenfeld folgende Information gegeben: »Ich bin diese Person.« Dann haben sie das immer wieder körperlich und geistig ausgelebt, indem sie sich monatelang auf die Rolle vorbereiteten und aktiv eintrainiert haben. Mit allen dazugehörenden Gefühlen!

Wenn sie eine Figur verkörpern, können die wirklich guten Schauspieler ganz genau spüren, was sie da tun, weil sie so gut im Fühlen geworden sind. Sie machen sich also jede Gefühls- und Seinsnuance des Charakters bewusst und verinnerlichen diese ganz und gar. Dadurch lernen sie zu fühlen, dass sie diese Person wirklich sind. Und schon ändert sich ihre DNS. Für mich werden sie im Feld tatsächlich zu dieser Person. Weil sie alle Geschenke, die eine Rolle ihnen gibt, in ihr System einverleibt haben. Ich bin mir nicht sicher, ob sich alle genau bewusst machen, was sie da eigentlich machen, aber sie tun es.

Faszinierend. Möglicherweise hast du hier einen unbewussten Grund herausgefunden, warum sich Milliarden Fans von einigen berühmten Schauspielern so besonders stark angezogen fühlen: Weil sie uns vor Augen führen, dass man sich selbst völlig umkrempeln, neu erschaffen und das ausleben kann.

Manifestation entsteht durch täglich bewusstes Fühlen und Handeln, gekoppelt mit einer klaren Absicht. Jeden Tag löst du dein altes Leben auf: Du löst sogar auf, was du über dich selbst zu wissen glaubtest. Du erträumst nicht nur das Neue für dein Leben, sondern bleibst dabei bewusst. Dieses Bewusstsein ist deine Verbindung zur Vollkommenheit, zum umfassenden Schöpfungsfeld. Du bleibst in diesem reinen Bewusstsein und erlebst: Ich habe schon alle Unterstützung, die ich für meinen Traum brauche. Das ist der Fokus. Du konzentrierst dich nicht auf den Wunsch selbst. Du lebst bereits aus, was du dir erwünscht. Mit all deinem Vertrauen in das höhere System. Mit Vertrauen in deine Verbindung zum Göttlichen.

...

Die besten Zeitfenster, um deine eigenen Resets für deine Programmierungen und deine DNS durchzuführen, sind morgens in den ersten zehn Minuten während und nach dem Aufwachen. Denn in diesem Zeitfenster befindest du dich noch im Quantenfeld und die neuen Informationen gelangen sofort in dein System. In dieser Übergangszeit kannst du den eigentlichen Reset ausführen. Dazu verbindest du dich mit deinen Gefühlen, gehst tief in sie hinein. Du konzentrierst dich dabei auf deinen neuen Fokus. Du machst ihn dir bewusst und spielst mit ihm. Tu das einen Monat lang jeden Morgen und abends kurz vor dem Einschlafen. In diesem kurzen Zeitraum programmierst du dein Gehirn neu und verankerst das neue (Glaubens-)System in dir am besten.

Gib der alten Art, wie du denkst und fühlst, und was du glaubst, vom Leben erwarten zu können, jeden Tag einen neuen starken

Impuls. Wie ein Schlag. Mach das 40 Tage lang zweimal täglich. Dadurch formiert sich dein altes System völlig neu. Du wirst den Fokus schon spüren, den du hier aufbaust, während du dein ganzes System neu aufbaust. Mach das am Morgen, bevor du einen Kaffee trinkst oder ins Bad gehst. Tu es. Und – wichtiges Detail – ich würde den Weckton am Wecker ändern. Verwende keinen der üblichen Alarmtöne. Hier, ich gebe dir ein Beispiel …

(Damien spielt auf seinem Handy einige typisch disharmonische Wecktöne.)

Hörst du, was ich meine? Am besten kaufst (oder komponierst) du dir einen Weckton, mit dem du morgens möglichst sanft aufwachen kannst. Tust du das nicht, wirst du jeden Morgen wahrscheinlich in die Systeme von Millionen Menschen eintreten, die durch laute Alarmtöne aufschrecken und sich schon am Morgen vor lauter Stress die ersten unangenehmen Gefühle erschaffen, nach dem Motto: »O Gott, ich muss gleich aufstehen und zur Arbeit gehen.« Überprüfe immer, ob du in (Erlebnis-)Systeme anderer Leute einsteigst. Fokussiere dich neu und nimm deine Kraft zu dir zurück, etwa indem du morgens einen Song hörst, den du wirklich liebst.

Nachdem du jetzt aufgewacht bist, trittst du mehr und mehr in die physische Realität ein. Verschöne dir diesen Prozess, indem du dich nur zehn Minuten lang auf etwas wirklich Interessantes konzentrierst, etwas Gutes liest, etwas lernst – nur du, dein Kaffee, dein Smoothie oder Saft. Noch bevor du die Kinder aufweckst oder Frühstück machst. Denn in diesem Zeitfenster wird dein System die wirklichen Veränderungen durchführen und abspeichern. Das Gleiche gilt, wenn du dich schlafen legst: Tritt mit dem richtigen Bewusstsein in das Quantenfeld ein. Erinnere dich noch einmal aktiv an deine Manifestationen. Genieße die Gefühle, die zutage treten, lass sie los und von selbst ins Feld eingehen. Dafür braucht es nur etwas Übung.

Ich komme noch einmal auf das Beispiel mit der Leber zurück: Ich stelle mir
also vor, wie diese in das Quantenfeld eingeht und dort erneuert wird ... und
der Rest geschieht von selbst? Stelle ich mir das in Gedanken vor, dass meine
Leber in das Feld eintritt? Und weiß das höhere System von selbst, was es
zu tun hat? Sollte ich zum Beispiel das Gefühl, wie sich die gesunde Leber
anfühlt, selbst spüren oder kann ich einfach nur die Absicht in den Raum
setzen, so was wie: »Bitte mach das.«?

Du brauchst das nicht als wirklich körperliche Erfahrung zu erleben. Stell dir deine Manifestation zuerst als persönliche Vision vor, führe die Visualisierung durch und setze den Fokus. Du
bringst die Leber als Information ins Feld. Es ist einfach. Mach
dir dabei bewusst, dass es im Prinzip schon geschehen ist. Du
wurdest dir einfach bewusst, dass es geschehen ist. Also geschah
es auch im Quantenfeld. Es ist einfach – wenn du dafür bereit bist.

Wichtig: Während wir all das umsetzen, suchen wir nicht im
täglichen Leben nach ersten konkreten Ergebnissen. Du machst
einfach weiterhin deine Hausaufgaben, klärst weiter deine Themen, verbindest dich mit deinem Herzen und mit deinem inneren
Kind. Du gehst durch alle Gefühle, die immer noch in dir auf-
gewühlt sein mögen. Gleichzeitig manifestierst du weiter: jeden
Morgen und jeden Abend. Du lehnst du dich zurück, vertraust ...
und lässt alles wieder gehen. Auch die Manifestationen. Und am
nächsten Tag geht es weiter. Lass all dies zu deiner Gewohnheit
und zu deinem Fokus werden. Einerlei welche Themen weiter in
deinem Leben auftauchen mögen: Mach weiter deine Hausaufgaben. Bleib bei dir selbst, verbinde dich mit deinem Herzen. Und
am nächsten Morgen visualisierst du einmal mehr, wie sich die
Leber in das Quantenfeld bewegt und in frischem, reinem Zustand zurückkehrt. Darauf folgende Ereignisse können ein Test
sein, ob du schon bereit bist, Ergebnisse zu erzielen und wirklich
an die Veränderung zu glauben. Ob du wirklich bereit bist, ins
Unbekannte zu springen.

Du solltest, bevor du ins Visualisieren gehst, ein wenig recherchieren, was genau du manifestieren möchtest. Für das Visualisieren brauchst du die richtigen Informationen in deinem System. Wenn du mit einem Organ arbeiten möchtest, sammle so viele Informationen wie möglich darüber: wie das gesunde Organ beschaffen ist, wie es aussieht, wie zum Beispiel eine heile Zelle aussieht. Dadurch lädst du die richtigen Bilder in deinen Kopf. Vielleicht gibt dir etwa eine Filmszene die Inspirationen und Gefühle, die du noch benötigst, um deine Vision mit Begeisterung ins Leben zu bringen. Fühle und genieße jeden Schritt, den das Leben dir anbietet, und sei dankbar dafür. Denn an jedem Punkt dieses Ablaufs ist die Vision im Prinzip schon in dir manifestiert. Im Quantenfeld. Der zeitliche Ablauf ist nur für dich und für deinen Verstand. Wenn du zum Beispiel das Gefühl aktivieren kannst, dass die Leber in das Quantenfeld aufsteigt, ziehst du bereits gesunde Zellen zu dir ins Feld.

Es ist ein Spiel aus Bewegung und Stille. Im stillen Raum zu sein bedeutet schon zu vertrauen. Und ich bleibe dankbar für alle Erfahrungen, die mich so weit und hierhergeführt haben. Kannst du diese Seinsqualität erspüren? Wir sind alle aus Energie gemacht und diese Energie fließt. Wir sind alle aus Informationen gemacht, und diese Informationen fließen. Wenn ja, wirst du in deinem Leben die Diamanten deines Lebens schnell finden.

...

Mach dir also eine Liste und schreib alles auf, was du verändern möchtest: Vielleicht geht es um deinen Beruf oder um deine Beziehung ... Und es kann sein, dass die erste Wunschliste mit den wirklichen Wünschen, die dein wahres inneres Wesen hat, noch nicht übereinstimmen wird. Schick diese Liste mit deinen ersten Gedanken und Wünschen in den Raum und komm einen Tag oder ein paar Tage später auf sie zurück, um sie zu überarbeiten. Mehr und mehr wird deine Seele durch dich sprechen und neue, wahrhaftige Aspekte einbringen, während möglicherweise einige Punkte der ersten Liste noch eher von deinem Ego diktiert worden sind. Das Ego handelt immer aus einer vorsichtigen, zögerlichen Haltung heraus. In diesem Fall brauchst du etwas Zeit, um dies zuerst in deinem System zu spüren und für den nächsten Schritt offen zu werden: das alte Ich zurücktreten zu lassen, um für das, was wirklich in dir entstehen möchte, offener zu werden, für die wirklich reine Liste deiner authentischen Wünsche, die du wirklich von einer guten Herzensanbindung aus in dir spüren kannst. Versuche also nicht, die ganze Liste an einem Tag zu kreieren … und hab einfach … viel Spaß dabei.

Was ist, wenn ich gerade beim Thema Finanzen immer noch nicht genug Grundvertrauen in mir spüre? Das hilft mir bestimmt nicht beim Manifestieren.

Reichtum hat zuerst einmal überhaupt nichts mit Geld zu tun. Reichtum definiert und zeigt sich über das Genährtsein. Über das Gefühl, sich vor allem hier *(Damien zeigt auf den Unterleib)*, im ersten Chakra, wirklich genährt und sicher zu fühlen. Wenn du daran arbeiten kannst, wäre das gut. Finde dort die Nahrung, die du von deinen Eltern nicht erhalten konntest. Weil sie es selbst nie hatten. Deswegen konnten sie es dir nicht geben. Aber jetzt hältst du alle Schlüssel zum Reichtum in der Hand, denn jetzt weißt du, dass sich alles um Genährtsein dreht, um etwas, das andere dir einfach nicht geben konnten. Im ersten Chakra findest du dein wirkliches Potenzial, erfüllt zu sein.

Versorge alle Lücken im ersten Chakra, bis alles aufgefüllt ist. Füllen, füllen, füllen, füllen!

Die meisten noch nicht geklärten Verwundungen finden sich meist im ersten Chakra – setze hier deinen Fokus. Konzentriere, versammle und verbinde dort dein Gefühl, genährt zu sein. So, du hast dir diese Information aber noch nicht zu Herzen genommen.

Sie ist noch nicht ganz im Herzen angekommen. Bis jetzt hast du dich wahrscheinlich zu oft nur auf die vordere Seite des Herzens konzentriert und dich in diesem Bereich geöffnet. Beobachte jetzt mehr die Rückseite deines Herzens. In diesem Bereich geht es darum, sich für die wirklich guten Dinge zu öffnen. Fülle weiter die immer noch verwundeten Gefühle im Unterbauch auf, im Becken, in der Hüfte ... fülle, fülle, fülle alle Wunden im ersten Chakra auf. Atme bewusst ein und dabei ... fülle, fülle, fülle.

Aus allen Zeitlinien, Dimensionen, vergangenen Leben, wo immer wahrhaftiges Genährtsein auf dich wartet, strömt es zusammen und verbindet sich in deinem Becken. Hier kann jetzt mehr Energie durch den Körper fließen, denn der Raum ist weiter geworden. Nun ist die alte Geschichte, dass die Gefühle deiner Mutter dich als Baby nicht genug nähren konnten, vorbei. Sie konnte dir das nicht geben, weil sie es selbst nicht erfahren hatte. Mach dir das bewusst und verzeihe ihr bitte bewusst.

...

Siehst du, jetzt gibt es Mitgefühl (in deinem System). Du bist bewusst an deinen Lebenslektionen dran und eine deiner Lehren, die du hier lernen wolltest, ist Mitgefühl gewesen. Auch die Vergebung dir selbst gegenüber. Jetzt kannst du dich wieder mit mehr Weisheit verbinden, mit erfüllenden Informationen aus verschiedenen Lebensphasen. Verbinde dich aus deinen Geschlechtsorganen heraus, aus deinem Schoß mit deinem ganzen Feuer, dem Feuer des Genährtseins aus der Quelle.

...

Dies ist jetzt meine neue Schwingung. Und ich bin dankbar. Ich bin meinem höheren Bewusstsein dankbar. Meinem höheren Selbst. Ich feiere das und dabei sende ich es schon in das Quantenfeld.

In der Vergangenheit waren wir eigentlich nur über Themen verbunden. Die neue Verbindung zwischen Menschen findet jetzt im Raum selbst statt – in einem reinen Raum und dazwischen: in der (scheinbaren) Leere des Raumes. Wir werden das immer besser spüren können, denn in diesem Raum findet Schöpfung auf ganz neue Weise statt. Alle Gefühle, alle Frequenzen, die wir hierzu brauchen, stehen uns schon zur Verfügung. Wir treten jetzt gemeinsam in dieses Quantenfeld ein …

Auch alle deine Gefühle sind jetzt im Quantenfeld. *(Damien spielt sanfte, harmonische Musik.)* Dein Bewusstsein konzentriert sich auf das Quantenfeld. Konzentriere dich etwas mehr auf den Raum selbst. Nicht auf den physischen Raum, sondern auf die Leere im Raum. Konzentriere dich darauf, dass der Raum leer ist.

…

Schwarzer Raum. Leerer Raum. Schwarze Energie – Energie, die im Kern ebenfalls leer ist. Alle neuen Verbindungen, die auf uns einwirken, befinden sich im Raum: Strömungen (Flow), Implosion. Die Schöpfung des Neuen. Implosion. Gemächlich und mit Leichtigkeit.

Und ich bin fokussiert. Ich habe jetzt die Schlüssel, wie ich mein Leben gestalten kann. Und ich liebe das alles. Ich bin wie ein Kind, das einfach nur spielen will.

Ich bin zum Schöpfer geworden und übernehme die volle Verantwortung für alle meine Kreationen. Wenn ich etwas in meinen Erschaffungen ändern oder überarbeiten sollte, ist es einfach eine neue Erfahrung für mich. Und ich kann es einfach verändern.

Ich habe es erlebt. Ich habe es ausgelebt. Und ich erlebe es weiter.

Die Macht des bewussten Sprechens

Du betonst in deinen Seminaren gern, wie wichtig es ist, dass wir bewusst sprechen sollen, auf unsere Wortwahl achten. Wie unterstützt uns das?

Sprache ist extrem mächtig. Wir erschaffen ständig neue Realitäten durch die Kraft unserer Aussagen und Gedanken. Durch das, was wir aussprechen und denken. Jedes Wort hat im Grunde genommen seine eigene Frequenz und aktiviert verschiedene Frequenzen in uns. Wenn wir Worte bewusst aussprechen, öffnen sie Erinnerungen, die in unseren Körpern gespeichert sind und jetzt freigesetzt werden können. Der Klang der Worte wird dich anleiten, bestimmte Seelenschlüssel in dir zu finden. Denke zum Beispiel an ein Wort, das negativ konnotiert ist. Wenn ich das Wort ausspreche, aktiviere ich eine bestimmte Form von Schwingung – es ist Energie. Wenn ich das »negative« Wort bewusst spreche, ohne zu sehr in den gewohnten Widerstand zu gehen, kann ich beobachten, wo in meinem Körper diese Energie am meisten schwingt. Und schon aktiviert sich das Mitgefühl, ich spüre die Resonanz dieses einen Wortes und wissendes Mitgefühl fließt mit ein. Zum Beispiel beim Wort »Verrat«. Kannst du das Wort (er-)spüren?

. . .

»Verrat« – sofort klingen viele Dinge an und gehen in Resonanz mit unseren Körpern, wenn wir dieses Wort bewusst aussprechen. Wenn du ein Wort wie »Verrat« ganz bewusst aussprichst, aktiviert es sofort einige deiner Gefühle, die in dir zu diesem Themenaspekt noch gespeichert sind.

Verrat – fühle nur ein wenig hinein, was bei diesem Thema alles in dir aufkommt … atme und lass los. Und wir werden uns jetzt nicht weiter in dieses spezielle Thema vertiefen. Es ging an dieser Stelle vor allem darum, die Wirkung zu erspüren, die ein einziges Wort entfalten kann.

Wenn wir uns zum Beispiel in einem Gruppenseminar mit mehr Bewusstsein und Intuition so einem Prozess länger stellen, akzeptieren und begrüßen wir gemeinsam bewusst das Negative (dem wir normalerweise ja eher entkommen wollen). Wir verkörpern es vollständig, nehmen es an und erkennen gemeinsam: Wenn ich das Negative (die Wirkung des negativen Wortes) in mir voll und ganz annehme und integriere, fließt sofort auch Positives in mein System. Ich fühle mich sofort erleichtert und kann mich für die Aspekte öffnen, die bereits dahinter warteten. Um auf diese Weise bewusst mit allem zu fühlen (also auch mit Negativem) musst du nicht mit dem einverstanden sein, was du fühlst. Du kannst die Wahrheit wahrnehmen, wie sie ist, ohne jemanden oder etwas zu beschuldigen. Du wirst die Dinge, wie sie sind, besser erspüren und integrieren. Integration bedeutet, bewusst und mitfühlend zu sein. Und du musst nicht mit allem einverstanden sein, was du fühlst.

...

Einer dieser Zugriffsschlüssel in der Sprache, um Dinge bewusst zu verändern, ist das Wort »Absicht«. Indem du von deiner Absicht sprichst, steckst du den »Schlüssel« – das Wort Absicht – in das »Schloss« der Sprache, fügst den dazu passenden Satz hinzu – damit drehst du den Schlüssel im Schloss –, und das kann dir den Zugang zu einer kompletten Matrix von neuen Informationen in dir aufschließen. Weil bestimmte Wörter so wirksam sind, wiederhole ich in den Seminaren manchmal bestimmte Worte, um Schlüsselaussagen mit Schlüsselwörtern zu verbinden. Ich spreche von Informationen, die dir eine vollständige Transformation geben können, wenn sie in dein System hereinkommen. So etwas ist tatsächlich möglich. Wenn wir diese Schlüsselwörter bewusst verwenden, nicht nur mental, erhalten wir immer mehr Zugang zu unserer wirklichen Schöpferkraft im Herzen. Du kannst alles in dir verwandeln, was immer du benennst. Was immer du wahrhaftig von deinem Herzen aus aussprichst, wird dich verändern! Sei also vorsichtig, der Effekt setzt ähnlich tief an wie beim Singen indischer Mantren: Er geht jedes Mal tiefer und tiefer, während sich dein System an die neuen Informationen anpasst. Und nun öffnet sich alles, wir aktivieren eine neue Frequenz und können noch tiefer gehen. In jeder Sprache gibt es diese Wörter, die sehr alte Schlüssel für den Zugang zu unserer Seele und in die Matrix jedes Systems sind und die bewusst »versteckt« wurden. Im Augenblick ist es wichtig, zu begreifen, dass alles, was wir sagen, worüber wir sprechen und nachdenken, wie ein Bumerang zu uns zurückkehrt. Das ist auch mit unseren Gedanken so. Natürlich, denn sie sind ja Sprache. Sich all das im Leben bewusst zu machen, kann ein weiteres mächtiges Werkzeug für deine Transformation werden. Denn bestimmte Wörter wirken als Schlüssel, die uns sogar helfen können, alle vergangenen Lebenssysteme und alle unsere aktuellen Lebens- und Familiensysteme in diesem Leben zu transformieren.

Es gibt in vielen alten religiösen Texten eine Menge verschiedener Wörter, die genügend Kraft haben, um solche Schlüssel zu sein. Aber die Texte wurden verändert oder man hat andere Wörter eingefügt, sodass der ursprüngliche Schlüssel nicht mehr aktiviert werden kann. Oder man hat den Schlüssel ganz herausgenommen. In dieser aufregenden Zeit dreht sich nun vieles darum, die Kraft dieser Schlüssel zurückzuholen, damit wir auf die ursprünglichen Seelenschlüssel in uns zugreifen können. Es ist also sehr wichtig, immer bewusst zu sprechen und über die Bedeutung der Wörter nachzudenken. Und ich muss die Wirkung dieser Wörter in mein System integriert haben, bevor ich mit ihnen geistig arbeiten kann. Es muss in mir schon funktioniert haben, bevor ich ihre Kraft ins Außen holen kann.

Was glaubst du, woher Sprache eigentlich stammt? Die Schönheit und Weisheit, die in verschiedenen Sprachen der Welt zu finden ist?

Ich nehme es so wahr, dass Sprachen ursprünglich gechannelt worden sind, und dass bestimmte Kulturen und deren Sprachen noch heute bestimmte Schlüssel enthalten. Sie unterscheiden sich von den Schlüsseln anderer Kulturen und Sprachen.

Wenn ich zeitlich sehr weit zurückgehe, kann ich sehen, dass Priester und Menschen, die besondere Informationen besaßen, diese speicherten und damit in verschiedene Länder gingen. Sie brachten die Schlüssel in Länder wie Ägypten, Indien, Tibet, Peru und in deren Sprachen hinein. Dies taten sie durch Musik, Poesie, Theater, spirituelle Rituale und so weiter. Das uralte Wissen wurde dadurch gerettet. Später »ver-schlüsselten« es bestimmte Leute, indem sie zum Beispiel in einen heiligen Text ein anderes Wort einfügten oder ein Wort herausnahmen – und schon funktionierte der Schlüssel nicht mehr.

Meist geschah das in der uralten Vergangenheit innerhalb der Mysterienschulen sowie durch Priester und durch Geheimgesellschaften in jüngerer Zeit – übrigens oft mit einer guten Absicht. Oft ging es darum, verborgenes Wissen vor unerlaubten Zugriffen zu bewahren. Ein Hauptziel war es auch, uns in »unerleuchteten Zeiten« vor der Wirkkraft unserer eigenen Schöpferpotenziale zu bewahren. Wenn ich zum Beispiel genauer in die alten Kulte und Kulturen in Ägypten, in Indien, in Tibet oder in anderen Religionen hineinblicke, sehe ich, dass sie spezielle Aufenthaltsorte für diese Schlüssel hatten, wo sie aufbewahrt wurden – weil die alten Kulturen wussten, dass es sich bei bestimmten Kombinationen aus Klängen, Wörtern und Sätzen um echte Schätze handelt, die uns berühren und zutiefst verändern. Und deswegen wurden sie verschlüsselt, solange wir noch nicht ethisch reif genug für diese Fähigkeiten waren. Auch die Kraft von Mantren wurde damals auf bestimmte Weise verschlüsselt und umcodiert, um Missbrauch und Fehlinterpretationen durch Uneingeweihte zu vermeiden.

Jede Gesellschaft muss dafür geehrt werden, dass sie immer das Beste versucht hat, um den jeweiligen Herausforderungen ihrer Zeit zu entsprechen. Aber heute ziehen sich überall die alten Schleier zurück und viele erfahren durch Inspirationen und Eingebungen direkten Zugang zu neuem und uraltem Wissen. Die alten Geheimnisse kehren wieder ins kollektive Feld zurück. Die Menschen wachen auf und erkennen, dass sie auf Seelenebene auf dieses Wissen intuitiv zugreifen können.

Für dich ist Sprache ein Zugangsinstrument auch zu heilsamen Klangfrequenzen. Anders gesagt: Durch Sprechen, Summen und Tönen erhalten wir Zugang zu heilenden Klängen. Richtig?

Klang und Musik sind sehr wichtig. Töne sind Schwingungen, die Schlüssel enthalten. Und wenn du die passende Schwingung erhältst, kannst du in noch höhere Reiche eintreten. Passende Schlüssel finden sich übrigens auch in Kinofilmen. Oft wussten der Regisseur des Films oder der Drehbuchautor auf Seelenebene (oder bewusst), was er tat, und versteckten Schlüssel in bestimmten Filmen und Büchern, auch in Poesie. Tatsächlich geschieht dies recht oft (und nicht nur auf positive Weise). So wurde auf einer Flugreise bei mir unglaublich viel aktiviert, einfach weil ich gerade den richtigen Film angesehen habe: Es genügte, dass ich im Film jemanden hörte, der eine Zeile aus einem Drehbuch wiederholte, um mein ganzes System reagieren zu lassen, weil ein wichtiger Schlüssel im Film versteckt war. Mein ganzes System fuhr hoch, und ich ging sofort in die Transformation. Dieser Schlüssel (die Worte, die im Film ausgesprochen wurden) aktivierte in meinem System die Fähigkeit, in mir einen Anteil zurückzuholen, den ich noch nicht aktiviert hatte.

Um welchen Film handelte es sich?

Das ist für mich nicht mehr wichtig. Deshalb kann ich mich nicht einmal an den Titel erinnern.

Wie genau arbeiten Worte mit unserem Bewusstsein?

In der Matrix der Existenz enthalten und transportieren Wörter spezifische Schlüssel für uns, und wenn wir bestimmte Wörter in Gruppen zusammenfügen, etwa wenn wir beten, geschieht im Hintergrund sehr viel mehr, als wir auf den ersten Blick wahrnehmen können. In den Gruppen nehme ich wahr, wie innerhalb jedes Teilnehmers universelle Schichten verändert werden, wenn bestimmte Worte ausgesprochen werden. Im physischen Bereich erscheint es, als ob durch die ausgesprochenen Worte vor allem Gefühle aktiviert werden, aber im Hintergrund passiert sehr viel mehr: Zum Beispiel kommt in einem Lichtgitter-Heilungsseminar ein Teilnehmer zu einem Punkt im Prozess, wo er seine neue Absicht (Intention) bewusst laut ausspricht. Er sagt also laut *(Damien spricht jetzt lauter)*: »Ich fordere die Souveränität meiner eigenen Wahrheit, meiner eigenen Stimme zurück.« Die Person, die das laut ausspricht, ist, wie ich es sehen kann, sozusagen nur die erste von vielen ineinander verschachtelten Matrjoschkas (russische Puppen). Denn in uns gibt es viel mehr Ebenen, die gleichzeitig arbeiten und zugleich ständig aktiv sind. Wenn ihr also die Worte voll konzentriert und mit Absicht im Gruppenfeld aussprecht und dabei alle weiteren Aspekte von euch, von denen ihr schon wisst – alle anderen Matrjoschkas – bewusst mit einbezieht, werden alle Anteile von dir aufwachen und sich gemeinsam neu ausrichten. Jeder Anteil, auch jene, die du noch nicht kennengelernt hast, arbeitet auf Seelenebene mit, deine Wahrheit zu diesem spezifischen Schlüssel zu finden. Das heißt, was durch den richtigen Einsatz der richtigen Worte aktiviert wird, ist multidimensional – falls mit der richtigen Absicht gehandelt wird.

Ich gehe davon aus, dass das, was wir in den letzten Kapiteln zum Thema »Manifestieren« besprochen haben, auch mit dem »Orakel« zu tun hat – diesen Begriff verwendest du in der Gruppenarbeit, um genauer zu erklären, wie kraftvoll wir Realität selbstständig manifestieren. Was also ist das Orakel?

Das Orakel bist du.
Fühle es:
Du bist schon das Orakel.

In Delphi habe ich mich mit dem antiken Orakel verbunden: Im alten Griechenland war das Orakel durch eine Priesterin verkörpert, die eine große Verantwortung tragen musste: Von ihr wurde erwartet, dass sie die Wahrheit an Licht brachte, indem sie sich mit Mutter Erde und mit dem Himmel verband, und die Menschen mit ihrer Weisheit anleitete. Heute sind wir alle zum Orakel geworden, denn wir sind alle die Schöpfer des Jetzt und der Zukunft. Jeder, der mit seinem Herzen verbunden ist, sich seine Souveränität als Schöpferwesen zurückholt, seine Seelenfragmente zurückholen kann, ist bereits in der Lage, die Zukunft mitzugestalten. Denn was wir im Herzen erschaffen, wird sofort auch das Quantenfeld verändern.

Gerade jetzt erhalten wir die volle Verantwortung für unsere Zukunft zurück. Das bedeutet im Grunde genommen, sich in jedem Moment klarzumachen, dass wir eine Wahl haben. Und es bedeutet, sich auch der nächsten Wahl hinter dieser Wahl bewusst zu werden. Immer wieder bewusst und aktiv zu entscheiden. Schon jetzt sind wir für alles, was wir erschaffen und was in diesem Moment auf dem Planeten stattfindet, voll verantwortlich. Und du kannst auch in schwierigen Situationen dich selbst und deinen Nächsten wieder ermächtigen: Schon eine kleine, richtige Geste kann genügen. Die richtigen Worte, ein liebevoller Blick. Ein Satz, authentisch gesprochen mit Kraft und liebevoller Achtsamkeit, kann schon genügen, um eine Situation zu ändern. Um sogar die Zukunft zu verändern. Es ist wahr: Du kannst der

Leuchtturm für alle neuen Möglichkeiten des Wandels werden, die bereits um uns und in uns existieren.

Werde also zum Leuchtturm und teile dein Licht. Wenn du dich für deine Gefühle und deiner inneren Weisheit öffnest, wird auch das innere Kind aktiver und bringt seine Fähigkeit, Freude zu erschaffen, und seine Weisheit ein. Ich kann mein inneres Kind aus der Perspektive des Erwachsenen beobachten, aus meinem Schöpferanteil. Wenn ich es in mein Leben einlade, sage ich nicht mehr: »O.k., du darfst ein bisschen mitspielen.« Nein, ich sage: »Ich sehe dich. Ich fühle dich. Ich höre dich. Ich verbinde mich mit dir.« Als Erwachsener, als bewusst schöpfendes Wesen, lade ich mein inneres Kind ein, in meine Gefühle und Gedanken zu kommen, und das wird mir ständig neue Inspirationen geben. So kann ich mein inneres Kind einladen, zu wachsen – zu einer visionären Frau, zu einem visionären Mann. Du kannst es einladen, sich zu einem echten Pionier des Neuen zu entwickeln. Der Kampf zwischen euch ist beendet, denn du musst keine Vergangenheit(en) mehr bekämpfen, leben und fühlen wie ein Ausgestoßener. Dann bist du im Jetzt angekommen, in der Jetzt-Zeit. Weil du lernen konntest, wie du deine alten Gefühle und Gedanken verwandeln und sie neu ausrichten kannst, bist du jetzt innen und außen zum Erwachsenen geworden. Und damit bist du paradoxerweise zu deinem inneren Kind geworden, ihr werdet eins: Ihr müsst nicht mehr kämpfen. Ihr fühlt euch und ihr versteht euch. Von diesem Punkt aus im Jetzt verwandeln wir ständig weiter negative Emotionen und Gedanken in positive: Wir verwandeln alte Überzeugungen und Gewohnheiten in neue Ideen und in neue Arten von Handlungen. Dadurch wirst du zu einem Pionier, zu einem erwachsenen Schöpfergeist: Deine Weiblichkeit bringt neue Ideen hervor. Deine Männlichkeit sät und behütet die Zukunft. Deine verschiedenen Aspekte arbeiten immer besser zusammen. Weil du die richtigen Schritte gemacht hast, bist du jetzt zu einem Leuchtturm geworden und strahlst noch mehr Licht aus.

Wie kann die große Umwälzung – die kollektive Transformation – stattfinden? Und wie könnte ich es mir selbst ermöglichen, an einer so großen Sache teilzunehmen?

Was die große Veränderung, die gerade stattfindet, so fühlt sich das fast wie eine Spaltung an. Auch durch die Bestrebungen politischer Systeme, die Menschen immer wieder durch neue Angst- und Schockstrategien zu kontrollieren, kehren viele aus Furcht zu alten Glaubenssystemen zurück und reaktivieren alte Verhaltensmuster und Lebensweisen. Aber du hast immer die Wahl, zum Beispiel nicht in den Bewusstseinszustand zurückzufallen, wie er während und kurz nach den Anschlägen des 11. September 2001 kollektiv entstanden ist. Was um »9/11« herum in den USA geschah, bewirkte einerseits eine große, kollektive Herzöffnung für viele, aber es strömte auch viel Angst weltweit in das kollektive Feld. Angst ist immer ein guter Nährboden für Manipulation, für Kräfte, die sich darum bemühen, eine besonders starke emotionale Veränderung in der Gesellschaft für ihre Zwecke auszunutzen. Was damals in New York geschah, war so einprägsam für uns alle, dass es uns die Möglichkeit zu einer neuen Wahl eröffnete, wie wir zum Leben und zu diesem Geschehen stehen. Ich erinnere mich gut: Als ich zum ersten Mal nach dem Angriff nach New York reiste, empfand ich mit allen Menschen auf der Straße eine starke Herzensverbindung. Eine neue Herzensverbindung zwischen allen Menschen untereinander. Aber gleichzeitig kamen die neuen Frequenzen der neuen Gesetze und neuer Formen von Kontrolle und Manipulation hinzu. Neue Ängste waren spürbar. All das hat die Menschen geprägt. Doch heute haben wir jederzeit die Wahl, uns ganz bewusst zu entscheiden, wie wir uns auf einen Wandel gezielt neu ausrichten.

Wir befinden uns jetzt schon in einer ganz anderen Zeit. Wir können uns aktiv dafür entscheiden, nicht in Schockstarre zu verfallen, sondern uns für die Verantwortung für uns selbst und für unsere Unabhängigkeit zu entscheiden, egal was geschieht.

9/11 ist Geschichte, und wir haben aus dieser Erfahrung gelernt: Wir sind aus dem Vergangenen herausgewachsen. Wir werden so eine Erfahrung also nicht noch einmal durchleben müssen, sondern können als globale Gemeinschaft wachsen, die nun weiß, dass wir alle voneinander abhängig sind. Ich beschließe in jedem Moment, etwas Neues zu tun. Vielleicht meinen Nachbarn zu helfen, meinen wahren Träumen zu folgen … jedenfalls nicht weiter auf kollektive Impulse für mehr Angst zu reagieren. Allein durch diese Entscheidung erschaffe ich eine neue Denkweise.

Denn unsere Zukunft ist nicht in Stein gemeißelt. Wir sind alle hier versammelt, um gemeinsam unsere Welt zu verändern. Durch aktives, bewusstes Handeln schreiben wir schon die Zukunft um, wenn wir dabei mit unserem authentischen Sein verbunden bleiben. Das gilt für jeden von uns. Mit anderen Worten: Auch du bist das Orakel. Das heißt, sogar alles, was in der Weltpolitik und überhaupt auf dem Planeten passiert, hat gewissermaßen auch mit dir zu tun! Und indem du dein Leben veränderst, kannst du auf all das mit einwirken.

Vor Jahren waren gewisse »explosive Energien« einige Zeit lang ganz offensichtlich im kollektiven Feld aktiv: Zum Beispiel fanden auf verschiedenen Kontinenten Bombenanschläge statt, um uns in Angst zu versetzen. Doch jedes schwere Ereignis im Leben kann dazu beitragen, uns nachhaltig in Licht, Liebe und Vertrauen zu verwandeln. Bringt Vergebung und Liebe in eure Herzen, und das Feld wird sich selbst verwandeln. Das heißt letztendlich: Jeder Tag im Leben ist eine wirklich gute Chance, mehr Verantwortung zu übernehmen, sich selbst zu ermächtigen, sich zuerst selbst zu verändern und dadurch das ganze Feld. Unglaubliche Veränderungen können jederzeit hier und jetzt passieren. Wir können in jeder Situation so viel Neues vor allem über Liebe und Vertrauen lernen. Wir verwandeln uns dabei bewusst in noch mehr Bewusstsein – in ein Bewusstsein, das bewusst wächst und dabei bewusst entscheidet, wie wir auf etwas reagieren.

Alles kann geändert werden.
Wir können alles ändern.

Und es macht Spaß, es ist aufregend, belebend und spannend. Wenn mein Körper und meine Intuition zu etwas Ja sagen, lebe ich es. Die Blockaden in meinem Leben werden weiter fallen. Ich kann zum Beispiel nicht einmal mehr Gedanken denken wie zum Beispiel »Oh nein, mit so etwas habe ich nichts zu schaffen« oder »Mir ist dieser oder jener Typ Mensch einfach zuwider«. Ich bleibe einfach präsent und erhalte ständig weitere Geschenke vom Leben. Wenn du anfängst auf diese Weise, mit der göttlichen Ordnung zusammenzuarbeiten, wird das ganze Leben zu einem Abenteuer. Immer! Und wenn du es schaffst, nur eines deiner Glaubenssysteme wirklich zu ändern, verändert sich schon dein ganzes System. Alles, was du tust, wird alles verändern. Die ganze Zeit. Und alles verändert sich sowieso ständig. Nichts ist in Stein gemeißelt. Und du veränderst bereits das nächste Glaubenssystem, das gerade in dir auftaucht. Indem du bewusst bleibst. Dadurch veränderst du deine Zukunft. Wir werden uns weiterhin mit ständig neuen Lebensentscheidungen auseinandersetzen müssen, vielleicht werden wir dabei sogar auch mal Angst haben. Das ist gut, weil jede Wahl die Möglichkeit offenbart, sich ganz neu zu entscheiden und dadurch zu wachsen. Mit der Zeit wird es sich so anfühlen, als ob in dir ganz verschiedene Zeitachsen zusammenkommen. Du wirst nicht mehr an alte, erschöpfte Systeme andocken, die nur das Vergangene künstlich wiedererschaffen wollen.

Und alles wird gut sein. Nach einer Weile jedenfalls. Und es gibt sowieso keinen Grund, zu beurteilen, wo du dich gerade im Fluss befindest. Genieße einfach die Fahrt. Und wachse daraus.

Jetzt zum Beispiel fühle und sehe ich im kollektiven Feld, dass wir an einen Punkt kommen, wo wir keine Krankheiten mehr brauchen werden. Jeder von uns wird früher oder später an diesen Punkt gelangen. Jeder in seiner Zeit. Das wird sehr, sehr viele

Ängste verwandeln. Wir brauchen in Zukunft alle diese Ängste nicht mehr. Das ist es, was momentan im Feld stattfindet: Uns werden zurzeit die Gaben gegeben, um alle Ängste, Traumen und Krankheiten zu beseitigen. Das ist überhaupt das allererste Mal, dass ich so etwas im Feld gesehen habe. All das kann schon zu unseren Lebzeiten passieren – wenn du es schaffst, immer in jedem Moment zu fühlen, was wirklich genau richtig für dich ist.

Aber all die negativen Pfade und Lebenswege, die so viele immer noch erschaffen, die beeinflussen doch sicherlich mein eigenes Leben …

Geh nicht auf deren Geschichten ein.

Ich weiß, es sind ja ihre »Drehbücher«, nicht meine. Aber so viele Leute schicken ihre Aufmerksamkeit dahin, manifestieren Mangel, Probleme, Konflikte aufs Neue und starren förmlich darauf und verstärken es. Das erlebt man doch praktisch jeden Tag.

Es ist deren Realität. Wenn du das in deine Realität hineinziehst, indem du dem Ganzen über Gebühr deine Aufmerksamkeit schenkst, ziehst du Menschen in dein Leben, die das ebenfalls tun. Die Resonanz eurer Gedanken wird entsprechende Ereignisse in euer Leben bringen.

Ich erinnere mich, dass ich schon als Kind an viel Medienkonsum gewöhnt war, und schon damals konnte ich klar erkennen, was viele Politiker da eigentlich im Hintergrund tun. Wie sie die jeweilige Propaganda nährten, zum Beispiel für Kriegsmaschinen – damit das System, für das sie arbeiteten, mehr Geld verdienen konnte. Aber jetzt gibt es in meinem Leben die aktive Wahl, und deswegen füttere ich diese Energien nicht mehr. Ich werde nicht mehr in die Angst hineingehen. Ich nähre auch nicht mehr die Energien des Krieges in mir. Stattdessen erlebe ich Freude, Aufregung und Entspannung. Ich wähle bedingungslose Liebe in meinem System, für den Frieden, Frieden mit mir selbst. Für mehr Kreativität, für Mut. Für Frieden in meiner Familie. In jeder denkbaren Situation. Das ist die Arbeit, die täglich getan werden muss, damit ich überhaupt präsent bleiben kann. Und noch präsenter. Damit mir die Präsente des Lebens (das englische Wort »Präsenz« heißt auch »Geschenk«) weiterhin in den Schoß fallen. Damit ich in jeder Situation die richtigen Schlüssel erhalte. So verwandelst du auch die vielen von der Gesellschaft implementierten Kontrollängste – zum Beispiel die Angst vor neuen Kriegen – aus deinem Feld. Indem du weiterhin bewusst alle Frequenzen fühlst, die hereinkommen, und diese verstehst, sie ehrst, sie weiter fühlst – bis sie sich verwandeln. Und wenn dies ausreichend viele tun, wird das kollektive Feld darauf reagieren. Was ich bereits als Kind wahrnahm, half mir also später, zu all diesen aktiven Entscheidungen in meinem Leben zu kommen, um echte Veränderung zu bewirken.

Also sind unsere alten Glaubenssysteme die eigentliche Basis für Beschränkungen und Widrigkeiten im Leben? Alle Glaubenssätze, an die wir uns je gewöhnt hatten?

Wenn du deine alten Glaubenssysteme hinterfragst und aufbrichst, wirst du dahinter weitere Glaubenssysteme finden, die dich ebenfalls einschränken – vergleichbar mit versteckten Unterprogrammen, die dein Verhalten steuern. Zum Beispiel das Thema Krankheiten, einschließlich der vielen Neuen, die erst in den letzten 100 Jahren aufkamen: Das werden wir alles ändern, wenn wir bewusst aus diesem »System« (»es gibt Krankheiten und das ist normal«) heraustreten. Wir werden überhaupt in der Lage sein, viele Dinge zu tun, die wir nie zuvor bewerkstelligen konnten. Warum? Weil wir in dieser Zeit uns alle ständig im Schöpfungsmodus befinden! Es geht jetzt vor allem darum, sich das wirklich immer wieder klarzumachen. Zum Beispiel der sogenannte Placeboeffekt: Er funktioniert. Er wirkt im Feld. Viele der Tabletten, die eingenommen werden, sind, wenn man es genau nimmt, eigentlich Placebos, und sie funktionieren trotzdem, weil die Leute an diese Medikamente glauben. Sie glauben es, weil die Ärzte ihnen diese Pillen verschrieben haben. Weil sie die »richtige Pille« eingenommen haben, können sie sich mit gutem Gewissen, neu gewonnenem Mut und begründetem Optimismus auf ihre Heilung konzentrieren. Das legt den Grundstein für ihr Immunsystem, für ihre Körperkräfte, um natürliche Ressourcen für Heilung zu aktivieren – mit Unterstützung der Pillen wohlgemerkt. Je mehr daran glauben, desto stärker wird diese Wirkung.

All das ist schon Ausdruck unserer Schöpfungskraft. Ähnliches geschieht jeden Tag im Alltag: Viele haben in diesem Augenblick gute und für sie richtige Absichten und verfolgen diese. Genau dadurch verstärken sie den Trend zu immer besseren und sinnvollen Absichten und Handlungen in ihrem Leben und im kollektiven Feld. Gleichzeitig investieren viele andere noch in Absichten, die sie in die Irre führen und ihnen neue Schwierigkeiten aufhalsen, und auch dieser Trend wird im kollektiven Feld zurzeit weiterhin stärker. Wir erschaffen also alle zusammen ständig neue Realitäten, und unsere Glaubenssysteme sorgen dafür, dass wir das ständig wiederholen. Das führt langfristig dazu, dass bereits heute schon völlig unterschiedlich ausgerichtete Menschen zeitgleich in diametral entgegengesetzten Welten leben. Und auch dieser Trend wird sich erst einmal weiter verstärken. Und wir werden in Zukunft noch stärker und schneller neue Realitäten erschaffen. Die einzige Einschränkung ist die Frage: Stimmt das, was ich tue, tatsächlich mit meinen Herzenswünschen überein? Wenn ich zum Beispiel sage: »Ich übernehme ab jetzt die volle Verantwortung für das, was ich esse, was ich am Leib trage, was ich tue, wie ich mit Menschen umgehe«, dann wird mir das auch bei meinen tieferen Motivationen helfen, zum Beispiel wieder in Einklang mit der Natur zu kommen.

Frage dich also immer wieder selbst: Was wirst du jetzt mit diesem Tag bewusst anstellen? Handelst du bereits im Alltagsleben im Kontakt mit deinen höchsten Potenzialen? Übernimmst du bereits die Verantwortung für deine Gefühle und Gedanken? Bist du voll und ganz mit all deinen Gefühlen verbunden? Bist du auf die Kernwahrheit deines Herzens ausgerichtet? Oder wirst du immer noch teilweise von Angst durchs Leben getrieben? Fühle weiterhin nach innen, überprüfe, urteile nicht und lass dir Zeit. Und wir können uns von nun an stets gegenseitig unterstützen und gemeinsam das Neue erschaffen.

...

Alles zu fühlen, was in dir gefühlt werden kann, setzt die Fähigkeit voraus, dass du weiterhin alle Systeme in dir ehrst, die dich immer noch kontrollieren (sollen). Dass du nicht mehr gegen sie ankämpfst, keinen neuen Gegensatz erschaffst. Wenn du das schaffst, musst du niemandem mehr die Schuld geben. Du übernimmst die Verantwortung für dich und dein Leben. Mit anderen Worten: Du übernimmst die Verantwortung dafür, zu ändern, was geändert werden sollte – und du tust das täglich auf einer sehr praktischen Basis: Was unternehme ich zum Beispiel gerade, um mein höheres Selbst zu ehren? Um alle meine Aspekte in mir zu ehren? Um zu ehren, dass ich es schaffe, mich zu wandeln? Dass ich das wirklich täglich umsetze – in meinen Beziehungen, zu Hause, mit meinem Partner? In Bezug zur Natur? Mit den Tieren, mit dem Element Wasser – was auch immer sich gerade melden sollte. Wenn du jeden Tag so oder ähnlich vorgehst, wirst du eine immer tiefere Verbindung mit Mutter Erde spüren. Und mit der Quelle von allem. Mehr Harmonie und Balance kommen in dein System hinein. In dieser Zeit eröffnen sich viele neue Wege, all diese Frequenzen in das Leben anderer hineinzubringen. Durch kleine liebevolle Gesten. Durch die Kraft der Vergebung. Durch das Aussprechen einer Wahrheit in Liebe.

Als ich damit begann, mit meinem Bewusstsein zu arbeiten, war mein Hauptjob, überhaupt erst einmal meine eigene Schwingung zu erhöhen, sie noch mehr erhöhen und noch mehr, bis ich mich endlich verbinden konnte. Und die geistige Welt musste von ihrer Position aus ihre Schwingung sozusagen herunterfahren, um sich mit mir zu verbinden. Jetzt hat sich das alles verändert: Weil wir anfangen, zu erkennen, dass das eigentliche Schöpfungsfeld im Herzen ist. Und dass wir – unser höheres Selbst – die Verantwortung und schon die Fähigkeit haben, in jedem Moment aufzuwachen und zu erkennen: »Wow, ich erschaffe dieses Feld. Ich hatte sowieso immer schon mitgeholfen, alles mit zu erschaffen, und jetzt übernehme ich eben dafür (mit) die Verantwortung. Denn ich weiß jetzt: Durch das, was ich tue, kann ich das gesamte Feld mit verändern!«

Und warum bist du davon so dermaßen überzeugt? Was gibt dir dieses Vertrauen?

Weil auch du ein Kind des Göttlichen bist. Ein lebendiger Teil des Erbes, das die Schöpfer dieser Welt hinterlassen haben. Alles, was ich hier sage, gilt natürlich nicht für die Wahrnehmung als Egoidentität, die sich nur mit sich selbst identifiziert (Ego) und sich daran festhalten möchte, sondern für dein ganzes, volles Wesen. Es geht immer darum, die ganze Bandbreite deiner eigenen Gefühle zu erfassen. Denn ab jetzt dreht sich alles darum, deiner eigenen Seele stets treu zu sein. Also:

Wer bist du denn wirklich?
Wer ist deine Seele (dein Spirit) wirklich?
Und warum bist du hier?

...

Was kannst du tun? Und was ist dein größtes Potenzial?
Fühle es.

Erlaube dir, tief in deine Zellen zu gehen und deiner Seele treu zu bleiben.

Erlaube jedem Thema, sich durch dein Herz zu verwandeln.

Und du wirst erkennen, dass du all dies nicht »tun« musst, du wirst geführt.

(Während des Gesprächs klingelt Damiens Handy.) Und auch das Telefon hilft uns, immer tiefer und tiefer zu gehen. Dass es gerade klingelt, »testet« uns und zeigt uns auf, wie bewusst wir gerade mit dem Feld um uns herum sein können. Mit anderen Worten: Alles, was geschieht, hilft uns stets, noch tiefer zu gehen. Und in diesem Schöpfungsfeld in uns fließt alles, ist in ständiger Bewegung und verwandelt sich weiter.

»Ich arbeite mit jedem Thema und kann jedes Thema akzeptieren.«

»Ich kann genau dieses Gefühl in den Nullpunkt meines Herzens bringen, in den Schöpfungsraum im Inneren.«

»Das bin ich. Ich bin Schöpfer.«

…

Lade dieses unendliche Fließen in jede Frequenz deines Wesens ein.

Und nun stell dir das Unendlichkeitssymbol vor … die liegende Acht. Lade dieses Bild wirklich in deine Körpermitte ein. Die meisten Menschen stellen sich die Acht vor – und wenn ich mir das ansehe, ist zu erkennen, dass ihr Schöpfungsfeld, das wirkliche Zentrum ihres Körpers, noch nicht ganz mittig mit der Acht ausgerichtet ist. Denn viele Menschen sind zu sehr im Kopf und nicht immer im Herzen mit ihrer Aufmerksamkeit. Im Herzen liegt aber unser wahres Zentrum. Wenn sie die liegende Acht in ihre Körpermitte einladen und dort visualisieren, steht das geistige

Bild aus meiner Sicht ein wenig seitlich, meist etwa einen halben Meter. Falls sich das bei dir auch so anfühlen sollte, kannst du in deiner Vorstellung ganz bewusst einen halben Meter nach rechts (oder in die Mitte oder nach links, so wie du es eben fühlst) treten. Du bist wieder in der Mitte deines eigenen Unendlichkeitsfeldes, und genau da befindet sich nun die sich drehende Acht. Du musst diesen Schritt nicht körperlich machen, aktiviere nur die Absicht, in dein Zentrum zu treten, und halte in deinem Geist das Gefühl aufrecht, wie sich die Acht in deinem Zentrum dreht: In deinem Herzen dreht sich die Acht, und das repräsentiert die unendliche Schöpfung – in deinem Herzen.

…

Gut, jetzt kommst du deinem natürlichen Zustand näher, einfach unendlich zu fließen.

Für mich fühlt sich wahre Veränderung im Inneren so an, als würde ich durch das Universum in ein schwarzes Loch reisen, da hindurchschießen … und dabei verwandeln sich Gefühle sofort in höhere Schwingungen (in bessere Versionen ihrer selbst).

Bringt also eure Gefühle noch tiefer in euren Herzensraum hinein, direkt in das Zentrum eures Herzens. Erlaubt allen Geräuschen um euch herum, allen Störungen, tiefer mitzugehen. Jeder Atemzug befördert uns tiefer hinein. Atmet weiter in den Nullpunkt im Herzen hinein. Tiefer hinein, in das Schöpfungsfeld, in das Zentrum deiner selbst, in das Zentrum des Zentrums. Das ist dein Schöpferwesen. Das ist es, was du wirklich bist.

Durch das Zentrum eures Herzens fließt die Unendlichkeit, und die Acht dreht sich, sie erzeugt einen Spin: hin zur Mutter Erde, zum Wasser, zur Luft, zur Erde. Zum Feuer. Zur Sonne hin. Die Unendlichkeit fließt zusammen mit dem Raum zwischen den Sternen.

Das Gebet

Ich werde dir jetzt mächtige Worte vorlesen, die in einem Seminar in New York hereinkamen. Ich lade dich und alle Leser dazu ein, diese Worte zu verwenden, wann immer es sich für richtig anfühlt.

Indem du die folgenden Worte mit deinem vollen Namen wiederholst, wirst du allen lebenden Kräften klarmachen, dass es dein volles Geburtsrecht ist, jetzt deine volle Souveränität als Mensch zurückzuerlangen. Wir arbeiten mit der Kraft dieser Worte mit voller Aufmerksamkeit. Denn ich möchte dich nun kraft dieses Gebets einladen, die volle Souveränität deines eigenen unendlichen Wesens zurückzufordern:

Vorbereitung 1

Um dir dieses Werkzeug zu eigen zu machen, gibst du deinen vollen Namen – deinen Geburtsnamen – in das Gebet ein, und wenn du im Alltag einen spirituellen Namen verwenden solltest, gibst du diesen und deinen Geburtsnamen ein. Was das Wort »Gott« betrifft, gibst du den für dich passenden Namen ein: etwa Schöpfer, großer Geist, lebendiges Universum, die Quelle …

Wenn du den Text laut vorliest, kann es sein, dass dich einige Stellen triggern und so einiges an die Oberfläche kommt. Sprich die Worte wirklich bewusst für dich! Sprich langsam und bewusst … für dich selbst. Es geht (natürlich) nicht darum, hier einfach einer Anweisung zu folgen, wenn du den Text laut vorliest. Ich möchte, dass du hier wirklich deine eigene Absicht hineinbringst: Denn beim Lesen dieser Worte (Schlüssel) geht es darum, deine Souveränität als Ganzes, dein unendliches Wesen zurückzugewinnen. Tritt für dich selbst ein.

Vorbereitung 2

Konzentriere dich zunächst nur auf »Ich bin, der ich bin« – dass du Schöpferwesen bist.

»Ich bin, der ich bin« – in das Herz hinein.

Und sag es selbst für dich laut: »Ich bin, der ich bin.«

Und für dich selbst (laut): Feuer, Luft, Wasser, Erde, Holz.

Denn das ist es, woraus wir gemacht sind. Ich bin daraus gemacht. Und alle diese Formen verbinden sich jetzt in mir.

Und laut: ICH BIN, DER ICH BIN.

Indem du es laut aussprichst, machst du es dir bewusst – mit Geduld, mit Gnade. Und: Feuer, Luft, Wasser, Erde, Holz

Gut, denn das ist es, was in uns Raum erschafft. Daraus sind wir aus gutem Grund gemacht. Und diese Elemente verbinden sich in uns. Und wir machen uns das bewusst.

Und jetzt das Gebet.

Lies es laut für dich:

Von den höchsten überlegenen Gesetzen des Universums,

meines Gottes, meines Schöpfers, des hohen Geistes

(füge deine eigenen Worte ein),

nehme ich *(vollständiger Name)* mir jetzt die volle Souveränität

und den vollständigen Anspruch auf meine

uneingeschränkten und ehrenhaften Rechte,

über mein eigenes Schöpfer-Sein

(meine Fähigkeit zu ..., jeweiliges Thema),

aus allen Zeitlinien, Dimensionen und Ebenen zurück.

In der höchsten göttlichen Ordnung,

im Namen des Urschöpfers

(füge deine eigenen Worte ein), alle Systeme ehrend.

So soll es sein.
Und so ist es nun.

Und denk an die 108, um den Prozess zu unterstützen. Besondere heilige Zahlen repräsentieren mächtige Energien, die uns helfen, uns zu transformieren.
108. Lass die Zahl im Uhrzeigersinn durch deinen Körper schweben.
108.
Durch alle Zeitachsen und Dimensionen.

Jetzt:
13-mal die Elf.
In allen Zeitachsen und Dimensionen.
13-mal die Elf.

Und wir wiederholen noch einmal das Gebet.

Und verbinde dich noch mehr mit deinen Gefühlen, während du den Text noch einmal langsam und bewusst liest. Werde einfach gewahr, wie sich beim lauten Lesen die Gefühle möglicherweise wieder verändern. Damit aktivierst du Achtsamkeit im Augenblick, und das genügt, damit sich deine Seele mit der Kraft und der eigentlichen Ausrichtung dieses Gebetes verbindet: dem Zurückfordern und Zurückgewinnen unserer eigenen vollen Souveränität aus allen Zeitlinien, Dimensionen und Ebenen.

Lies jetzt das Gebet noch einmal in Ruhe laut für dich selbst.

Nachdem du der Wirkung des Gebetes in Stille etwas nachgespürt hast, bringe nun die Zahl Elf in dein Bewusstsein: denke und fühle 13-mal die Zahl Elf. Lass dir auch damit Zeit, damit sich die Schwingung dieser Zahl mit deinem Bewusstsein verbinden kann und du ein Gefühl für die Wirkung erhältst: Denke (oder sprich laut) und fühle 13-mal die Elf. Und lass dir wieder Zeit.

Schicke diese Zahlen auch in die unendlichen Zeitlinien hinein. Während du die Absicht setzt, kannst dich dabei einfach bewusst entspannen. Deine Seele weiß, was sie hier tun soll.

Schicke diese Zahlen auch durch das Unendlichkeitszeichen, durch den unendlichen Fluss der Acht.
Fühle es:
Vervollständigung.
Unendlicher Fluss der Vervollständigung.
Transformation.
Vision. Fluss.
Ich bringe die Acht auch in mein Herz. In die Rückseite meines Herzens. Ich übernehme wieder die Verantwortung für mein Herz. Meine Seele wird alles vervollständigen und abschließen, was hier noch vollständig werden möchte.
Und ich bin bereit, das zu transformieren, was noch nötig ist, umgewandelt zu werden.
Und meine Seele ist bereit loszulassen: Was ich nicht brauche, das brauche ich nicht.
Und sich neu erschaffen. Neu verwandeln.
Unendlicher Fluss der Transformation. Unendlicher Fluss der Liebe. Meine Absicht ist jetzt: mein Schöpferwesen voll und ganz anzunehmen.

TAO. Der Klang des Wortes. TAO.
108.
TAO.

Und die 333: Sie steht für einen Schritt vorwärtsgehen. Vervollständigung. Erfolg.
Liebe – Vision – Transformation.

Und wir schicken diese Zahl 333 durch alle Zeitachsen. Lass wieder deine Seele hier die eigentliche Arbeit tun: Entspanne dich einfach in den spontanen Ablauf hinein.

Neues Leben. Neue Vision. Ich bewege mich voran. Und es macht einfach keinen Sinn mehr, in Altes zurückzufallen.

Noch einmal TAO: das Erhöhen deines höchsten Potenzials: dein höchster Weg.

Und aktiviere auch die Zahl Sieben für dich, werde ihrer Schwingung gewahr, indem du dir die Sieben vorstellst oder laut aussprichst. Die Sieben steht für Vollendung.

Und noch einmal die 108 durch alle Zeitachsen, Dimensionen und Ebenen. Ich fordere und hole alle meine Seelenfragmente zurück. Ich beanspruche alle souveränen Eigentumsrechte an allen meinen Seelenfragmenten zurück.

Aus allen Zeitlinien, Dimensionen, Ebenen – aufgrund der höchsten Gesetze im Universum, des höchsten Schöpfers, der göttlichen Ordnung.

. . .

Wir alle sind Schöpferwesen, die jetzt wieder bewusst werden. Unser Gefäß, unser Körperbewusstsein, das sich im Herzen sammelt, findet zurück zu unserem eigenen Schöpferwesen. Wir hatten nur vergessen, dass wir dies schon sind. Jetzt erinnern wir uns daran, wer wir sind. Und wir werden aller unserer Fähigkeiten gewahr, uns noch weiter zu wandeln. Alle diese Fähigkeiten sind in dir:

Ich akzeptiere, dass das Zuhause in mir ist.
Ich habe das Universum in mich aufgenommen.
Ich akzeptiere mein ganzes Sein. In mir.
Ich akzeptiere mein ganzes Sein. In mir.
Und ich akzeptiere Unterstützung.

. . .

Da dies alles nun mit dir verschmolzen wurde, ist es jetzt auch zu deiner eigenen Frequenz geworden: Du kannst dich jetzt selbst lieben, du kannst annehmen, dass dein Zuhause »innen« liegt, und somit schickst du das alles, was du frei wählst, nun in das Feld. Diese Informationen, die du in das Universum, in das Quantenfeld sendest, sind genau das, was du zurückerhältst: Denn was innen ist, ist außen. Was außen ist, ist innen. Und wir fahren nun einfach weiter damit fort, uns selbst als Energie wahrzunehmen und zu beobachten …

Beobachte weiter und erforsche deine Gefühle …

Wenn ich als Kind im Garten spielte, konnte ich erkennen, dass ich eine direkte Verbindung zur Natur erhalten und halten kann und zum Einheitsbewusstsein. Je mehr mir dies gelang, desto kreativer wurde ich. Dabei konnte ich direkt erleben, dass die Harmonie überall am Werk ist. Und dass ich dafür verantwortlich bin, was ich mit ihr anstelle. Für mich heute bedeutet mein Sein als unendliches Schöpferwesen anzuerkennen, stets die volle Verantwortung für mein Handeln zu übernehmen. Dieses Gefühl, die volle Verantwortung zu haben, im Feuer der eigenen Selbstverantwortung zu stehen und diese anzuerkennen, verbindet mich mit dem Fluss der Unendlichkeit. Ich erkenne dann: Ich bin stets verantwortlich für das, was ich verändere. Und woran ich wirklich glaube, sollte ich auch tatsächlich umsetzen. So erlangst du Frieden in dir.

Nutze also das Gebet, um die volle Souveränität über alle Lebensthemen zurückzugewinnen. Du kannst zum Beispiel deinen souveränen Umgang mit deinen Händen zurückfordern – nicht nur, wenn du ein Schriftsteller oder Autor bist. Du kannst die Souveränität der Seelenenergie zurückfordern, die in deinen Händen liegt, sodass deine Hände energetisch voll und ganz zu dir gehören. Damit du dir der Tatsache bewusst werden kannst, dass deine Hände heilig sind. Wir sollten zum Beispiel auch die volle Souveränität über unsere Hörorgane zurückfordern. Über unsere Augen.

Über alle Sinne und Sinnesorgane. Auch das Sinnessensorium, das sich in den Nebenhöhlen befindet, ist sehr wichtig. Dann die Rückseite des Halses. Die Souveränität der Kehle, deiner Stimme, deines Sprechens. Geh in die Knochen, in das Knochenmark und in die Rückenmarksflüssigkeit und reinige dort die Erinnerungen.

Ich habe das alles gerade für mich selbst getan: Ich habe das Gebet einfach für mich selbst gelesen. Zum Beispiel: »Ich möchte jetzt die volle Souveränität über meine Nebenhöhlen – und über meine Sinne dort – übernehmen.« In den Nebenhöhlen ist etwas aktiv, das mit dem dritten Auge, mit unserer geistigen Sicht, verbunden ist. Mit unserer Fähigkeit zur Vision. Die Nebenhöhlen sind mit dem Thema Hass verbunden. Es gibt hier so viel zu entdecken, wenn du mit dir selbst, mit deinem Körper und Geist auf die Reise gehst.

Und nun kannst du auch mit der Lunge arbeiten. Und mit allen Teilen des Körpers, indem du die Kraft dieses Gebets nutzt.

Wähle zum Beispiel jeden Morgen zwei oder drei Themen aus und hol dir deine volle Souveränität zu diesem Thema zurück. Du wirst es sofort in deinem System fühlen. Dann arbeitest du zum Beispiel mit der Leber, mit deinen Nieren. In deinem Blut, in allen Körpersystemen, die mit Flüssigkeiten arbeiten, wirst du die Wirkung auf besondere Weise erspüren. Und nun beginnst du, mit deiner Wirbelsäule zu arbeiten, mit der Rückenmarksflüssigkeit. Deine Gefühle, dein ganzes Feld wird schärfer eingestellt, deine Gefühle werden exakt arbeiten. Ich würde auch am Reptiliengehirn arbeiten, an beiden Hemisphären des Gehirns, dein Eigentumsrecht, was beide Hemisphären des Gehirns angeht, zurückholen. Und die volle Souveränität am Corpus callosum, dem sogenannten Balken, der beide Hemisphären verbindet. Arbeite an deiner Souveränität und deinem Besitzrecht daran. Arbeite hierzu auch an deinem Nerven- und Immunsystem, an deinem Blutsystem, den Arterien und am physischen Herzen. Geh am besten durch alle deine Organe durch. Und zu deinen Händen und Füßen – um im Leben wirklich erfolgreich zu sein, braucht es eine gute und klare Verbindung zu den Füßen. Und natürlich ist die Arbeit mit den Genitalien und mit dem Anus wichtig. Und mit deinem Herzensraum. Eine große Sache ist immer die Arbeit mit dem hinteren Schädel: die Erinnerung an deinen souveränen Besitz dieser Körperregion wieder zu erlangen vom gesamten damit verbundenen Feld. Arbeite mithilfe des Gebets durch dein gesamtes System. Du musst den Text nicht als ein klassisches »Gebet« ansehen, aber es hat einfach eine große Wirkung, wenn du laut und bewusst mit diesen Worten arbeitest. Diese Arbeit wird dein System langfristig verändern.

Könnten meine Erwartungen mir nicht hier ein Bein stellen? Wenn ich nach einer Weile »Praxis« etwa glaube, ein Recht darauf zu haben, mehr Nutzen von dem Gebet (oder von einer anderen Praxis) zu erhalten.

Wenn du hier Anspruchsdenken hineinbringst, verpasst du die Möglichkeit, zu vertrauen. Du ehrst das System nicht mehr bedingungslos. Ich habe bei einer Menge Leute mitbekommen, wie sie an diesem Punkt festsaßen, weil sie diese Art Anspruchsdenken in sich aktivierten. Wir haben die Aufgabe, immer zu ehren, wo wir im Moment stehen, zu wissen, dass es Gottes Plan ist und der Plan deines eigenen höheren Wesens, dass du dich gerade jetzt an diesem spezifischen Punkt in deiner Entwicklung befindest. Damit du mit den besten Aspekten dieser Situation arbeiten kannst – und so wird sich das Feld verändern. Das richtige Ergebnis wird zu dir fließen … Ich selbst empfinde das Feld stets als dermaßen reich, dermaßen schön, weil ich empfinden kann, wie es fließt. Das Leben fließt, deshalb fühle ich mich für mein Leben ja so geehrt und dankbar. Ich fühle mich in jeder Situation gesegnet. Ich könnte mir nicht mehr wünschen, als was schon da ist. Weil ich es spüre, weil ich ständig spüre und daran mitwirke, was in meinem Leben geschieht.

ICH BIN, DER ICH BIN.
Ich bin eine Sonne, eine Tochter der reinen, puren Existenz.

...

Aber ich könnte natürlich sagen: »Ich habe einfach nicht, was ich mir wünsche. Ich habe dies nicht und das nicht, also habe ich keinen Erfolg.« Ich beschwere mich, und dadurch ist der Platz, an dem ich gerade bin, blockiert. Und damit bringe ich etwas völlig anderes ins Feld hinein: Ich urteile, verurteile. Ich halte an dem Gefühl fest, dass »es so oder sein sollte« oder »so habe ich es und so nicht«. Dann bin ich nicht mehr im Moment, verlasse mein unendliches Sein, mein unendliches Potenzial. Meinen inneren Wesenskern.

Vor einiger Zeit fand ich mich nach einem Unfall in einem Rollstuhl wieder. Damals wäre es für mich kein Problem gewesen, für immer in der Wut zu bleiben, in der blockierten Selbstbezogenheit, die man als Opfer einer Situation natürlich spürt: »Ich kann nie wieder Sport treiben«, »Ich kann nicht einmal meine Socken mehr anziehen« und so weiter. Stattdessen hatte ich mich dafür entschieden, diese neue Situation, in der ich mich wiederfand, zu ehren. Von dort aus wieder anzufangen, zu lernen. So konnte ich mit dieser Erfahrung mitfließen. Indem ich das tat, konnte ich aus dieser Erfahrung Nutzen ziehen: Ich spürte in die neue Situation hinein und begann, offen zu werden für die Lektionen, die in dieser Erfahrung steckten. Und das gab mir immer mehr Hinweise darauf, dass hier etwas Bedeutsames in meinem Leben stattfand. Ich fixierte die Situation nicht mehr in meinem Geist als »schlecht«, sondern ich lernte, ich begann zu experimentieren. Mit meinem Körper und meinem Geist. Am Ende war es für mich eine absolut tolle Erfahrung, im Rollstuhl zu sitzen. Und es kommt der Punkt, an dem die Wahl ins Leben hereinkommt, die Erfahrung wieder loszulassen. Ich war für diesen abermaligen Wechsel bereit, das heißt im Kern: Ich war bereit für die neue, aktuelle Erfahrung, die sich im Geist schon wieder ankündigte. Somit konnte dieser Wechsel in meinem Leben stattfinden ... und ich konnte den Rollstuhl verlassen.

Aber wie ... hast du das erschaffen?

Indem ich mich daran erinnerte, wer ich bin.

Diese Art radikaler Veränderung kann auch in deinem Leben stattfinden. Wenn du erkennst, dass du immer am richtigen Ort bist. Dass du in dir immer am höchsten Platz sein kannst. Dein Erfolg liegt schon in deinem unendlichen Wesen, in deinem wahren Schöpferwesen begründet. Wenn du das erkennst, wirst du die dazu passenden Entscheidungen ganz natürlich hineinbringen – und damit die Transformation. Von diesem Ort des Verstehens und Erlebens heraus wirst du weiter auf dem Weg geführt werden.

Vor Jahren war ich mit einer sehr erfolgreichen, wohlhabenden und einflussreichen Frau zusammen. Aber ihr tägliches Erleben, ihre Haupterfahrung im Geist drehte sich nie um Geld oder Macht. Entscheidend für ihr tägliches Erleben war ihr Glaubenssystem. Ganz natürlich produzierte sie Gedanken wie: »Ich kann überall hingehen, und egal wo ich mich befinde, gelange ich innerhalb von wenigen Wochen an die Spitze des Systems.« Davon war sie überzeugt. Sie konzentrierte sich darauf und lebte und handelte entsprechend. Kannst du dir vorstellen, wie ich damals als junger Mann darauf reagierte? Wie mein irisch geprägtes Glaubenssystem reagierte? *(Damien lacht.)* Nun, mein irisches Familiensystem war damals noch sehr aktiv in mir, und es vermittelte mir vor allem diese eine Information: »Auf gar keinen Fall schaffst du es an die Spitze von irgendeinem System.« *(Lacht herzhaft.)* Da tauchte ich also plötzlich im Leben dieser Frau auf und war mit ihrem sehr aktiven Glaubenssystem konfrontiert. Das schickte mich auf eine verrückte, manchmal durchaus schockierende Reise. Weil sie jedes Glaubenssystem, das ich einst hatte, in mir förmlich zerschmetterte. Gegen ihre alltägliche Vorgehensweise hatten Vorstellungen wie »Man muss hart arbeiten, um zu Geld zu kommen« einfach keine Chance. Sie konzentrierte sich stattdessen immer auf das Beste im Leben. Und auf den Gedanken: »Genau da kann ich sein.« Mit ihr eine Zeit lang zusammen gewesen zu sein, war für mich der größte und sinnvollste Tritt in den Allerwertesten, den ich mir damals hätte erträumen können. Plötzlich bedeutete »Alltag«, jeden Tag ins Unbekannte zu springen. In eine Karussellfahrt. Denn ihr Verhalten provozierte und löste alle alten Vorstellungen aus meinen Familien- und Ahnensystemen auf. Und plötzlich stellte ich fest, dass mir Dinge gelangen, die ich prinzipiell für unmöglich gehalten hatte. Mir gelang es zum Beispiel, erfolgreiche Geschäftsabschlüsse praktisch aus dem Nichts zu erschaffen. Als Reaktion griffen mich meine Familienmitglieder an, sie konnten es nicht glauben, manche sind sogar richtig ausgerastet. *(Damien strahlt.)* Weil ich es plötzlich schaffte, zum Beispiel Immobilien erfolgreich zu kaufen und zu verkaufen, ohne auf klassische Art »hart zu arbeiten«. Plötzlich war Geld in meinem System, also zog ich weitere Situationen an, um weiter Geld zu verdienen. Von dieser Zeit an habe ich alle Geschenke aus dieser Erfahrung in meinem System. Aber zuerst musste ich mich durch meine Themen zu Geld und die dazugehörenden Turbulenzen richtig durcharbeiten. Und all das, was prinzipiell möglich ist, akzeptieren und bewusst aus meinem alten »Geldsystem« aussteigen. Und wenn die neuen Informationen es geschafft haben, sich zu verwurzeln, ist es »drin« im System. Es ist kein Thema mehr im Leben.

Das war sicher eine aufregende, auch fordernde Zeit für dich. Du musstest dich zum Teil komplett umkrempeln.

Schon, aber im Prinzip kann die Transformation immer ganz einfach verlaufen. Die einzige Frage, die wir uns zu stellen haben, ist nur: Akzeptiere ich alle Juwelen, die sich eigentlich schon im eigenen System befinden? Alles das, was dein Nullpunktfeld bereits im Prozess für dich gerade jetzt in diesem Moment bereitstellt? Kann ich es überhaupt erkennen? Letztendlich ist das die einzige Frage.

Und wie greife ich besser darauf zu?

Wie immer lautet die Antwort im Prinzip: Fühle! Und während du bewusst fühlst, richtest du ab jetzt deine Absicht weiter aus. Wenn du bemerkst, »genau das ist die Schwingung, die ich tatsächlich gerne sein möchte«, kannst du dich weiter darauf fokussieren. Von deinem Herzen aus. Das Feld – das System des höheren Feldes – wird dich dabei unterstützen. Behalte einfach den Fokus, fühle und geh flexibel damit um. Behalte den Fokus, fühle und verarbeite weiter. Und habe unbedingt Spaß dabei. Jetzt wird die göttliche Ordnung auf ungewöhnlichste Weise neue Wege zu dir finden, neue Wege erschaffen, um zu dir zu gelangen und dich zu unterstützen – falls du diese Möglichkeiten annimmst.

Wenn du mit Dankbarkeit akzeptieren kannst, dass das alles möglich ist.

Über Damien Wynne

Damien Wynne gilt als einer der kompromisslosesten Vertreter einer neuen Sicht auf die ungeahnten Möglichkeiten des menschlichen Geistes. Der gebürtige Ire unterstützt weltweit Menschen bei deren Selbstheilung und Selbstermächtigung.

Wynnes Arbeit entwickelt sich ständig weiter – stets hochaktuell und gleichzeitig individuell, wirkt sie immer entsprechend den aktuellen Bedürfnissen der jeweiligen Kursteilnehmer und des Gesamtfeldes. Grundlage ist der Respekt vor der *Selbstverantwortung* und spirituellen Anbindung jedes Einzelnen.

Als Lehrer einer neuen Spiritualität ist Damien Wynne dabei auch durch seine unkonventionelle Sicht auf esoterische Themen bekannt geworden. In ausführlichen Gesprächen ermöglicht er tiefe Einblicke in seine Sichtweise und Arbeit als einer der spannendsten spirituellen Visionäre unserer Zeit.

https://www.damien-wynne.de

Über Ernst Timur Diehn

Ernst Timur Diehn erhielt für seine politischen Fernsehreportagen aus dem Nahen Osten, Afrika und Asien mehrere internationale Preise sowie zwei Grimme-Preis-Nominierungen. Der Journalist und Politikwissenschaftler schreibt Texte, Analysen und Reden und produziert regelmäßig Interviews und Podcasts mit Vordenkern aus Wirtschaft, Wissenschaft und Politik. Sein Interviewbuch »Die kommenden Tage. Risiken und Chancen der Wissensgesellschaft« war *Buch des Monats* im *Manager Magazin*.

Über die Jahre erhielt Diehn Unterweisungen von Meistern des Theravada-Buddhismus, des tibetischen Vajrajana-Buddhismus, von Schamanen der Regenwaldstämme Perus, Brasiliens und Kolumbiens. Er ist Schüler in der Dzogchen-Praxis der tibetischen Bön-Tradition und Mitglied einer christlichen Religionsgemeinschaft aus Brasilien. Bei Damien Wynne absolvierte er eine Jahresausbildung.

https://www.bewusstseinsberatung.net/buecher-videos/